21 世纪高等职业教育财经专业核心课程系列教材

财经应用文写作

（第二版）

主　编　司晓辉

副主编　刘　悦　黄青花

立信会计出版社

LIXIN ACCOUNTING PUBLISHING HOUSE

图书在版编目(CIP)数据

财经应用文写作/司晓辉主编. —2 版. —上海:立信
会计出版社,2014.1
21 世纪高等职业教育财经专业核心课程系列教材
ISBN 978 - 7 - 5429 - 4133 - 6

Ⅰ.①财… Ⅱ.①司… Ⅲ.①经济—应用文—写
作—高等职业教育—教材 Ⅳ.①H152.3

中国版本图书馆 CIP 数据核字(2014)第 016232 号

责任编辑　　陈　旻
封面设计　　周崇文

财经应用文写作(第二版)

出版发行	立信会计出版社	
地　　址	上海市中山西路 2230 号	邮政编码　200235
电　　话	(021)64411389	传　　真　(021)64411325
网　　址	www. lixinaph. com	电子邮箱　lxaph@sh163. net
网上书店	www. shlx. net	电　　话　(021)64411071
经　　销	各地新华书店	

印　　刷	上海天地海设计印刷有限公司
开　　本	787 毫米×960 毫米　　1/16
印　　张	18
字　　数	359 千字
版　　次	2014 年 1 月第 2 版
印　　次	2015 年 9 月第 2 次
印　　数	3 101—6 200
书　　号	ISBN 978 - 7 - 5429 - 4133 - 6/H
定　　价	35.00 元

如有印订差错,请与本社联系调换

总　序

当今世界，科学技术突飞猛进，知识经济已见端倪，国际竞争日趋激烈。教育在综合国力的形成中处于基础地位，国力的强弱越来越取决于劳动者的素质，取决于各类人才的质量和数量，这对于培养和造就我国 21 世纪的一代新人提出了更加迫切的要求。

作为高等教育体系中的一个重要组成部分，高等职业教育近几年来进入了高速发展时期，其中财经专业学生占有相当大的比例。围绕培养财经专业高技能人才这个根本目标，加强财经专业的教材建设是实现教学计划，达到培养目标的重要保证，是加强教学管理、提高教学质量的重要措施，是深化教学改革、提高人才培养质量的根本途径。教材建设重在提高质量，培育特色。

经过多方努力，"21 世纪高等职业教育财经专业核心课程系列教材"已正式出版发行。这是十几所院校几十位既具有扎实的理论基础，又具有丰富的实践经验的"双师型"教师倾注了大量的人力、物力和财力共同努力的结果。

本套教材编写的特点是：第一，力求做到理论与实际相结合，既保持理论体系的系统性和方法的科学性，更注重教材的实用性和针对性。第二，每本教材的编写，注意吸收国内外优秀教材的成果，教材力求深入浅出、突出重点和通俗易懂。第三，在广泛调查研究的基础上，经过多所高等职业院校一批有着丰富教学和实践经验的专家学者的论证和推荐，优化选题，优选编者。

值此出版之际，我们谨向所有支持本套教材出版的各校领导和参编老师表示诚挚的谢意。

济南铁道职业技术学院党委书记刘邦治对本套教材的顺利出版，给予了大力支持，我们深表谢意。同时感谢立信会计出版社陈旻女士对本套教材的热情帮助。

　　本套教材第一批 10 本出版后,得到了各高职院校广大师生的大力支持与帮助,对此,我们深表感谢。为满足各高职院校财经专业教学的需要,我们经过近一年的努力,第二批 10 本教材已陆续完稿并交付出版。至此,我们的编写任务已基本完成,余下的工作就是在此基础上不断修订、锤炼,同时,我们也热忱欢迎使用本套教材的院校提出宝贵的意见和建议,力争经过二三年的努力,使本套教材成为国家级精品教材。

张世体

2008 年 2 月

前　言

应用文是一种与人们的工作、学习和生活有着直接联系的写作样式,具有十分重要的意义和价值,各式应用文体的写作已被广泛应用于不同的工作领域。当前,随着我国经济的快速发展,反映经济活动、传递经济信息的财经应用文写作日益受到人们的重视,在各类经济活动中,财经应用文已成为一种必要的、有效的管理工具。为了满足高等职业院校财经专业学生实用技能培养的需要,促进高职学生的职业教育,我们组织编写了本教材。

编写一本高质量、适用性强的财经应用写作教材是我们的追求与宗旨。因此,在教材的编写中,对内容的选择与体例的安排等方面,我们强调了以下几点:

第一,内容全面,专业性强。本书共九章,内容包括总论、行政公文、常用事务文书、市场调研与经营决策文书、经济契约文书、招标投标文书、财会文书、商务文书以及经济论文。无论是日常工作中个人交流所需,还是机关或部门之间的交流所需,对于各类文书,本教材都有涉及,内容广泛,针对性强。

第二,体系安排合理、系统。本教材先从应用文写作的基本知识说起,然后讲到一般性的日常公文和事务文书的写作,再到各类具体的财经专业文书的写作。同时,遵循经济活动的基本规律划分章节,组织内容。例如,市场调研与决策文书主要包括企业在进行经济活动前期,即从调研、预测到决策这一阶段所涉及的一些业务文书。

第三,讲述条理,结构紧凑清晰。应用文写作所涉及的内容较多而且零散,编写教材时极易出现内容和结构松散零乱的问题,因此本教材在编写中,注意体例的统一安排,每个章节都是由理论知识+例文+简析+思考与练习四部分构成,同时,每类文种的编写,尽可能安排较为一致的理论知识讲述框架。

　　第四,突出实用性。本教材对于理论讲述要求适度、够用,更多地选择丰富的例文进行分析讲解,思考与练习注重学生的实践写作训练,体现了行之有效的原则,便于课程的教与学。

　　本教材主要适用于高职高专院校的财经专业,同时也可作为商务人员学习的参考用书。

　　本教材由司晓辉(山东职业学院)担任主编,刘悦(广东工程职业技术学院)、黄青花(山东职业学院)担任副主编。各章内容的编写分工如下:司晓辉编写第1、第7章和第2章第5、第6节,刘悦编写第2章1~4节、第3、第4、第8章,黄青花编写第5、第6、第9章。司晓辉对全书的内容进行了调整补充,由高淑珍审阅定稿。

　　本教材在编写过程中参考了大量的资料,虽在参考文献中尽量详尽地列出,但难免有遗漏,在此表示歉意,并衷心感谢。

　　由于编者水平所限,书中疏漏之处,恳请各位专家、读者批评指正,以使本教材不断得到完善。

编　　者

目　　录

1 总论 ··· 1
  1.1 财经应用文概述 ·· 1
  1.2 财经应用文写作的基本要素 ································ 3
  思考与练习 ·· 9

2 公文 ··· 12
  2.1 公文概述 ·· 12
  2.2 公文格式与写作要求 ······································ 14
  2.3 常用公文的写作 ·· 18
  思考与练习 ·· 60

3 常用事务文书 ··· 65
  3.1 事务文书概述 ··· 65
  3.2 计划 ··· 66
  3.3 总结 ··· 71
  3.4 简报 ··· 79
  3.5 述职报告 ··· 82
  3.6 备忘录 ··· 85
  思考与练习 ·· 87

4 市场调研与经营决策文书 ··· 89
  4.1 市场调研与经营决策文书概述 ······························ 89
  4.2 市场调查报告 ··· 90
  4.3 市场预测报告 ··· 95
  4.4 可行性研究报告 ··· 100
  4.5 经营决策方案 ··· 106
  4.6 经济活动分析报告 ··· 111
  思考与练习 ·· 117

5　经济契约文书 ································· 122

　5.1　经济契约文书概述 ···················· 122

　5.2　合同 ·································· 123

　5.3　协议书 ······························· 143

　5.4　意向书 ······························· 147

　思考与练习 ······························· 149

6　招标投标文书 ································· 153

　6.1　招标投标文书概述 ···················· 153

　6.2　招标书 ······························· 156

　6.3　投标书 ······························· 163

　思考与练习 ······························· 166

7　财会文书 ···································· 169

　7.1　财会文书概述 ························· 169

　7.2　财务分析报告 ························· 170

　7.3　审计报告 ····························· 179

　7.4　验资报告 ····························· 186

　7.5　资产评估报告 ························· 189

　思考与练习 ······························· 198

8　商务文书 ···································· 200

　8.1　商务文书概述 ························· 200

　8.2　商务信函 ····························· 202

　8.3　商务电函 ····························· 206

　8.4　商业广告 ····························· 210

　8.5　商品说明书 ··························· 213

　8.6　广告、营销策划 ······················ 217

　8.7　商务谈判方案 ························· 229

　思考与练习 ······························· 238

9　经济论文 ···································· 241

　9.1　经济论文概述 ························· 241

9.2　经济论文的选题 …………………………………………………………… 242

9.3　经济论文的写作结构及正文的写作 ………………………………… 244

思考与练习……………………………………………………………………… 257

附录一　党政机关公文处理工作条例 …………………………………… 261

附录二　党政机关公文格式 ………………………………………………… 268

参考书目………………………………………………………………………… 275

1 总　论

1.1　财经应用文概述

1.1.1　应用文的概念与分类

在现代社会发展的漫长历史中,应用文作为一种处理实际事务和解决实际问题的实用文体,在人们的生活、工作和学习中被广泛使用,促进了信息的有效沟通。所谓应用文,就是人们用来处理公私事务、沟通信息的一种具有惯用格式和实用价值的文书。

在长期使用过程中,应用文有了一些约定俗成的内容,如相对固定的格式和具有确定性的内容等。应用文是为解决实际问题、处理事务而写的,有较高的使用频率,实用价值突出。

因其突出的直接实用价值,应用文已被运用到社会生活的各个领域,形成样式繁多的文体。按照不同的标准,可以将应用文分为不同的种类。按照内容、性质及使用的范围,大体可分为两类:一类是通用应用文,主要包括公文和日常事务文书。公文是机关、团体、企事业单位用来处理公务的文件,具有法定效力和规范体式,是依法行政和进行公务活动的重要工具,包括命令(令)、决定、公告、通知、报告等。日常事务文书是单位和个人在日常生活和工作中使用的条据、书信、计划、总结等用于处理一般事务的文书。另一类是专业应用文,应用于不同领域、不同行业的专门工作业务中,如财经应用文、科技应用文和军事应用文等,具有很强的专业性。

1.1.2　应用文的特点

1) 实用性

应用文的写作有明确、具体的实用目的,这是它区别于其他文体最基本的特征。在生活、工作和学习中,人们选择不同的文体来处理各种事务,传递信息,进行沟通与交流。应用文的写作更多的是实际应用,而非欣赏。其写作的目的很明确,而且讲究实效,有切实的实用价值。例如,各类单位用公文来处理公务,不管是发通知、意见,还是发函,都要求在确定的范围内发挥其独特的作用。

2）程式性

在长期的发展过程中,应用文形成了固定的格式和习惯用语,在具体的写作上有了一定的规范性。同类文种在结构安排、写作手法及要求上大体是一致的。例如,调查报告的格式一般分为标题、开头、正文和结尾四个主要部分,每一部分都有特定的规定和要求。另外,一些行政公文,如通知、函等文体的写作和使用具有更为严格的规范性。

3）时效性

应用文是为在特定时间有针对性地解决和处理各种具体事务而写的,时效性是它显著的特征。时效性有两重含义:一是指内容的时效性,二是指办文的时效性。应用文的撰写与传递应及时迅速,否则将会丧失其实用价值甚至会贻误工作。

1.1.3　财经应用文的概念与特点

财经应用文又称经济应用文,是人们立足于经济领域,在反映社会经济活动,传播经济信息,处理有关财经事务,进行经济管理时所写的应用文,具有完整的结构与相对固定的格式。

与其他应用文相比,财经应用文具有以下显著特点。

1）政策性

在社会主义市场经济条件下,各项经济工作都离不开党和国家的方针政策的指导与制约。财经应用文是经济活动领域开展各项工作的重要文字性工具,在宣传贯彻国家经济政策和法规,传递经济信息,指导经济活动的过程中,其内容必然体现出鲜明的政策性。有的财经应用文本身就是某一政策的体现,而大多数财经应用文或是直接或间接地反映经济政策并受其制约,或是成为制定相关经济政策的科学依据。例如,经济合同、资产评估报告等,在内容设置及写作程序等方面既体现国家的法规政策又受其制约;而市场调查报告、审计报告等又可根据所反映的情况状态影响某些方针政策的制定。

2）真实性

经济应用文是一种实用的文体,真实性是它的一个重要特点。其真实性特点主要表现在以下几个方面:首先,文章内容的真实、确凿。财经应用文要选取真实的材料实事求是地反映客观情况,获取的各种信息,无论是数字还是具体事例,都应客观真实,体现文章的纪录性。其次,文章的评价分析认真严谨,科学真实。以事实为依据,揭露经济现象的本质与联系,做出正确的判断。最后,提出的办法、措施切实可行,与现实情况联系密切。

3）专业性

专业性是财经应用文写作的一个特点,也是其区别于其他写作活动的一个鲜明标志。其专业性特点主要表现在:一是文章内容的专业性。不管是反映各种经济工作,还是传递经济信息,其经济内容的专业性特点都十分突出。二是写作者的专业性。各类财经应用文都要求作者必须具有一定的专业知识,熟悉并掌握各种经济活动的规律和特点,能发现和解决问题,预测经济活动的走向。三是语言的专业性。财经应用文的写作涉及许多专业术语和大量的统计数据等资料,在表述中会有一定的要求和体现。

4)效益性

财经应用文写作的效益性主要体现在几个方面:第一,经济管理的核心是追求经济效益,作为经济管理的工具,财经应用文的写作也必须以效益为重。例如,经济活动分析报告必须对资金、成本、销售等因素进行客观分析,对经济效益做出正确评价,提出可行的措施方案,以获取最好的经济效益。第二,一些具有合作性质的经济文书本身就是获取经济效益的文字凭证,如招投标书、合同等。第三,财经应用文写作的时效性也可产生好的经济效益。

5)规范性

财经应用文的文章格式有很强的规范性,有些文体如合同、审计报告、工商管理文书等,国家都有统一的格式范本。另外,其语言也必须使用规范的经济专业术语。

1.1.4 财经应用文的作用

财经应用文作为经济管理的工具,在经济建设与发展中发挥着重要的作用。首先,作为信息传递的手段,财经应用文在指导工作、报告情况,交流经验等方面起到了纽带作用,其次,在经济管理中,尤其是一些大型项目的决策实施过程中,财经应用文都发挥着管理上的工具作用,如项目决策前要进行市场调查、市场预测和可行性研究,并写出书面报告,实施过程中要涉及合同、广告、招投标书等方面的写作。最后,财经应用文还具有经济管理、经济业务活动的依据凭证作用。

1.2 财经应用文写作的基本要素

主旨与材料、结构和语言一起并称为文章的四大要素,其中主旨是文章的灵魂,材料是血肉,结构是骨骼,而语言则是细胞。

1.2.1 主旨

1)主旨的概念

主旨就是一篇文章的主题、中心思想,是作者在文章中所要表达的思想观点。在应用文写作中,主旨也是作者写作意图和目的的集中体现。

在财经应用文中,因为作者写作意图或目的的不同,主旨的表现也有一定的区别:一类是以单纯的传递信息为主,如产品说明书、招投标书等,作者往往是在文章中说明、介绍产品或服务的构造、功能、效果、特色和使用方法等,仅仅是传递某些客观信息,而不做主观判断。另一类是对事物、现象进行分析、评判或提出建议、措施等,如可行性分析报告、市场调查报告等,文章的结论或表达的观点都是作者在分析客观经济现象或经济活动的基础上提出的,带有明显的主观倾向性。

2) 主旨的作用及确立要求

主旨不仅是文章的灵魂,还是文章的统帅。在写作过程中,无论是材料的取舍、结构的安排,还是表达方式的运用等,都要受到主旨的制约。例如,合同是为了明确签约各方的权利和义务,在撰写各项条款时,就应采用说明的方式来表述;公文中的报告,是为了向上级机关汇报工作、反映情况、答复问题,则应采用叙述的方式来表达;经济论文是为了描述经济问题的研究成果,探索客观经济规律,就应以议论为主进行阐述。同时,在财经应用文中,主旨又是衡量文章价值的重要因素。文章观点的正确而深刻、措施的得当可行,直接提升财经应用文书对经济工作的指导和推动作用。

主旨的确立必须做到正确、集中、深刻、鲜明。

所谓正确,是指文章主旨必须正确反映客观经济规律,符合党和国家的路线、方针和政策,能真实反映客观事物的本质,经得起实践工作的检验。正确是对主旨的最基本的要求。

所谓集中,其含义有三:一是一篇文章只能有一个主旨,切忌多主旨、多中心;二是文章的主旨要贯穿文章的始终,全文都要围绕这个中心进行透彻的分析与表述;三是文章中支撑主旨的分论点要统一于主旨。

所谓深刻,是指文章的主旨要有一定的思想深度,对一些现象进行精当的分析,挖掘出更深层的意义。文章要具有新颖独到的见解,就要求作者必须具备开阔的思路、敏锐的观察力及一定的理论水平。

所谓鲜明,是指主旨的表达要清楚明白,一目了然。要做到观点鲜明,除了要态度明确、立场鲜明外,还要注意表述的清晰。

3) 主旨的提炼与表达

财经应用文种类繁多,形式各异,内容几乎囊括社会生活的各个方面。文章主旨的确立,首先要根据工作的具体需要,遵循有关方针、政策,在真实可靠的材料基础上产生;其次,作者必须进行周密思考,在一定的理论水平和政策水平指导下深化认识。

为了突出财经应用文的文体特点,方便读者阅读理解,尽最大可能发挥其效能,文章主旨的表达有其独特之处,一般是在文中直接而鲜明地表达出来。

(1) 标题概括主旨。用文章的标题来体现主旨,是应用文最常见的方法,在财经应用文中更为突出,如《应对我省文化产业加大扶持力度》(经济活动分析报告)一文,其标题就是文章主旨的浓缩。由于标题的位置醒目,以标题概括主旨,既可快速直接地引起读者注意,又可加深读者的印象。

(2) 小标题标示主旨。内容复杂、篇幅较长的应用文,往往将文章分解成若干部分,每部分用一个小标题来显示。小标题是从不同角度和不同层次对主旨的表达,要注意彼此之间的完整统一等内在逻辑关系。

（3）篇首点旨。在文章开头，开门见山点明主旨，起到提纲挈领、纲举目张的作用。公文中的通知、通告、报告和意见等常用这种方法，如"党中央、国务院高度重视土地管理和调控。2004 年印发的《国务院关于深化改革严格土地管理的决定》（国发[2004]28 号），在严格土地执法、加强规划管理、保障农民权益、促进集约用地、健全责任制度等方面，作出了全面系统的规定。各地区、各部门采取措施，积极落实，取得了初步成效。但是，当前土地管理特别是土地调控中出现了一些新动向、新问题，建设用地总量增长过快，低成本工业用地过度扩张，违法违规用地、滥占耕地现象屡禁不止，严把土地'闸门'任务仍然十分艰巨。为进一步贯彻落实科学发展观，保证经济社会可持续发展，必须采取更严格的管理措施，切实加强土地调控。现就有关问题通知如下……"（《国务院关于加强土地调控有关问题的通知》）

（4）段首"片言居要"点明主旨。"片言居要"即撮要，用简要精练的话语对内容进行概括，表明意见、观点。以段首句来表明主旨的方法往往在篇幅较长、内容较多的经济应用文中出现。在段首简明扼要的表述，有利于文章观点突出而醒目地表达。

（5）篇末点旨。即在正文结尾点明写作主旨，在财经应用文中大多是提出建议或针对性的措施，或归纳总结观点。一般在市场调查报告、市场预测报告、可行性分析和经济论文等文体中常用此方法。

1.2.2 材料

1）材料的概念

所谓材料，就是作者为了阐明主旨而运用的事实情况和理论论据。材料是构成文章的基本要素之一，是形成观点、提炼主旨的基础。

写作活动中需要搜集准备的材料包括多种类型，如具体的事实、情况、各种信息资料、成果和文件等。有的材料是直接引用的原始材料，有的需要作者的提炼加工。在写作中，文章的观点和主旨的表达必须依靠充分有力的材料作为支撑，材料是文章写作必备的基础。因此，材料的准备应注意尽量详尽，以利于比较、选择，正确地提炼主旨。尤其是财经应用文的写作，面对纷繁复杂的经济现象，只有掌握大量的信息材料，全面而透彻地了解各种经济现象和具体情况，获得确凿的数据资料，才能把握经济现象的本质，写出主旨明确、有针对性的文章。

2）获取材料的途径

（1）在实际工作中观察感受，通过对各种经济信息的了解掌握真实准确的第一手材料，从而发现问题、分析问题，确立文章的主旨。

（2）通过调查采访，搜集资料信息。深入实际调研获得的材料不仅直接、客观，同时也具有较强的针对性，可更有力地说明问题。

（3）查阅媒体资源或文件，获取二手材料。可从相关报纸刊物或其他媒体中获取有价值的信息材料，当今多元化媒体可提供充分的材料；也可查阅相关联的政策法规或工作资料等，以增强文章的权威性。

3）选材的原则

（1）围绕主旨选材。即选材要切题，所选的材料要能印证观点、充分地表达主旨。与主旨无关或关联性不太直接的材料应舍弃，否则，将会影响主旨的明确集中。

（2）选择真实、准确的材料。真实的材料要符合客观实际，是真实发生、客观存在的事物，包括时间、地点、人物、数据和政策等。对于选择采用的材料要确保其准确可靠，反复核实、查对，切忌随意编造、粗枝大叶。

（3）选择典型的材料。典型的材料是指能深刻揭示事物的本质，具有广泛的代表性和说服力的材料。

（4）选择新颖的材料。所谓新颖，就是新鲜、有感染力。新颖的材料是指那些贴近生活、具有时代特色、反映现实的新情况、新经验、新见解。新颖的材料可以是新出现、新发生的材料，也可以是别人未用过的或不熟悉的旧材料，还可以是新角度、新感受的老材料。在写作中，选取的材料新颖，就可引起读者的阅读兴趣，增强文章的效果。

1.2.3　结构

结构是文章各部分之间相互的内在联系和外部形式的统一。所谓内在联系，是指文章各部分之间在本质上和逻辑上的联系；所谓外部形式，指的是各部分内容的位置和顺序。在财经应用文写作中，安排结构就是根据主旨表达的需要，结合材料的性质和文种特征，把各部分内容组织起来，形成一个有机的整体。

1）结构的模式

财经应用文结构的特点是每种文体的格式大体是固定的，基本结构形式大致如下。

（1）篇段合一式。一篇文章的正文部分只有一个自然段，围绕主旨将有关问题说清，直观而集中，适用于内容单一的文书。

（2）总分式。这种结构模式在财经应用文中使用较多，一般包括总分式、分总式和总分总式三种类型。

第一，总分式，即开头先总述，或概括情况，或说明原因，或阐明主旨，后文则分条表述有关内容。

第二，分总式，即开头先具体阐述情况状态，然后再归纳主旨。在请示、通报、可行性研究报告、审计报告、经济活动分析报告、预决算报告等文种中常见。

第三，总分总式，该类型较总分式结构多一个总说的结尾，形成"总说—分说—总说"的结构，在文章最后进一步突出强调主旨。这种结构形态常见于揭露问题的调查报告、总结、市场预测报告、经济活动分析报告等文种。

（3）分条列项式。在内容较多、篇幅较长的总结、调研类文章和专业论文等应用文中多使用此类结构。一般是开头概述情况，说明目的、依据等，主体部分内容稍多，通常按其性质进行分类、归纳，分条列项进行表述，以使文章条理清楚。如果文章容量较大、头绪繁多，还可将文章分成几个大部分。这类结构在写作中要注意各层次和部分之间的内在逻辑顺序。

（4）表格式。这是财经应用文所特有的一种结构模式。根据文章内容的性质设计出若干栏目的表格，按要求逐项填写即可，较为直观、醒目。在工商、税务等经济管理工作中常用到表格式文件。

2）结构的内容

文章的结构包括开头、结尾、段落、层次、过渡和照应等内容。我们重点讲一下开头和结尾的写作。

开头和结尾在文章中处于特殊的位置，具有重要的作用。古人历来重视文章开头和结尾的写作，讲究"凤头、猪肚、豹尾"，开头要有气势，引人入胜；结尾要收得巧妙，余味无穷。

开头是正文结构的起点和切入点，在全文起着引起和定调的作用。财经应用文的开头应采用开门见山的平实写法，常用的开头方式主要有：

第一，目的根据式开头。文章先交代写作的目的、意图或行文的根据，以增强文章的权威性和强制力，引起读者的注意和重视，一般用"根据"、"按照"、"为了……"等词语开篇。

第二，情况原因式开头。文章开篇即说明行文的原因或阐述具体的情况，一般用"由于"、"因为"、"鉴于"等词语开头，或在文章开头就简要介绍基本情况或工作过程等主要内容。

第三，结论式开头。以成绩或问题的阐述开篇，直接表明观点，然后再展开具体的论述。

第四，引述式开头。引用政策、指示或来文，然后表明态度。

结尾是保证文章结构完美、文义完整的重要手段，文章结尾的方法并无固定模式，关键是要能顺其自然，起到强化文章力量的作用。财经应用文的结尾也应语言简洁、意尽言止。常用的结尾方式有：

第一，总结式结尾。结尾处用简要的文字归纳全文的主要内容，概括主旨，使读者形成完整的概念，以加深印象。

第二，强调式结尾。这种方式是在文章结尾处重申主旨，呼应开头。

第三，号召式结尾。在结尾处根据主旨的要求，提出希望，展望未来。

第四，自然结尾。文章主要内容叙述完毕后，自然收尾。

上述方式是一些常见的写法，有些文种因具体的格式规定，文章的开头和结尾有统一的规范性的要求，如合同、招投标书、部分行政公文等。

1.2.4 语言

1) 财经应用文的语言特征

作为进行经济管理、反映经济活动的专业应用文，财经应用文的语言有其独特之处。

（1）有一套较为固定的习惯用语。在长期的写作和使用过程中，与不同的文种类别和结构形式相关联，财经应用文形成了一套较为固定的习惯用语，如文章开头的"鉴于"、"兹有"、"根据"、"遵照"等，文章结尾常用"特此通知"、"即请函复"等。

（2）多使用专业术语。财经应用文涉及财政、金融、会计、商务等众多专业领域，在写作中自然会较多地使用专业术语来说明和反映具体情况，如"预算"、"赤字"、"信贷"、"固定资产"、"流动资金"等术语。

（3）常借助数字或图表说明问题。在经济活动的书面反映中，数字和图表是其重要的表达手段。数字的应用有助于财经应用文写作的准确、真实、简明；图表则可将复杂的内容直观、生动地表达出来，无论是单独事例的说明，还是相关事例的比较，用图表来表示一目了然，既直观又简洁。

2) 财经应用文的语言要求

（1）准确。财经应用文的性质和作用决定了在写作中必须保证语言的准确性，否则，就可能延误工作，造成损失。财经应用文语言的准确是指遣词造句恰当，表意明确，切合事实。要达到准确的标准，应注意词语的正确使用和组句的规范，用词贴切，符合语法规则，避免产生歧义。例如：

基础资源逐步枯竭将使经济发展受到"瓶颈"制约。

（2）简练。财经应用文的实效性要求写作文字必须简洁、明快，用较少的文字表达较丰富的内容，提高文章的信息量。这就要求语言表达中要追求文字的概括性，语意的直接明了，注意推敲词语，避免重复、堆砌、赘余。例如：

经济要发展，环境要保护，如何对待和处理这一对矛盾，促进两者间的统一，实现经济与环境的双赢，是摆在我们面前的一个重大课题。为此，我们就环境保护问题进行了专题调查和研究，以期为政府实施有效监管提供智力支持。

（3）平实。平实即平直朴实，应用文写作不同于一般的文学创作，在写作效果上强调内容快速直接的传递以及准确的接受理解，语言倾向于直白。因此，在语言表达上，要实话实说，摒除夸张渲染等积极修辞方式，同时选用通俗平易的词语，力求文章表达的庄重大方、通俗易懂。例如：

提高城镇土地使用税和耕地占用税征收标准，财政部、税务总局会同国土资源部、法制办要抓紧制定具体办法。财税部门要加强税收征管，严格控制减免税。

思考与练习

1. 分析下面这段文字的主旨

近日,安丘市对城区兴安路的护栏和路灯进行了改造,这项预算额为 420 万元的工程,经过公开竞标,最后中标额为 380 万元,实现节支 40 万元。这是安丘市实行"阳光采购"的一个实例。

这个市认真落实政府集中采购制度,先后将三大类共 339 项采购纳入了政府采购范畴,通过严格程序、规范操作,保证了采购工作的公开、公平、公正。今年上半年先后组织采购招标活动 27 次,累计完成采购额 1.35 亿元,为财政节约资金 3 274 万元,节支率达 19.5%。

2. 阅读下文,将其中与主旨不符的材料删去

陵县发展"冬季农业"以来,不仅取得良好的经济效益,也显示出明显的社会效益。

一、打破了农业徘徊的局面,找到了一条农民奔小康的新路子。"冬季农业"的发展,使农业和农村经济实现了"五增":一是粮棉增产。全县粮食产量每年以 4% 的速度增长;棉花产量由不足 10 万担(1 担=50 千克)恢复到 26 万担。二是土地增效。"冬季农业"种植田,土地年亩(1 亩=666.7 平方米)效益由原来的不足 1 000 元提高到 4 000 元……

二、加快了农业产业化进程。全县"冬季农业"实现了区域化布局、专业化生产,基本形成了一乡一品、各具特色的产业化群体。"冬季农业"也为发展二三产业提供了条件。

三、加快了农民成为市场主体的步伐,提高了农民的整体素质。由于先进科学技术的普及应用和生产手段的改善,农民学科学、用科技的积极性空前高涨。全县有 20 万农民自发参加"冬季农业"培训班,成立各类协会、学会 100 多个。

四、建立健全信息服务、技术服务、购销服务三大服务体系。为鼓励和扶持农民发展"冬季农业",政府提供全方位的服务,如在主导农产品种植带设立技术服务站,为农民解决种植技术方面的问题。

3. 阅读下面两段文字,对其表达效果进行比较分析

美国金融危机的影响波及面越来越广,很多跨国公司都遭受了或多或少的影响,我们也看到裁员风潮几乎在各行各业兴起,控制成本成为许多企业"过冬"的无奈选择,而裁员是控制成本最好的途径之一,因此裁员之潮开始风声鹤唳。

美国金融危机的影响在加剧,许多跨国公司都未能幸免于难。各行各业开始兴起裁员风潮,为了"过冬",许多企业不得不选择裁员,以有效地控制成本,因此裁员大潮开始出现。

4. 请按照逻辑顺序为下列材料排序,并为文章拟定合适的题目

① 林业是一项中长期产业,几年甚至十几年后才能受益。为突破此间林农增收"瓶

颈",并实现生态效益、经济效益双赢。近年来,建平县委、县政府及林业部门加强组织领导、技术指导和政策扶持,充分发挥新植林面积大的优势,组织农民开发林下特色产业。该县围绕"畜牧大县"建设,在退耕还林中发展林下种植苜蓿草,平均亩产量达 1.2 吨(1 吨＝1 000 千克),亩收益 700 余元,去年全县 3 万亩苜蓿草创收 2 100 多万元。在建平县适合种植的药材有甘草、黄芩等几十种。2007 年,该县天福医药责任有限公司在全县发展药材基地 1 万余亩,目前,天福医药公司利用基地优势与承德颈复康有限公司开展合作,计划投资 1.5 亿元在黑水生态园区引进中草药深加工生产线。

②"山杏林是今后的'摇钱树',中草药是眼前的'金元宝',这地上栽树,树下种药的生态林业新模式,真是大有'钱'途啊。"建平县青松岭乡杖子村的造林大户肖明,前两年在其栽植的山杏林下种植了 200 多亩中草药材,靠卖药籽、药根等收益颇丰。饱尝甜头的他逢人便讲林下种药的妙处。如今,在建平县像肖明一样从事林下特色产业的农户正日益增多,到目前全县发展以林草、林药、林菇、林粮等为主的特色产业 20 多万亩,年创纯收入 1.6 亿元。

③ 利用大林龄林木遮阴的办法进行人工栽培香菇不仅可利用林间的空闲地,还可降低香菇遮阴降温材料的投入成本。包括林下种菇、林下种瓜在内,2007 年,建平全县林下种植业达 20 万亩,在遭受旱灾袭击的情况下,常规农作物严重减产,但是林下种植业据初步测算仍可获取 1.6 亿元的收益,有着常规农业无法比拟的产业优势。目前林下经济已成为符合当地发展实际,并成为今后避灾农业发展方向的一项特色产业。

④ 有了龙头企业的拉动,日前,农民开展林下种药的热情高涨。多年来,承包林间空地耕种的农民,在林业局及各发包单位的指导下根据本区域的气候条件,增加了杂粮种植面积。据统计,建平的林粮间作现已由 2004 年的 8 万亩增加到 15 万亩。此外,建平县还紧随市场需求,引导农户在林下从事天然原始的养殖业,养殖笨鸡、笨鹅。据黑水林场的一些养殖户介绍,去年每只笨鹅出栏后纯利平均在 30 元以上,而且供不应求,同样笨鸡蛋价格也是一路上扬,十分俏销。而鸡、鹅的粪便反过来还为林木增加了肥力,保证了树木的健康成长,形成了生态循环体系链。

5. 阅读下文,按要求回答问题

开展"三项整治"　实现"四个不减"

周口 4 年"长"出耕地 21.9 万亩

通过对"空心村"、砖瓦窑厂和废弃工矿地的"三项整治",河南第一产粮大市——周口市 4 年新增耕地 21.9 万亩,在经济高速发展、城区面积不断扩大的同时,实现"四个不减":耕地面积不减、基本农田保护不减、粮食播种面积不减、粮食总产量不减。目前,被称为"周口模式"的"三项整治"工作已在河南全省推开。

2004年，河南省决定在全省范围内开展以"空心村"整治为主要内容的"三项整治"，周口市意识到这是实现农村节约集约用地的一项重要（措施、举措），在对全市旧宅基地、砖瓦窑厂和废弃工矿地进行调查摸底的基础上，制定了2010年以前土地开发整理专项规划，（连续、持续）不断地开展"三项整治"活动，并在实践中摸索出"四种模式"：

当地政府与农民共同投资。郸城县丁村乡、王拱村原来分为东西两个村，占地445亩，户均宅基地2.05亩。现在政府和农民共同投资210万元，硬化路面，建下水道，新村只占地100亩，全村净增耕地345亩。周口市在"空心村"的整治中，因村制宜，或小村并大村，或整体搬迁，或部分搬迁，政府负责旧村庄的平整、打井和复耕，免费为农民拆旧房，农民负责在新规划的村址按标准建房，调动了农民的积极性。

当地政府主导投资。淮阳县王店乡棠棣村一砖窑厂已（废弃、荒废）20多年，占地165亩。淮阳县以政府投资为主，采取整体规划、小片推进、边整理边复耕投入使用的方式，整理成鱼塘100多亩，耕地65亩，返包给农民从事农业生产。

政府引导农户参与。平原地区耕作条件好，复种指数高，村中、村边的空闲地、废弃地、打谷场等地块很多，稍加整理即可成耕地，但地块面积不大，多在10亩以下。对此，周口市出台政策，对参与整治的农民每亩奖励50元，谁整理谁优先承包，投入可折抵承办费。

"城中村"改造。太康县城关镇朱庄位于城乡结合部，政府先期投入对农民进行搬迁后，引资对旧村址进行开发，随后对原住户按城市总体规划建设户均占地0.25亩的"市场村"，家家临街道，户户有门面，农民利益得到有效保护。对村民要求自愿建设的"城中村"则因地制宜，由村集体经济组织按照规划实施改造和建设。

为了确保"三项整治"的成果，周口市提出，对村小片荒地的整治由行政村组织群众进行；坑塘、砖瓦窑、工矿废弃地等大型整治项目，由县乡政府组织，向社会公开招标，由土地整理公司整治；"空心村"的整治依据村庄规划和"封村线"进行，该拆除的拆除，该退还的退还，该回迁的回迁。完善宅基地管理，重新进行地籍调查，换发新的宅基地证。同时结合整治工作和新农村建设规划，完善村内设施，改善村容村貌。

从2004年至今，周口市整治总规模达29.7万亩，净增耕地21.9万亩。粮食生产坚持做到了"四个不减"：一是耕地面积不减，一直稳定在1 281万亩以上；二是基本农田保护面积不减，实际保护面积1 095亩，保护率达85.48%；三是粮食播种面积不减，常年稳定在950万亩以上；四是粮食总产量不减，常年稳定在550万吨左右。今年全市夏粮产量连续5年创历史新高，小麦总产量（突破、打破）46万吨大关，比去年增产3万吨。

1）从括号中选出合适的词语完成句子。

2）分析文章的结构，并指出文章采用的是哪种开头方式。

3）本文的主旨是什么？主旨的表达有何特点？

4）分析本文在语言表达方面的特点。

2 公 文

2.1 公文概述

2.1.1 公文的概念和种类

公文即公务文书,是党政机关、社会团体、企事业单位在处理公务活动中制作并使用的具有法定效力和规范体式的文书。

根据 2012 年《党政机关公文处理工作条例》规定:"党政机关公文是党政机关实施领导、履行职能、处理公务的具有特定效力和规范体式的文书,是传达贯彻党和国家方针政策,公布法规和规章,指导、布置和商洽工作,请示和答复问题,报告、通报和交流情况等的重要工具。"

党政机关公文的种类有 15 种:决议、决定、命令(令)、公报、公告、通告、意见、通知、通报、报告、请示、批复、议案、函和纪要。

2.1.2 公文的作用

1) 依据与凭证作用

公文具有权威性,是党政机关在工作过程中形成的文书,因此,它是党政机关和单位进行公务活动、开展工作、解决问题的重要依据。另外,公文在失去现实的实用性以后,必须要归档,这时,它又可以发挥凭证作用,可以为今后的文书制作、工作开展提供参考与凭证。

2) 领导与指导作用

公文是上级机关对下级机关的工作进行有效领导与指导的一种工具,上级机关可以通过制发公文来部署工作、传达意见和决策、提出指导性的建议和措施、答复下级机关的请示,从而对下级机关的工作起到有效的监督与监管作用。

3) 交流与沟通作用

公文同时又是各机关、单位、部门之间互通情况、交流信息和经验、沟通协调工作、解决各种具体问题的一种工具,从而为上下级之间、平行单位之间、不相隶属单位之间的工作起到交流与沟通的作用。

4) 宣传与教育作用

公文通过阐述国家的方针政策、制定规则、通报情况、揭露问题，从而积极、正面地宣传国家的各种法令政策、引导群众、教育群众，提高他们的道德意识和思想意识。

2.1.3 公文的特点

1) 政治性

公文作为党政机关管理社会、处理公务的工具之一，是发文者意志的鲜明体现。公文具有传达、贯彻党和国家的方针、政策，发布行政法规和规章，处理机关公务的重要职能，其内容与党和国家的政治、政策密切相关，是代表和维护党和人民的根本利益，巩固和发展社会主义事业的重要手段，因此具有鲜明的政治性。

2) 权威性

公文具有法定的权威性，体现在两个方面：一是制作者的权威性。公文是由国家法定机关或组织制发的，代表法定机关或组织的意图，在它们的权限范围内，具有法定的权威性和约束力。二是内容的权威性。公文是各级人民政府行使管理职能的重要工具，无论是国家机关制定的法规、政令，还是企事业单位或社会团体制定的规章制度，一旦成文并正式发布，在有效期或实施范围内，就具有规范、制约性质，人们必须坚决执行，不得违反。

3) 实用性

公文的功能在于解决人们在实际工作中亟待解决的各种问题，因此，它具有直接的现实针对性，直接作用于人们的现实需要。它一经完成并传达，便直接对现实产生作用，具有明显的实用性。

4) 时效性

公文是为了解决现实生活中的各种问题以及处理工作中的具体事务而进行的一种写作，因而在写作上有时间性的要求，必须在一定的时间内完成。文中所涉及的具体问题往往要求在一定的时间内解决，这就要求公文的写作一方面要写得及时、发得及时；另一方面要求必须选取现实生活中最新的材料。只有这样，才能达到公文特定的写作目的。而且，大部分公文只能在特定的时间范围内对社会现实产生作用，一旦问题解决，它的目的性达到了，它的时效性也便消失了。

5) 规范性

公文的规范性体现在它具有严格的程式性。公文的文章结构大多有固定的格式，具有程式化的特点。这是与公文本身的功能和要求分不开的。公文是为了解决机关工作和生活当中出现的问题和事项而进行的一种创作，因而，它的目的性、针对性较强，时限的要求比较严格，因此为了提高机关工作中的效率，行政公文在长期的使用过程中形成了一种约定俗成的格式，并逐渐地被规范下来。表现在每一种文种都有自己特定的格式和要求，写作时必须严格遵照，不能自行其是。例如公文的结构，从文头到文尾，从标题到落款，每一种文种都有自己的要求和规范,不同的文种各具清晰醒目的结构,便于在实际工作中对公文进行具体的归类、整理与答复,有利于提高机关工作的效率并体现公文的权威性。

2.1.4　公文的分类

1) 从行文方向分,公文可分为上行文、平行文和下行文。上行文即下级机关向上级机关报送的公文,如报告、请示等。平行文即平级机关或不相隶属机关之间的公文,主要是函。下行文即上级机关发送给下级机关的公文,如命令(令)、决定、通知、通报、意见、批复等。

2) 从保密级别分,公文可分为公开、内部、秘密、机密、绝密五个等级。秘密等级的作用在于标明公文内容涉及国家秘密的程度与传递处理要求,将密件与普通件分开管理,确保秘密公文的安全。

3) 从紧急程度分,公文可分为一般件、急件、特急件。紧急程度是对公文送达和办理的时限要求。

2.2　公文格式与写作要求

《党政机关公文处理工作条例》对公文的内容与格式有比较全面而严格的规定:"公文一般由份号、密级和保密期限、紧急程度、发文机关标志、发文字号、签发人、标题、主送机关、正文、附件说明、发文机关署名、成文日期、印章、附注、附件、抄送机关、印发机关和印发日期、页码等组成。"这些内容划分为版头、主体、版记三部分。公文首页红色分隔线以上的部分称为版头;公文首页红色分隔线(不含)以下、公文末页首条分隔线(不含)以上的部分称为主体;公文末页首条分隔线以下、末条分隔线以上的部分称为版记。

2.2.1　版头部分

版头由份号、密级和保密期限、紧急程度、发文机关标志、发文字号和签发人组成。

1) 份号

份号是将同一文稿印制若干份时每份公文的顺序编号。如需标注份号,一般用 6 位 3 号阿拉伯数字,顶格编排在版心左上角第一行。并不是所有的公文都需要编制份号。编份号的目的是准确掌握公文的印制份数、分发范围和对象。当文件需要收回保管或销毁的时候,就可以对照份号掌握其是否有遗漏或丢失。

2) 密级和保密期限

密级是标识公文保密程度的一种标志,分为秘密、机密、绝密三个等级。保密期限是对公文密级的时效加以规定的说明。如需标注密级和保密期限,一般用 3 号黑体字,顶格编排在版心左上角第二行;保密期限中的数字用阿拉伯数字标注。

3）紧急程度

公文送达和办理的时限要求。根据紧急程度,紧急公文应当分别标注"特急""加急",电报应当分别标注"特提""特急""加急""平急"。如需标注紧急程度,一般用 3 号黑体字,顶格编排在版心左上角;如需同时标注份号、密级和保密期限、紧急程度,按照份号、密级和保密期限、紧急程度的顺序自上而下分行排列。有的还可以在标题中体现出来,如《关于××的紧急报告》。

4）发文机关标志

由发文机关全称或者规范化简称加"文件"二字组成,也可以使用发文机关全称或者规范化简称。联合行文时,发文机关标志可以并用联合发文机关名称,也可以单独用主办机关名称。联合行文时,如需同时标注联署发文机关名称,一般应将主办机关名称排列在前;如有"文件"二字,应当置于发文机关名称右侧,以联署发文机关名称为准上下居中排布。

5）发文字号

由发文机关代字、年份、发文顺序号组成。联合行文时,使用主办机关的发文字号。机关代字不宜过长,同时应保持稳定。

发文字号编排在发文机关标志下空二行位置,居中排布。年份、发文顺序号用阿拉伯数字标注;年份应标全称,用六角括号"〔〕"括入;发文顺序号不加"第"字,不编虚位(即 1 不编为 01),在阿拉伯数字后加"号"字。如"国办发〔2013〕26 号","国办"是国务院办公厅的代字,"2013"是发文的年份,"26 号"指文件的序号,说明这一份文件是国务院办公厅在 2013 年颁发的第 26 号文件。上行文的发文字号居左空一字编排,与最后一个签发人姓名处在同一行。

6）签发人

上行文应当标注签发人姓名。由"签发人"三字加全角冒号和签发人姓名组成,居右空一字,编排在发文机关标志下空两行位置。

2.2.2 主体

主体部分是文件的主要部分,它包括的要素是公文标题、主送机关、正文、附件说明、发文机关署名、成文日期、印章和附注。

1）公文标题

公文标题的构成有三要素,发文机关名称、事由和文种。公文标题中除法规、规章名称需加书名号外,一般不用标点符号。一个完整的公文标题,必须同时具备三个要素,但在实际工作中,根据行文情况,有时可以省略其中的某一个或某两个要素,但一般不得省略文种。标题排列应当使用梯形或菱形。

公文标题根据三要素的具体构成不同,可以分为几种情况:

（1）完全式标题，即发文机关＋事由＋文种，如《国务院办公厅关于做好全国节日放假期间有关工作的通知》、《中国人民银行关于进一步加强和改进现金管理有关问题的通知》、《国务院关于表彰全国劳动模范和先进工作者的决定》。

（2）事由＋文种，如《关于二〇一三年国债发行工作的请示》、《关于我校落实国家资助经济困难学生政策的情况报告》、《关于国民经济和社会发展第十二个五年计划纲要的报告》。

（3）发文机关＋文种，如《中华人民共和国国务院令》、《中华人民共和国主席令》、《中华人民共和国全国人民代表大会公告》、

（4）文种，如《公告》、《通告》。

2）主送机关

主送机关即公文的主要受理机关，即需要对文件内容进行处理、执行的机关，应当使用机关全称、规范化简称或者同类型机关统称。所谓同类型机关的统称，如"各省、自治区、直辖市人民政府"。

选择主送机关要分情况，上行文（如请示、报告）在发文时，只能写一个主送机关，受双重领导的机关，在发文时要根据文件内容确定一个主送上级机关，同时抄送给另一个上级机关；平行文和下行文，根据需要，可以有一个或多个主送机关；命令、通告、公告等普发性公文，一般不写主送机关。

主送机关标识位置在公文标题下，左侧顶格书写。如主送机关为多个时，同类型、相并列的机关之间用顿号间隔，不同类型、非并列的机关之间用逗号间隔，最后一个主送机关名称后标冒号。如一份市政府下发的通知中的主送机关："各区、县人民政府，各委、局，各直属单位："。

3）正文

正文是公文的主体部分，用来表述公文的具体内容，正文的写作要根据每一篇公文的不同文种和内容要求而定，一般来讲，大体上包括三部分：缘由、事项和结尾。

缘由部分一般交代发文的原因、目的、意义等，并领起下文。

事项部分是正文的核心，阐述所要报告或解决的主要问题，要求表达清晰、准确、具体。

结尾部分即结束语，要根据公文的具体情况而定，或提出执行的具体要求、建议或意见，或者提出请求、希望等。

正文位置在主送机关名称下一行，每自然段左空两字，回行顶格。数字、年份不能回行。公文首页必须显示正文。

4）附件说明

公文附件的顺序号和名称。公文的附件是指附属于公文正文的材料，对正文起补充说明作用。

常见的附件有两种：

（1）对正文的补充说明或参考材料。如在正文之后附上有关照片、图像、统计表及其他文字材料等。这种附件应在正文之后、落款之前注明附件的序号、件数和标题名称，然后，另起一页附上附件的文字材料。

（2）主件所转发、颁布的文件。这时主件的正文很简短，只起说明、介绍的作用，整个文件的核心是附件，如《中共中央转发〈中央组织部关于在部分单位进行党员重新登记工作的意见〉的通知》。由于这种附件的内容和名称已作为事由列入文件标题，所以附件名称一般就不在正文之后标出，可直接附在主件之后。

公文如有附件，在正文下空一行左空两字标"附件"二字，后标冒号和附件名称，附件若不止一件，则使用阿拉伯数码标注序号（如"附件：1.×××××"），附件名称后不加标点符号。附件应与公文正文一起装订，公文的附件是正文内容的组成部分，与公文正文一样具有同等效力。

5）发文机关署名

署发文机关全称或者规范化简称。

6）成文日期

成文日期又称发文日期，是公文生效的法定时间，应以负责人签发的日期为准；联合行文，以最后签发机关负责人的签发日期为准；会议通过的决定，以会议通过日期为准；法规性文件以文件批准日期为准；电报，以发出日期为准。

用阿拉伯数字将年、月、日标全，年份应标全称，月、日不编虚位（即 1 不编为 01）。成文日期一般右空四字编排。

7）印章

印章是公文的生效标志。公文中有发文机关署名的，应当加盖发文机关印章，并与署名机关相符。有特定发文机关标志的普发性公文和电报可以不加盖印章。

单一机关行文时，一般在成文日期之上，以成文日期为准居中编排发文机关署名，印章端正、居中下压发文机关署名和成文日期，使发文机关署名和成文日期居印章中心偏下位置，印章顶端应当上距正文（或附件说明）一行之内。

联合行文时，一般将各发文机关署名按照发文机关顺序整齐排列在相应位置，并将印章一一对应、端正、居中下压发文机关署名，最后一个印章端正、居中下压发文机关署名和成文日期，印章之间排列整齐、互不相交或相切，每排印章两端不得超出版心，首排印章顶端应当上距正文（或附件说明）一行之内。

8）附注

公文印发传达范围等需要说明的事项。

（1）注释说明。解释有关名词术语，说明有关引文的出处，可在附注内予以注释。

（2）特殊要求说明。说明公文的传达范围、使用方法等。应语义明确、内容具体，如

"此件不得登报"、"此件不得翻印"、"此件发至××级"等。"请示"应当在附注处注明联系人的姓名和电话。如有附注，居左空两字加圆括号编排在成文日期下一行。

2.2.3　版记

版记包括抄送机关、印发机关和印发时间等要素。

1）抄送机关

即除主送机关外需要执行或者知晓公文内容的其他机关，应当使用机关全称、规范化简称或者同类型机关统称。

（1）向下级机关或者本系统内的重要行文，应同时抄送直接上级机关。

（2）因特殊情况必须越级行文时，应当抄送被越过的机关。

（3）受双重领导的机关上报公文，应写明主送机关和抄送机关。

（4）上级机关向受双重领导的下级机关行文，必要时应当抄送其另一上级机关。

如有抄送机关，一般用 4 号仿宋体字，在印发机关和印发日期之上一行、左右各空一字编排。"抄送"二字后加全角冒号和抄送机关名称，回行时与冒号后的首字对齐，最后一个抄送机关名称后标句号。

如需把主送机关移至版记，除将"抄送"二字改为"主送"外，编排方法同抄送机关。既有主送机关又有抄送机关时，应当将主送机关置于抄送机关之上一行，之间不加分隔线。

2）印发机关和印发时间

公文的印发机关是指公文的印制主管部门，一般是发文机关的办公厅（室）或文秘部门，有的发文机关没有专门的办公厅（室）或文秘部门，也可标识发文机关。印发时间不同于发文时间，是指公文的付印时间，标识印发日期是为了准确反映公文的生成时效。

印发机关和印发日期一般用 4 号仿宋体字，编排在末条分隔线之上，印发机关左空一字，印发日期右空一字，用阿拉伯数字将年、月、日标全，年份应标全称，月、日不编虚位（即 1 不编为 01），后加"印发"二字。

版记中如有其他要素，应当将其与印发机关和印发日期用一条细分隔线隔开。

2.3　常用公文的写作

2.3.1　公告

1）概念

公告是向国内外宣布重要事项或者法定事项的公文。

2）分类及发布权限

公告根据其用途，可分为两类：

（1）知照性公告。这类公告是向国内外宣布重要事项的公告。所发布的内容，必须是在国内外有重要影响、受国内外关注的大事。如宣布国家领导人选举结果，公布国家领导人出访或者外国领导人来访，答谢外国政府、政党及某知名人士对我国重大政治活动和重大庆典的祝贺，公布国家重要统计数据，宣布发射洲际导弹，宣布涉外经济合作的重要决定等。它的发布权限，必须是国家领导机关及其授权单位。党的机关一般不发公告。而级别较低的基层的行政机关、企事业单位、人民团体也不能使用公告这一文种。

（2）事项性公告。这类公告用于政府及其职能部门按照法律程序宣布有关事项，这类公告的发布内容和发布权限，都是由国家的各种法律或行政法规明确规定的。如：专利公告、邮政公告、破产公告、社团登记公告等等，都有限定的发文内容和发文机关，不得随意变动和使用。

3）格式

（1）标题。

其一，发文机关＋事由＋文种，如《中华人民共和国海关关于简化进出口旅客通关手续的公告》。

其二，发文机关＋文种，如《全国人大常委会公告》。

（2）发文字号。公告一般不编发文字号，如果就相关内容发出两份以上的公告，则单独编流水号，放在标题之下。刊登在报纸上的向国内外宣布重要事项的公告，如果不是对某一事项作连续公告，一般将编号省略。

公告是希望人们广为知晓的，所以均不写主送机关。

（3）正文。如果要发布的事项简单，正文的写作只需说明事项，篇幅也比较简短。较复杂的公告，正文一般由三部分组成，即依据、事项、结语。

依据，即交代发布依据。一般只有一句话，交代明白此公告是根据什么法规或什么会议决定（通过）才发出的。其他的公告，一般可以不写依据，如公布国家主要领导人重要活动情况或者病情的公告。

事项。公告的事项绝大多数都很简单，一般都与依据合为一段，交代明白即可，不需要议论或阐述事项的意义与情节。事项部分需要另行分段或分条写的情况，一般较少。

结语。公告一般用"特此公告"、"现予公告"等规范结语收尾，也可不用结语自然收尾。

（4）落款与成文日期。一般应写明发文机关和日期，必要时还应写明发布地点。

4）写作要求

（1）语气庄重。公告所宣布的事项非常重大，尤其是常常要面向国外，关乎国家的形象，因而必须做到严肃、礼貌，才能不失身份和礼节。

（2）语言准确、简洁。公告是面向国内外广大公众的，所以语言必须准确、简洁又明白晓畅,不可用生涩难懂的词语。

（3）慎重使用。公告是最高等级的告知性公文,发文机关有严格限定,一般单位不能滥发公告。

【例文一】

国 务 院 公 告

国务院总理×××于十二月二十日起访问非洲五国,在出访期间,总理职务由副总理×××代行。

国务院

二○○×年十二月二十日

【简析】

这是一则宣布重大事项类的公告,标题由发文机关和文种构成,篇幅较短,语言简洁,开门见山交代清楚即可。

【例文二】

关于北京奥运会期间天安门广场管理措施公告

为确保8月1日至8月24日天安门广场奥运赛事和群众文化体育活动顺利进行,现将北京奥运会期间天安门广场相关管理措施公告如下:

一、8月17日、8月24日分别举行女子、男子马拉松比赛,届时将对广场实施封闭管理。根据赛事安排,8月16日、8月23日广场内将进行比赛设施搭建工程,也将采取封闭管理措施。

二、8月1日至8月15日、8月18日至8月22日每天上午6:00至10:00举行有组织群众文化体育活动,纪念碑以北范围内为活动封闭管理区,纪念碑以南仍向游客开放,请游客按指定广场出入口进出。

三、期间对进入天安门广场人员及携带物品一律实施安全检查。

特此公告

天安门地区管理委员会

二○○八年七月三十日

【简析】

这则公告的标题由事由和文种构成,是一则面向海外发表的公布重大事项类的公告,开头简单交代发布的依据,而后分条具体交代事项。由于涉及内容较重要,所以语气庄重,语言运用准确、具体。同时,"现将……公告如下"、"特此公告"等惯用语句的运用,体现了公文写作的程式性。

【例文三】

全国人大常委会公告

十一届五号

广东省人大常委会接受了朱思宜提出的辞去第十一届全国人民代表大会代表职务的请求,四川省人大常委会接受了谢冰提出的辞去第十一届全国人民代表大会代表职务的请求。依照代表法的有关规定,朱思宜、谢冰的代表资格终止。

现在,第十一届全国人民代表大会实有代表 2 983 人。

特此公告

全国人民代表大会常务委员会

二〇〇八年十月二十八日

【简析】

这是一则发表国家重要事项的公告,同样不需交代发布的依据,而是直接交代事项。由于是一系列的连续报道,所以标了流水号。语言非常准确,简洁,概括性很强,而且事件交代清楚、全面。

【例文四】

中华人民共和国财政部公告

2014 年第 3 号

根据国家国债发行的有关规定,财政部决定发行 2014 年记账式附息(二期)国债(以下简称本期国债),已完成招标工作。现将有关事项公告如下:

一、本期国债计划发行 100 亿元,实际发行面值金额 100 亿元。

二、本期国债期限 1 年,经招标确定的票面年利率为 4.04%,2014 年 1 月 9 日开始计息,招标结束后至 1 月 13 日进行分销,1 月 15 日起上市交易。

三、本期国债到期一次还本付息,2015 年 1 月 9 日(节假日顺延)偿还本金并支付利息。

其他事宜按《中华人民共和国财政部公告》(2014 年第 1 号)规定执行。

特此公告。

中华人民共和国财政部

2013 年 1 月 8 日

【简析】

这是一则宣布重要事项类的公告,公告的发文机关是依照法律规定有发布权限的机关。正文共分两个层次,一是交代公告的依据,一是简单交代公告的事项。

2.3.2 通告

1) 概念

通告是用于公布社会各有关方面应当遵守或周知的事项的公文。

2) 分类

(1) 规章性通告。在一定范围内公布政府的法令政策,具有较强的行政约束力,有的还具有法规效力。任何单位或个人都必须遵守,违者必究。

(2) 事务性通告。在一定范围内公布需要周知或办理的事项。主要用于向下级机关、不相隶属机关或人民群众告知有关事项。

3) 格式

(1) 标题。

其一,发文机关+事由+文种,如《××市人民政府关于进一步开展禁毒斗争的通告》。

其二,发文机关+文种,如《××市公安局通告》。

其三,事由+文种,如《关于加强交通规费征收管理的通告》。

(2) 主送机关。通告都没有主送机关。

(3) 正文。

第一,通告缘由。一般写明发布通告的原因、目的或依据,要求简洁明了,接下去用"特通告如下"或"现通告如下"过渡到事项部分。

第二,通告事项。通告正文的主体。如事项单一,可与缘由部分合并为一段;如事项较多,须分条撰写。必须注意事项应阐述具体、明确,但一般不作详细解释。

第三,结语。常用"特此通告"为结语。也可以具体执行要求为结语,如宣布生效日期、告诫不得违反等。也可无结语。

4) 写作要求

通告的内容是要社会有关方面遵守或周知的事项,因此在写作中要求做到依据明确、事项表述清楚、具体、语言通俗易懂。

5) 公告与通告的区别

（1）使用范围。公告使用范围涉及国内外，而且内容一般属于重大事项；通告只涉及国内社会有关方面，内容也不像公告那样重大。

（2）发文机关。公告宣布的是重大事项或者法定事项，所以对发文机关的行政级别要求较高，一般基层机关和单位无权制发公告；而通告的内容没有严格的规定，所以制发机关非常广泛，即可以是国家较高级别机关，也可以是基层机关、团体、企事业单位。

（3）发布形式。公告主要采用媒体发布；通告除了在媒体上发布以外，还可以张贴。

（4）写作方法。公告一般篇幅简短，正文一段到底；通告常常篇幅较长，阐述一些具体事项。

【例文一】

广州市公安局关于 2007 年清明节期间临时交通管制的通告

穗公〔2007〕89 号

为确保 2007 年清明节期间道路交通安全畅通，根据《中华人民共和国道路交通安全法》的有关规定，我局决定在 2007 年 3 月 31 日、4 月 1 日、5 日、7 日、8 日、14 日、15 日，每天 8 时至 17 时对银河公墓周边路段实行临时交通管制。具体如下：

一、禁止货运汽车进入燕岭路（兴华路口至华南快速干线广汕出入口）。

二、载客前往银河公墓的出租小汽车须在省武警医院门口以西 150 米处下客，之后往东行驶至北环高速公路广汕收费站入口东面匝道处调头驶出该路段。

三、途经银河公墓路段的车辆须按现场临时交通标志提前绕道行驶。

四、警车、消防车、救护车、工程抢险车等特种车辆不受上述措施限制。

五、违反本通告的，由公安机关交通管理部门依法予以处理。

特此通告

二〇〇七年三月二十三日

【简析】

这篇通告采用了完整的公文式标题，由发文机关、事由和文种三要素组成。第一段首先交代了发布通告的目的、依据及通告的事项，简洁明快，接下去分条阐述了通告的具体内容。层次清晰，事项部分交代具体、完整。

【例文二】

北京市人民政府关于北京奥运期间
进一步加强部分化学品管理的通告

京政发〔2008〕19号

　　为维护社会秩序,保障公共安全,确保北京 2008 年奥运会及残奥会顺利举办,根据《北京市人民代表大会常务委员会关于为顺利筹备和成功举办奥运会进一步加强法制环境建设的决议》,市政府决定自即日起至 2008 年 9 月 17 日止,对部分化学品(名单由市安全生产监督局、市公安局依法确定并另行发布)进一步加强安全管理。现就有关事项通告如下:

　　一、危险化学品必须依法进行销售。未取得安全生产监督管理部门核发的危险化学品经营许可证的单位一律禁止销售名单中明确的化学品。个人严禁销售名单中明确的化学品。

　　二、名单中明确的化学品的销售严格实行实名制。购买单位要持单位营业执照复印件、购买人身份证等相关证明材料到经许可的经营单位购买,个人购买的要持本人身份证。销售单位销售时须查验购买人员的身份证,凡无身份证的,一律禁止对其销售。

　　三、销售单位必须实行严格的销售登记制度。销售单位销售时须如实记录购买单位的名称、地址、联系方式和购买人员的姓名、身份证号码、住址、购买日期及所购买化学品的品名、数量、用途等情况,并连同单位营业执照复印件、购买人身份证复印件等相关证明材料存档备查。

　　四、违反本通告规定的,由安全生产监督和公安等部门依法予以处理,构成犯罪的,依法追究刑事责任。

　　五、本通告自发布之日起实施,2008 年 9 月 17 日自动废止。

　　特此通告

北京市人民政府

二〇〇八年五月二十七日

【简析】

　　这是一则面向社会宣布重要事项的通告。开头用一句话交代了发布通告的依据,接下去分条阐述了事项的具体内容,最后申明违反构成的责任及通告执行时限。因是面向大众进行发布,整个正文层次分明、语言平易而准确,易于人们了解和接受。

2.3.3　通知

1) 概念

　　通知是批转下级机关公文,转发上级机关和不相隶属机关的公文,印发规章,传达要求下级机关办理和需要有关单位周知或者执行的事项,任免人员时使用的公文。

2) 特点

(1) 适用的广泛性。其一是指其使用主体的广泛性,从党政机关到企事业单位,上至最高领导机关,下至基层单位,都可以用通知来行文。其二是指通知内容的广泛性,大到国家大事,小到机关内部的具体事项,都可用通知。通知是所有行政公文中适用范围最广、使用频率最高的一个文种。

(2) 行文的时效性。通知对时间的要求比较严格,它只在限定的时段内对工作和生活发生作用。

3) 分类

根据通知的内容和作用,通知可以分为:

(1) 指示性通知。用于对本单位或下级机关的工作做出具体安排部署,要求下级机关执行。

(2) 告知性通知。用于向有关单位或个人告知需要周知或办理的事项。通知在具有告知性的前提下,还具有较强的强制性。

(3) 会议性通知。用于召开较重要的会议或开办培训班。

(4) 任免通知。用通知的形式任免或聘用干部。

(5) 批转性、转发性和颁布性通知。批转性通知是上级机关对下级机关呈报的公文进行批示并转发。转发性通知主要用于转发上级机关或不相隶属机关的公文。颁布性通知是用于印发或颁布行政规章和行政事务文书,要求有关单位执行。

4) 格式

(1) 标题。

其一,发文机关+事由+文种,如《××市人民政府关于召开全市经济工作会议的通知》。

其二,事由+文种,如《关于元旦放假的通知》。

其三,发文机关+批转/转发+被批转/转发机关名称+被批转/转发文件名称+文种。

如《××省人民政府办公厅转发国务院办公厅关于严格控制新闻发布会和周年纪念活动的通知的通知》、《国务院批转国土资源部关于部分地方政府越权批地情况的报告的通知》。

其四,单纯用"通知"或者"重要通知"、"紧急通知"。

(2) 主送机关。通知通常情况下都有特定的受文者,因此要标明主送机关,但也有一部分告知性通知没有主送机关。

(3) 正文。

第一,批转性、转发性和颁布性通知。首先交代具体事项,即告知将什么文件批转、转发和发布。必要时,简要点明发文机关的态度:"同意"或"原则同意"等。

其次是执行要求。文字一般很简短,用规范性语言"请遵照执行"、"请参照执行"、"请照此办理"等等。

批转性、转发性和颁布性通知的正文一般均很短,也不分段。有时,发文机关觉得被转发的文件很重要,有必要提示下级加以重视,这时可以另加一段文字,阐述被转发文件中的事项的重要意义,向下级机关提出希望或号召。这一段的文字一般要比第一段多一些。

【例文一】

国务院办公厅转发教育部等部门
关于实施教育扶贫工程意见的通知

国办发〔2013〕86 号

各省、自治区、直辖市人民政府,国务院各部委、各直属机构:

教育部、发展改革委、财政部、扶贫办、人力资源社会保障部、公安部、农业部《关于实施教育扶贫工程的意见》已经国务院同意,现转发给你们,请认真贯彻执行。

国务院办公厅

2013 年 7 月 29 日

【简析】

这是一例转发性通知,是最常见也是最简单的一种写法,全文只是宣布转发事项,提出执行要求即可,而且行文多采用一些惯用语句。

【例文二】

国务院办公厅转发建设部等部门关于做好
稳定住房价格工作意见的通知

国办发〔2005〕26 号

各省、自治区、直辖市人民政府,国务院各部委、各直属机构:

建设部、发展改革委、财政部、国土资源部、人民银行、税务总局、银监会等七部门《关于做好稳定住房价格工作意见》已经国务院同意,现转发给你们,请认真贯彻执行。

房地产业是国民经济支柱产业。正确认识当前房地产市场形势,及时解决存在的突出问题,促进房地产业健康发展,对于巩固和发展宏观调控成果,保持国民经济平稳较快发展,具有重要意义。各地区、各部门要把解决房地产投资规模过大、价格上涨幅度过快等问题作为当前加强宏观调控的一项重要任务。坚持积极稳妥、把握力度,突出重点、区别对待,因地制宜、分类指导,强化法治、加强监管的原则。加强领导、密切配合,认真贯彻落实国务院各项调控政策措施,做好供需双向调节,遏制投机性炒房,控制投资性购房,鼓励普通商品住房和经济适用住房建设,合理引导住房消费,促进住房价格的基本稳定和房地产业的健康发展。

国务院办公厅
二〇〇五年五月九日

【简析】

第一段表明文件已通过国务院批准,通过"现转发给你们,请认真贯彻执行"提出要求。第二段用较多的文字进行表述,强调作好此项工作的重大意义,希望引起相关单位和个人的注意,真正将此项工作贯彻落实到实处。

【例文三】

国务院批转卫生事业发展"十一五"规划纲要的通知

各省、自治区、直辖市人民政府,国务院各部委、各直属机构:

国务院同意卫生部制定的《卫生事业发展"十一五"规划纲要》,现转发给你们,请认真贯彻执行。

国务院
二〇〇七年五月二十一日

【简析】

这是一则批转性通知,是上级机关批准并转发给下级机关的文件,措词果断,文字简短,只要交代清楚是哪一级机关转发了什么文件即可。

【例文四】

山东省人民政府办公厅
关于印发山东省住房保障工作考核办法的通知

鲁政办字〔2013〕161号

各市人民政府,各县(市、区)人民政府,省政府各部门:

《山东省住房保障工作考核办法》已经省政府同意,现印发给你们,请认真贯彻执行。

山东省人民政府办公厅

2013 年 12 月 17 日

【简析】

这是一则颁布性通知,只要交代清楚颁布了一个什么文件,并提出工作要求即可。

第二,指示性通知。正文一般包括三部分,由发文缘由、具体事项和执行要求构成。

发文缘由,即通知制发的原因、根据和目的。缘由可以是由于上级的某些要求或规定,才促使发文单位制发了这份指示性通知。常用的语句如"根据省政府××〔××××〕×号文件精神"、"根据省厅关于××××工作的决定"、"为了贯彻执行××××精神"等等;也可以从实际情况中提出缘由,常用的语句如"近来一些单位和部门普遍存在着……"、"当前正值……"等。

具体事项。在发文缘由结束后,一般用一句过渡语"特通知如下"、"特作如下通知"或"现将有关事项通知如下",然后转入具体事项。如果事项简单,不需要分条分项写的,一般便可省略过渡语,发文缘由写完后直接写具体事项。但指示性通知往往事项较多且复杂,需要多层次合理分条分项,内容表述要求清楚、明确。

执行要求。语气要严肃、庄重,如"请遵照执行"、"望切实贯彻执行"、"请将执行情况于×月×日前报××××"等。

【例文五】

关于跨境电子商务零售出口税收政策的通知

各省、自治区、直辖市、计划单列市财政厅(局)、国家税务局,新疆生产建设兵团财务局:

为落实《国务院办公厅转发商务部等部门关于实施支持跨境电子商务零售出口有关政策意见的通知》(国办发〔2013〕89 号)的要求,经研究,现将跨境电子商务零售出口(以下称电子商务出口)税收政策通知如下:

一、电子商务出口企业出口货物(财政部、国家税务总局明确不予出口退(免)税或免税的货物除外,下同),同时符合下列条件的,适用增值税、消费税退(免)税政策:

1. 电子商务出口企业属于增值税一般纳税人并已向主管税务机关办理出口退(免)税资格认定;

2. 出口货物取得海关出口货物报关单(出口退税专用),且与海关出口货物报关单电子信息一致;

3. 出口货物在退(免)税申报期截止之日内收汇;

4. 电子商务出口企业属于外贸企业的,购进出口货物取得相应的增值税专用发票、消费税专用缴款书(分割单)或海关进口增值税、消费税专用缴款书,且上述凭证有关内容与出口货物报关单(出口退税专用)有关内容相匹配。

二、电子商务出口企业出口货物,不符合本通知第一条规定条件,但同时符合下列条件的,适用增值税、消费税免税政策:

1. 电子商务出口企业已办理税务登记;

2. 出口货物取得海关签发的出口货物报关单;

3. 购进出口货物取得合法有效的进货凭证。

三、电子商务出口货物适用退(免)税、免税政策的,由电子商务出口企业按现行规定办理退(免)税、免税申报。

四、适用本通知退(免)税、免税政策的电子商务出口企业,是指自建跨境电子商务销售平台的电子商务出口企业和利用第三方跨境电子商务平台开展电子商务出口的企业。

五、为电子商务出口企业提供交易服务的跨境电子商务第三方平台,不适用本通知规定的退(免)税、免税政策,可按现行有关规定执行。

六、本通知自 2014 年 1 月 1 日起执行。

财政部　国家税务总局
2013 年 12 月 30 日

【简析】

这是一份指示性通知,通知的第一段先交代了发文的目的,接下去分条交代了通知的具体事项。层次清晰、内容完整、交代具体、详细,且显示了一级政府机关的行政压力。

【例文六】

关于严格控制社会力量办学评比活动的通知

各省、自治区、直辖市教委、教育厅,广东省高教厅:

近些年来,随着国家对社会力量办学"积极鼓励,大力支持,正确引导,加强管理"方针的贯彻落实,我国社会力量办学事业发展迅速,并呈现出逐渐规范的良好势头,与此同时,也出现了社会各界关心支持与热心宣传社会力量办学的可喜局面。但是,一段时间以来,一些组织和个人竞相开展对社会力量办学机构的所谓"评优"、"评奖"活动,有些活动往往以谋取小团体或个人经济利益为目的,缺乏客观性和公正性,影响公平竞争,助长了沽名钓誉、弄虚作假等不正之风,干扰了社会力量办学机构的正常办学秩序,加重了社会力量办学机构的经济负担,影响了社会力量办学机构把主要精力集中在加强自身建设上。

为制止上述评比现象与问题的蔓延,推动社会力量办学事业的健康发展,根据中共中

央办公厅、国务院办公厅有关文件精神,现将严格控制针对社会力量办学机构的各类评比活动的有关意见通知如下:

一、除按国家有关规定必须举办的以外,未经相应教育行政主管部门批准的正在举办的对社会力量办学机构的各类评比活动应一律停止,已收取的费用要如数退还。对这类评比活动不应进行宣传报道。

二、今后,一般不举办全国性的对社会力量办学机构的评比活动。确有必要举办的个别评比活动,须经国家教育行政部门从严审查批准。经批准举办的评比活动,一律不得向参评单位及个人收费或变相收费。

三、对违反上述规定,继续举办、宣传未经批准的这类评比活动的,主管教育行政部门有权立即予以制止,并直接或提请上级党政机关追究主办单位领导和有关人员的责任。

请各省、自治区、直辖市教育行政部门按照本通知要求,进行一次专门的清理整顿和自查自纠。要将本通知精神传达到所有社会力量办学机构,提醒其增强自我保护意识,不要轻信社会上的各种评奖评优活动,自觉抵制未经教育行政主管部门批准的评比活动,并及时向有关方面举报。年底前,教育部将对各地贯彻本通知的情况进行抽查。

教育部

二○○×年五月十日

【简析】

这是一份指示性通知,通知的第一段和第二段先交代了发文的缘由,即发文的现实原因与直接目的;接下去分条交代了具体事项,层次清楚,语言明确,态度严肃;最后一段重申并提出具体的执行及时间要求。

第三,告知性通知。这类通知用于向有关单位或个人告知需要周知或办理的事项。如启用印章,更正文件差错,迁址办公,机构的设置、调整、撤销或合并等等。内容不复杂,文字也很简短,交代清楚事项即可。

【例文七】

关于变更国家行政学院院址门牌号的通知

国务院各部委、各直属机构办公厅,各地方行政学院:

根据北京市公安局海淀分局通知,国家行政学院院址门牌号变更为长春桥路6号,邮编:100089。

国家行政学院办公厅

二○○×年一月九日

【简析】

这是一份告知性通知,内容单一,只需将所要告知的事项交代清楚即可。

第四,会议性通知。一份完整的会议性通知一般包括以下内容:开会的缘由,包括原因、根据、目的;会议的主要内容;参加人员及名额分配;会议的时间、地点;与会者应携带的东西,如材料、证件、费用等;报到的具体方式,如报到时间、接站安排或行走路线、可乘坐的交通工具及班次等;其他有关事项,如食宿安排、指定带队人、联系电话、联系人等。

并非所有的会议通知均须同时具备上述内容,可根据实际情况省略其中不需交代的内容。但该交代的事项不可遗漏。

【例文八】

山东省新闻出版局关于新闻采编人员岗位培训的通知

鲁新出报刊字〔2013〕81 号

省直有关报刊出版单位,中央和省外报刊驻鲁记者站:

根据国家新闻出版广电总局《关于开展新闻采编人员岗位培训的通知》(新出字〔2013〕333 号)要求,凡报刊出版单位持证记者不足 30 人的报刊出版单位和记者站采编人员由省新闻出版局统一培训,现将有关培训事项通知如下:

一、参加人员

1. 第一期参加单位:体育晨报、山东青年报、山东邮电报、重型汽车报、羲之书画报、山东侨报;中央报刊驻鲁记者站持有新闻记者证的采编人员。

2. 第二期参加单位:支部生活、农业知识、山东青年、山东画报、爱尚生活、山东经济战略研究、祝你幸福、东岳论丛、中国成人教育、职工天地、齐鲁周刊、党员干部之友、家庭健康、现代教育、企业界、金融发展研究、人文天下、山东人大工作、中华纸业。

二、培训时间

第一期为 12 月 24 日至 25 日,第二期为 12 月 26 至 27 日,每期各为 2 天。请参加人员于第一天提前半小时到培训地点报到。每天学习时间为上午 9:00—12:00,下午 2:00—5:00,晚上 6:00—9:00,共计 18 个学时。

三、培训地点

山东省新闻出版培训中心(文化东路 18 号,省出版技工学校院内)。

四、培训要求

1. 每个参加培训的新闻单位都要对本单位参加的采编人员在工作上做出妥善安排,

确保参加人员全部按时参加培训。每个新闻单位要确定一名同志带队负责具体培训组织等事宜。

2. 所有参加人员报到时需出示记者证和居民身份证。

3. 请携带《新闻记者培训教材 2013》。

4. 请各单位将本单位参加培训人员名单及带队人员的姓名、职务、联系方式于 12 月 22 日前报省新闻出版局新闻报刊处。

地址:济南市省府前街 1 号综合楼

邮编:250011,电话:86061723

电子信箱:sdbkc@163.com

附件:新闻采编人员培训报名表

山东省新闻出版局

2013 年 12 月 11 日

【简析】

这是一份会议通知,会议性通知要求该交代的事项一定交代完整,不可遗漏。这份通知在标题中即明确会议主题,通知内容包括参会人员、会议地点、会议时间、有关要求等方面,内容完整齐全且事项交代明确、清楚、有序。

第五,任免通知。内容主要包括任免依据,即该任免是经哪一级组织批准或决定,任免的时间,任免内容,即任免人员的姓名、职务。任免通知一定注意不要涉及其他一些同任免事项关系不大的内容。

【例文九】

关于香港特别行政区政府黄仁龙、梁爱诗职务任免的通知

香港特别行政区政府:

依照《中共香港特别行政区基本法》的有关规定,根据香港特别行政区行政长官曾荫权的提名和建议,国务院 2005 年 10 月 20 日决定,任命黄仁龙为律政司司长,免去梁爱诗的律政司司长职务。

国务院

二〇〇五年十月二十日

【简析】

这是一份任免通知,任免依据、任免时间、被任免人的职务与姓名交代清楚即可,一般文字较简短。

2.3.4 通报

1) 概念

通报是表彰先进、批评错误,传达重要精神或情况的公文。

2) 分类

通报按内容分类,可分为三种:

(1) 表彰通报。用于表彰、奖励先进单位或人员,教育全体下级机关和人员,调动广大干部群众的工作积极性。

(2) 批评通报。用于批评、处分犯错误的单位或人员,告诫全体下级机关和人员,防止类似错误的再次发生。

(3) 情况通报。用于传达重要的工作情况或上级机关的指示精神,帮助下级沟通信息,对工作提出指导性意见。

3) 格式

(1) 标题。一般由发文机关+事由+文种组成,有时也可省略发文机关。其中事由部分,既要能够准确地表达文章的中心内容,又要文字简练。

(2) 主送机关。通报是典型的下行文,主送机关应写明下级单位的名称。有时情况性通报可以不写。

(3) 正文。

第一,表彰通报。

一是事迹概述,即将表彰对象的先进事迹简要叙述出来。交代先进事迹发生的时间、地点以及事件的起因与结果。

二是分析评价,对先进事迹进行分析,指出其取得成绩的原因和条件,以及重要意义。

三是表彰决定,写明表彰的具体单位及奖励内容即可。

四是希望要求,希望被表彰者再接再厉,号召并教育其他人员学习被表彰者的先进事迹,推动工作的进一步开展。

【例文一】

关于对县水泥厂实现安全生产年的表彰通报

县水泥厂采取有力措施,切实贯彻《安全生产条例》,建立安全岗位责任制,2005 年实现全年生产无事故,成为我县连续三年安全生产的优秀企业。为此,县政府决定对县水泥厂给予通报表扬,并奖给锦旗一面,奖金 20 万元。

县政府号召全县各企业以县水泥厂为榜样,层层建立健全安全生产岗位责任制,扎扎实实抓好安全生产,争创安全生产年企业,把我县安全生产推上一个新台阶。

县人民政府

二〇〇六年一月十一日

【简析】

这是一份表彰性通报,文字简洁,概括性较强,但内容齐全,表彰原因、表彰内容及对其他企业的号召等常见内容全都具备。

【例文二】

关于对抢险救灾对口支援工作中表现突出的单位和个人进行表彰的通报

建城〔2008〕82 号

各省、自治区建设厅,直辖市建委,北京市、上海市、海南省水务局,重庆市市政管理委员会:

今年年初,我国南方地区遭受了历史罕见的雨雪冰冻灾害,长期低温冻害和大面积停电造成部分城镇供水厂无法正常运行,大量供水、道路、燃气、风景园林等市政公用设施损坏,灾区群众生活受到严重影响。

面对罕见灾情,我部按照党中央、国务院关于抗灾救灾工作的总体部署,带领建设系统广大干部职工,顽强拼搏,奋起抗灾,组织动员各地对受灾地区抢险救灾实施对口支援工作。中国城镇供水排水协会等单位迅速行动,精心组织、统筹安排,有关企业积极响应,无私奉献,为灾区城镇迅速恢复供水发挥了重要作用,受到灾区城镇政府和有关部门的充分肯定和高度评价。为弘扬这种顾全大局、无私奉献、勇挑重担的精神风尚,决定对在抢险救灾对口支援工作中表现突出的 25 家单位和 32 名个人予以通报表彰。

希望受表彰的单位和个人戒骄戒躁,再接再厉,继续发挥示范带头作用。住房和城乡建设系统要以他们为榜样,牢固树立大局意识和责任感,继续发扬"一方有难、八方支援"的团结协作精神,为促进住房和城乡建设事业又好又快发展做出更大的贡献。

附件:抢险救灾对口支援工作中表现突出的单位和个人名单

中华人民共和国住房和城乡建设部

二〇〇八年四月三十日

【简析】

这是一份表彰性通报。依次交代了事件背景、嘉奖原因和嘉奖的内容。嘉奖原因,语言简洁,定位准确,嘉奖内容只有一句话,简单直接。事迹介绍具体明确,最后是对其他部门和人员的要求与鼓励。整篇文章详略得当,语言恰当、得体。

第二,批评通报。

一是事件概况,包括事件发生的时间、地点、经过、造成的损失和影响。如果是批评个别人员,应将姓名、职务、工作单位等情况交代明白。

二是分析评议。全面、中肯地将分析评价事件的发生原因、性质、有关人员责任,并指出其危害及影响。

三是处理决定。对通报事件及相关人员的处理意见。

最后提出希望要求。根据以上事件,告诫下属单位和个人,避免类似错误的发生。

【例文三】

<h1 style="text-align:center">关于对"7. 19"建筑施工安全生产事故
处理决定的通报</h1>

白安监管发〔2006〕3 号

区建设局、各建筑业企业:

2006 年 7 月 19 日,由区建安公司第九项目部承建的白碱滩区东方苑小区平房住宅工程 8 栋平房,发生一起触电事故造成一名工人死亡的重大安全事故。事故发生后,区安全生产监督管理局立即向市安监局、区领导、区建设局汇报,区领导责成由副区长周利军、克里木江·依明挂帅,由区公安分局、区安监局、区监察局、区建设局、区总工会、区中兴路办事处、区建安公司等有关部门组成事故调查及善后处理工作小组,对事故单位及有关管理人员开展全面细致的调查。

一、事故情况

2006 年 7 月 19 日 22 时 30 分许,建安公司第九项目部员工曹圣新在白碱滩下北盛702 东方苑廉租房施工现场,8 号房顶钢筋捆绑施工时,由于操作不当导致钢筋与距房顶上方两米左右的 6 000 伏高压电接触致使曹圣新触电,曹圣新在送往医院抢救中死亡。

经查死者基本情况:死者曹圣新,男,汉族,38 岁,江苏海安县人,2005 年来建安公司,从业工种为普工。

二、事故原因及定性

经调查了解,发生此次事故的直接原因是:发生事故单位没有认真学习、贯彻《安全生产法》有关规定,安全意识淡薄,带电作业终酿造恶果。发生事故的主要原因是:

一是企业安全生产制度不落实,安全教育不及时,安全措施不到位。

二是项目部没有根据施工特点及作业环境进行针对性的安全教育;没有对从业人员

进行必要的安全生产规章制度和安全操作规程教育,没有如实告知从业场所和工作岗位的危险因素、防范措施及事故应急措施。没有在施工场所设置危险警示标志。

三是项目管理人员没有严格履行对施工现场的监管职责,没有安排专人对现场作业过程进行有效监督,施工管理上存在漏洞。

四是死者安全生产意识淡薄,未按有关安全技术规程进行作业。

根据以上事故原因分析,区安委会将此次事故定性为建设施工安全生产责任事故。

三、关于对责任单位及有关责任人员的处理

区建安公司、区建安公司第九项目部的有关管理人员,违反国家安全生产法律法规,没有严格执行国家安全生产技术规范标准和相关文件,造成了严重的后果。依据《中华人民共和国安全生产法》相关规定,决定对此次事故的有关部门及责任单位有关管理人员进行处罚。

1. 建安公司没有按照国家相关法律法规的要求,对建筑施工项目进行监督管理,违反了《安全生产法》第二十一条、第二十八条、第三十六条、第三十七条、第八十二第一款第三款、第八十三条第四条款的有关规定,决定对建安公司处以 2 万元罚款。

2. 依据《安全生产法》第十七条第四款、第二十一条、第三十八条、第八十条、第八十一条的有关规定对未能有效履行安全生产管理职责的建安公司总经理宋太和处以 3 000 元罚款,副经理郭建成处以 2 000 元罚款,安全员史小红处以 2 000 元罚款,第九项目部队长钱进军处以 1 000 元罚款。

以上行政罚款交区财政局,并由安监局、安委会办公室监督实施。

各建筑企业应吸取本次事故教训,强化安全意识,加强对安全管理法律法规、规范的学习,充分认识安全工作关系到广大人民的根本利益,提高"安全第一、预防为主"安全管理方针的认识,强化企业安全主体责任,切实抓好安全生产工作。

二○○六年十月十七日

【简析】

这是一份批评性通报。包括事件经过、事故原因、处分结果以及对今后工作的要求几个方面。由于批评性通报涉及对事件的定性以及对具体人员的处理,所以语言要求一定要精确,对事件的分析要中肯,对单位及人员的处分要恰当。

【例文四】

关于撤销×××厂国家二级企业称号的通报

各省、自治区、直辖市×××厅(局):

20××年以来,各有关部委和我部多次发文,强调加强企业管理,充分发挥计量控制作用,保证国民经济统计数字的有效性,要求各企业上报产品质量一定要以表记值为准,指出有表但不以表记为准的企业,不得申请节能、计量和企业升级;已升级的企业,在限定时间前一律以表记值为准,否则撤销其已获得的称号。同时明确了定期抽查的时间。

　　在今年的抽查中发现,×××厂自20××年获得国家二级企业称号以来,放松基础工作,企业管理水平明显下降。抽查组到该厂检查时仍未按照规定如实报告表记统计数字,这种做法是错误的,情节是严重的。为认真执行国家有关部门和本部的规定,决定自即日起撤销×××厂国家二级企业称号。

　　希望×××厂认真吸取教训,采取措施,认真整改,扎扎实实地做好工作。各有关企业要结合×××厂的教训,按照国家有关规定做好产品计量工作。

　　请××省×××厅将×××厂国家二级企业证书收回,并报告省经委。

×××工业部
二○××年×月×日

【简析】

　　这是一份批评性通报。第一段先交代了有关的文件精神与规定,第二段叙述并分析了××厂的表现并做出具体的处分意见,使其能够心服口服,第三段是对××厂及其他企业的要求。内容完整,层次清晰,处分适当。

　　第三,情况通报。正文主要包括情况述评和希望要求。

　　情况述评即介绍事件、情况的发生、发展过程以及性质、影响的分析评价。

　　希望要求即根据情况述评,提出希望或要求。有时也可省略。

【例文五】

河南省建设厅关于建造师注册工作情况的通报

各省辖市建委(建设局),省定扩权县(市)建设局(建委):

　　根据建设部的统一部署,我省的一级、二建造师注册工作分别自2007年5月、12月开始受理注册申请,一二级建造师临时执业证书注册工作自2007年12月开始受理注册申请,在各地建设主管部门初审上报基础上,目前注册工作进展顺利,现将有关情况通报如下:

　　一、一级建造师注册工作情况

　　根据建造师注册管理规定,申请一级建造师初始注册由建设厅负责受理、初审,报建设部审批。

　　截至目前,我厅共受理企业申请一级建造师初始注册7 699人次,其中初审并报建设部审批并发证 5 285 人次,已上报建设部等待审批 1 631 人次,正在初审 783 人次;受理一级建造师临时执业证书申请 1 905 人次,其中初审并报建设部审批 1 720 人次,正在发放证书和印章。我省原有建筑业企业一级项目经理 3 000 余人,实行建造师注册执业制度以来,取得一级建造师初始注册资格和一级临时执业资格人员共计 7 005 人,目前,一级建造师初始注册工作正有条不紊的进行,一级注册建造师已经能够满足我省建筑市场和施工企业需求。

二、二级建造师注册工作情况

根据建造师注册管理规定,申请二级建造师初始注册由企业所在地建委(建设局)负责受理、初审,报建设厅审批。

截至目前,我厅共受理各地上报的二级建造师初始注册申请 4 463 人次,其中审批通过 2 774 人,862 人未通过或需补充资料,正在审查 827 人,已发证 1 564 人,审批通过人员证书正通过各地建委(建设局)陆续发放;受理二级建造师临时执业证书申请 17 019 人次,其中已审查 11 900 人次,通过 9 109 人,2 791 人未通过或需补充资料,正在审查 5 119人。已经通过的 9 109 人因证书正由建设部统一印制,近期将陆续发放我省,我厅将在 6月底前打印发证。

我省原有建筑业企业二级项目经理 35 000 余人,实行建造师注册执业制度以来,已取得二级建造师初始注册资格和二级临时执业资格人员共计 11 833 人,仍有部分取得二级建造师合格证书人员和二级项目经理没有及时申报注册和换发二级临时建造师,一定程度上影响了施工企业正常经营。

三、存在的问题

从目前全省建造师注册工作进展情况看,二级建造师初始注册和二级项目经理过渡二级建造师临时执业证书工作相对滞后,主要原因一是建造师注册是一项新的工作,需要进行网络申报和注册,部分企业还不适应网络申报方式,申报工作不积极,仍有部分企业至今未申报;二是个别地市建委(建设局)初审、上报工作进展缓慢;三是已经审批的人员因建设部印制证书和打证系统调试工作滞后未能及时发证等。目前,我厅正与建设部有关部门协调,加快证书印制和打印,力争在 6 月底办理完已经审批的二级建造师初始注册证书和二级建造师临时执业证书。

四、下一步措施

(一)加强政策宣传和指导。各地市建委(建设局)要进一步加大建造师注册工作的宣传力度,做好政策宣贯和解释工作,督促和指导辖区企业尽快申报注册。

(二)明确注册时间要求。按照住房和城乡建设部关于建造师注册的有关要求,2008年以前已经取得二级建造师合格证书和二级项目经理证书人员,务必在 7 月 15 日前完成注册申请和临时建造师证换发申请工作,有关企业要组织专职人员抓紧开展建造师注册和申报建造师临时执业证书工作,7 月 15 日后我厅不再受理换发二级建造师临时执业证书申请。

（三）建立出省企业建造师注册绿色通道。出省施工企业在外省备案时急需建造师注册手续的，由企业提出申请，经企业所在地建委（建设局）初审同意，不受注册审查批次限制，可以即时申报、即时审批和打证。

（四）严格责任追究。对企业已经提出注册申请的，各地建委（建设局）务必在法定时间内审查、上报；对确实不能按时上报的要向企业说明原因、做好解释工作；对无故拖延上报或不在规定时间内上报的将追究责任。

> 河南省建设厅
> 二〇〇八年六月十三日

【简析】

这是一份情况通报。首先用具体、准确的数据对总体情况进行叙述介绍，接着指出存在的问题，并据此提出具体的应对措施。总体上，内容完整、层次清晰、叙议结合、语言准确。

4）写作要求

（1）事例典型。通报内容必须是具有典型意义的，即有较大影响和普遍教育意义的事例。只有这样，才能通过典型起到宣传和教育的作用。

（2）情况真实。通报的事实必须实事求是，通报中的材料必须反复核实，确保符合客观实际，既不可夸大，也不可缩小，更不可虚构。

（3）笔墨适当。通报的写作整体上应是叙议结合，叙述要概括，议论要中肯、切合实际、注意分寸。

2.3.5　报告

1）概念

报告是指向上级机关汇报工作，反映情况，答复上级机关询问的一种陈述性行政公文。

报告是典型的上行文，它主要用于下级机关与单位定期向上级机关汇报工作；工作中出现新的情况、特殊问题或发生意外事故，须及时向上级汇报；上级布置的某些工作需要及时汇报结果或者答复上级机关的询问；向上级机关报送文件或物件。

根据报告的几种主要用途，将报告分为工作报告、情况报告、答复报告、报送报告四种类型。

2）格式

（1）标题。报告的标题基本上由"发文机关＋事由＋文种"构成，有时也可省略发文机关，直接写"事由＋文种"。

（2）主送机关。报告只能主送一个机关，必要时可以抄送有关上级单位。

（3）正文。

第一，工作报告。

工作报告是向上级机关汇报工作、总结工作经验教训的一种报告。

工作报告又可分为专题性工作报告和综合性工作报告两种。

专题性工作报告：凡是汇报某一方面、某一专项工作情况的，属于专题性工作报告。其特点是内容专一、问题集中、篇幅短小，能反映出与当前中心工作密切相关的重要问题。

【例文一】

关于治理××河水质污染问题的报告

××省人民政府：

省政府转来×××××委员会提出的关于××河水质污染状况的报告，经市政府调查研究，对报告中提出的有关问题及解决方案报告如下：

一、解决××河水质污染问题的关键是尽快建成污水处理厂。现在××河的污染主要是××区排放的污水所致。××区的排放量为 2.5 万吨，污水比较集中，因污水处理厂未能及时建立，致使污水直接排入××河，造成了××河的污染。

为解决××河的污染，市政府已抓紧××区污水处理厂建设，争取在 20×× 年建成。××区污水处理厂原设计概算为 831.6 万元，按现行价格估算约为 1 100 万元，已于 20×× 年×月开工，建成了 8 项附属设施，共计完成投资 200 万元。市政府今年安排的 300 万元投资已全部落实，××区城环局正在组织实施。

根据××河河道以南人口密集区的地下水污染和环境问题，在污水处理厂未建成之前，利用现有污水管道，把污水引到某区污水处理厂以西，污水直接排入污水处理厂的出口，这就避开了污染区。

二、电热厂的粉煤灰也是污染源之一。对于电热厂储灰厂的选址，必须考虑到对地下水和环境的污染。选址已责成××区电热厂抓紧做工作，争取尽快报市政府有关部门审批。对南储灰厂渗漏对地下水的污染，主要采取截流集中排放的措施，以减少对地下水的污染。

××市人民政府

二○××年×月×日

【简析】

这是一份就治理××河水质污染情况所做的专题性工作报告。报告紧扣此一专项工作，就治理的现有状况以及为治理所采取的措施、现存的主要困难都有详细的交代，内容完整，符合此种报告的格式要求。

【例文二】

关于我校落实国家资助经济困难学生政策的报告

省教委计财处：

为贯彻落实省教委和省财政厅转发的教育部、财政部《关于进一步加强高校资助经济困难学生工作的通知》及有关文件精神，我校采取"减、免、补、勤、募"等扶贫解困措施，在为贫困学生排忧解难、帮助贫困学生克服困难、顺利完成学业等方面，做了大量的工作。现将有关情况汇报如下：

一、建立特困生档案，明确扶贫重点。（略）

二、积极筹集资金，加大"减、免、补"的力度。（略）

三、加强对外联系，争取社会资助。（略）

四、扶贫与扶志相结合，加强"自强自立"教育。（略）

五、积极开展勤工助学活动，努力拓宽勤工助学的路子。（略）

通过各种扶贫工作，在上学年我校确保了没有一个学生因经济困难而辍学，也没有一个同学因为交不起学费而不能入学。

本学年，我校共招收统招生4 745名，其中扩招生1 486名。因招收的新生有427人是贫困生，这给我校扶助贫困生的工作增加了新的难度。为了确保新生中没有一个学生因经济困难而辍学。我校对06级新生采取了以下扶贫措施：

一、要求每位新生如实填写家庭经济情况调查表，在入学报到时交学工处，以便我们能准确地掌握学生的家庭经济情况，为新生扶贫工作的开展，掌握了第一手资料。

二、对家庭经济确有困难的新生采取缓交学杂费和暂供学费的办法。（略）

三、想方设法筹措资金，进一步加大对困难学生"减、免、补"的力度。（略）

四、继续做好勤工助学工作。（略）

尽管我校在扶助贫困学生方面做了大量的工作，采取了相应的措施，但仍然有相当一部分贫困生得不到相应的资助，扶助贫困学生的任务还十分艰巨，因此，希望省教委对我校的扶贫解困工作一如既往地给予更多的关心与支持，在分配扶贫基金时适当予以倾斜。

××大学

二○××年×月×日

【简析】

这是一份就学校落实国家资助经济困难学生政策问题所做的专题报告。整篇文章层次清楚，结构合理。开头部分交代了此项工作的依据及大体情况；主体分为两部分，一部分是本校在资助经济困难学生方面所采取的有力措施及取得的成效，另一部分是我校对入学新生采取的扶贫措施。写作详细具体，条目清晰；结尾部分强调存在的困难和希望。

综合性工作报告：是向上级机关汇报本单位某一时期、某一阶段工作的全部情况时用到的报告形式。综合性工作报告涉及面较宽，内容全面，涉及主要工作范围之内的各项工作。内容一般包括：工作情况概述、成绩（经验）、问题、意见、今后的工作计划等内容。

【例文三】

政 府 工 作 报 告
——2006 年 3 月 5 日在第十届全国人民代表大会第四次会议上

国务院总理　温家宝

各位代表：

现在，我代表国务院，向大会作政府工作报告，请予审议，并请全国政协各位委员提出意见。

一、去年工作回顾

2005 年，我国社会主义现代化事业取得显著成就。

——经济平稳较快发展。全年国内生产总值达到 18.23 万亿元，比上年增长 9.9%；财政收入突破 3 万亿元，增加 5 232 亿元；居民消费价格总水平上涨 1.8%。国民经济呈现增长较快、效益较好、价格较稳的良好局面。

——改革开放迈出重大步伐。一些重点领域和关键环节的改革取得新突破；进出口贸易总额达到 1.42 万亿美元，增长 23.2%；实际利用外商直接投资 603 亿美元；年末国家外汇储备达到 8 189 亿美元。

——社会事业取得新进步。科技、教育、文化、卫生、体育等事业全面发展。神舟六号载人航天飞行圆满成功，标志着我国在一些重要科技领域达到世界先进水平。

——人民生活进一步改善。城镇新增就业 970 万人；城镇居民人均可支配收入达到 10 493 元，农村居民人均纯收入达到 3 255 元，扣除价格因素，分别增长 9.6% 和 6.2%。我国在全面建设小康社会道路上迈出了新的坚实步伐。

一年来，我们以科学发展观统领经济社会发展全局，主要做了以下几方面工作：

（一）着力解决经济运行中的突出问题……

（二）积极推进经济结构调整和增长方式转变……

（三）深化体制改革和推进对外开放……

（四）加快发展各项社会事业……

（五）努力做好就业和社会保障工作……

（六）切实加强民主法制建设……

二、今年主要任务

2006 年是实施"十一五"规划的第一年，改革发展稳定的任务十分繁重。做好政府工作的基本思路是：以邓小平理论和"三个代表"重要思想为指导，认真贯彻党的十六大和十六届三中、四中、五中全会精神，全面落实科学发展观，坚持加快改革开放和自主创新，坚持推进经济结构调整和增长方式转变，坚持把解决涉及人民群众切身利益问题放在突出位置，全面加强社会主义经济建设、政治建设、文化建设与和谐社会建设，为"十一五"开好局、起好步。

综合考虑各种因素，2006 年国民经济和社会发展的主要预期目标是：国内生产总值增长 8％左右，单位国内生产总值能耗降低 4％左右；居民消费价格总水平涨幅控制在 3％；城镇新增就业 900 万人，城镇登记失业率控制在 4.6％；国际收支基本平衡。

综观全局，做好今年政府工作必须把握好以下原则：一是稳定政策，适度微调。继续搞好宏观调控，保持宏观经济政策的连续性和稳定性，正确把握宏观调控的方向和力度，注重区别对待、分类指导，有针对性地解决经济发展中的突出矛盾。二是把握大局，抓好重点。正确处理改革发展稳定的关系，以改革开放为动力推动各项工作，着力解决事关全局的重大问题，促进经济社会全面发展。三是统筹兼顾，关注民生。坚持以人为本，搞好"五个统筹"，更加注重城乡、区域协调发展，更加注重社会事业建设，更加注重社会公平和社会稳定，让全体人民共享改革发展成果。四是立足当前，着眼长远。把做好今年工作和实现"十一五"规划目标结合起来，积极进取，量力而行，注重实效。

今年要着力做好以下几方面的工作：

（一）继续保持经济平稳较快发展……

（二）扎实推进社会主义新农村建设……

（三）加大产业结构调整、资源节约和环境保护力度……

（四）继续推动区域协调发展……

（五）实施科教兴国战略和人才强国战略，加强文化建设……

（六）进一步推进改革开放……

（七）高度重视解决涉及群众切身利益的问题……

（八）加强民主政治建设和维护社会稳定……

三、关于《国民经济和社会发展第十一个五年规划纲要（草案）》的说明

党的十六届五中全会通过的《中共中央关于制定国民经济和社会发展第十一个五年规划的建议》，提出了未来五年国民经济和社会发展的奋斗目标、指导方针和主要任务。根据《建议》精神，国务院制定了《国民经济和社会发展第十一个五年规划纲要（草案）》，已提请大会审查。下面，我就几个问题作简要说明：

（一）"十一五"规划《纲要（草案）》的编制过程和主要特点……

（二）"十五"时期国民经济和社会发展主要情况……

（三）"十一五"时期经济社会发展的指导原则和主要目标……

（四）"十一五"时期的战略重点和主要任务……

各位代表！

我们国家正站在新的历史起点上，朝着全面建设小康社会的目标阔步前进。我们要更加紧密地团结在以胡锦涛同志为总书记的党中央周围，高举邓小平理论和"三个代表"重要思想伟大旗帜，凝聚13亿人民的智慧和力量，坚定信心，奋发图强，努力把"十一五"规划的宏伟蓝图变为美好现实，谱写社会主义现代化事业的新篇章。任何艰难险阻都挡不住我们前进的步伐。我们的目标一定要达到！我们的目标一定能够达到！

【简析】

这是一则政府工作报告。共分去年工作回顾、今年主要任务、关于《国民经济和社会发展第十一个五年规划纲要（草案）》的说明三大部分。在每一部分里，又分若干个小标题，在每一个小标题后，又有具体内容及数据分析。内容全面、复杂但层次非常清晰。

第二，情况报告。

即向上级机关汇报本单位在工作中出现的新情况、新问题、新动态的一种报告。一般包括：新问题、新情况出现的原因、目前的状况及其对工作的影响；针对这些新问题、新情况，本单位已采取的解决措施及其效果；对今后工作的建议或意见，供领导参考。

【例文四】

中国××进出口商会关于××汽车索赔案谈判结果的报告

中国××××办公室：

根据你办和××部××的指示，我会于×月×日至×月×日派人去××，了解了××汽车索赔案的谈判结果，现将有关情况报告如下：××进出口公司和××进出口总公司自去年以来订购了××型载重卡车×辆，其中，××公司×辆，××公司×辆。至8月底已到货×辆。经使用，出现车架大梁裂纹，铆钉松动，轮胎早期磨损，挡风玻璃爆裂，大梁裂纹等严重质量问题。××公司、××公司当即组织了用户和技术人员赴×、×、×、×、×等省进行了调查，经检验质量问题主要是由于×方产品设计和制造上的缺欠造成的，两公司为此对××公司提出索赔。为使谈判成功，两公司共同组成联合谈判小组，和用户统一对外索赔。同时由《国际商报》报道了××质量问题，国内、外许多报社转载了《国际商报》报道，给××公司造成了巨大压力，迫使他们改变了最初的不认账和企图敷衍了事的态度，于×月×日派了以常务董事为首的代表团来京谈判，由于两公司进行了充分准备，我方专家从技术上提出了有力的论证，经过半个月的谈判，使×方承认是设计和产品制造质量问题同意全部退货，更换"重新设计试验，精工细作，优良制造的"新车并向我方支付×

日元(占全部车价的×分之一)的经济损失赔偿金。××公司于×月×日在赔偿确认书上签字。

今年以来,我从××和××进口的商品不断出现质量问题,主要原因是这些商人无视商业信誉,以次充好,以假充真。如××电器株式会社向××出口的电位器生产线质量低劣,××、××进口的家用电器也有不少假货、次货。就我方来讲,由于近两年来家用电器进口数量大,交货期短,除中央专项进口外,各地方也竞相进口,地方单位大多不重视进口商品检验也使外商产生重数量轻质量的侥幸心理,大量委托外商加工粗制滥造。为避免国家损失,建议国家制定《进口汽车管理办法》,并要求各部门、各地方切实执行。

以上报告如无不妥,请转报××部。

二○××年×月×日

【简析】

这是一则情况报告。第一段详细交代了事件的具体经过、处理过程和最终结果,第二段分析了出现这种现象的原因及对今后的对策和建议。整个报告内容完整、语言准确。

第三,答复报告。

答复报告是用于答复上级机关询问的一种报告。这种报告比较简单,内容要体现针对性,上级问什么就回答什么,要实事求是,语言要明确、具体。

【例文五】

关于我校工会干部有关待遇的报告

市总工会:

×月×日函悉。现将我校工会干部有关待遇报告如下:

一、我校基层工会主席由教师兼任,每年减免工作量40学时。

二、部门工会主席任职期间享受本单位行政副职待遇,由教师担任的每年减免工作量30学时。

三、校工会委员任职期间减免工作量30学时;部门工会委员每年减免工作量15学时。

专此报告。

××大学工会
二○○×年×月×日

【简析】

这是一则答复报告。针对上级的询问,问什么,答什么。内容简单,层次清晰。

第四,报送报告。

报送报告是向上级机关报送文件或物件的报告。正文内容比较简单,只写清将某文件或某物件呈送,请予审查或请予备案即可。

【例文六】

关于植树造林和森林防火工作的报告

××市林业局:

现将我县《2012年植树造林总结》和《2013年森林防火工作计划》一式两份呈送,请予审阅。

××县林业局

2013年×月×日

【简析】

这是一则报送报告。只需说明将什么文件或物件呈上即可。

4)写作要求

(1)实事求是。用报告向上级反映情况、汇报工作一定要实事求是,不允许有虚假。所报告的事实一定要客观、属实,既不能夸大,也不能缩小。对有关材料,要反复核实,否则,会影响整个报告的可信度,给今后的工作安排带来不利影响。

(2)报告要及时。只有及时地向上级汇报本单位最新的工作信息、工作情况,才能使上级机关及时地了解本单位的工作进展,并能对本单位今后的工作做出有效的指导。

(3)条理清楚。一般情况下,报告的篇幅较长,涉及的材料、数据较多(如工作报告和情况报告),所以撰写时要合理分项,做到中心突出、详略得当、条理清楚。

(4)报告中不得夹带请示事项。《国家机关公文处理工作条例》明确规定:"'报告'不得夹带请示事项"。如有请示事项,需另行撰写"请示"。

2.3.6 请示

1)概念

请示是下级机关向上级机关请求指示、批准时使用的公文。

请示是典型的上行文,在日常工作中,需要向上级写请示的一般有几种情况:按制度和规定属于必须请示批准才能办理的事项;对有关的方针、政策、法规有不明白、不理解处,须请求上级给予解释说明;工作中出现新的情况、新的问题不知如何解决或无权作主;单位或部门之间意见有分歧无法统一,须上级裁决。

2)分类

(1)请求指示的请示。即对有关的方针、政策、法规有不明白、不理解处,须请求上级给予解释说明;工作中出现新的情况、新的问题不知如何解决或无权做主;单位或部门之间意见有分歧无法统一,须上级裁决。

(2)请求批准的请示。请求上级机关审核、批准的请示。如请求审批购进设备物资,请求增加人员编制,请求给予经费支持等。

3)格式

(1)标题。发文机关+事由+文种或事由+文种。

(2)主送机关。《办法》规定"除领导直接交办的事项外,'请示'不得直接送领导者个人。"请示的主送机关只能有一个。

(3)正文。

第一,请示缘由,即请示的依据与原因。这是全文的第一部分,应开门见山,直接写明请示什么事项,为什么要请示。一般缘由有两部分,一是文件依据,即法律、法规、方针、政策等;二是事实依据。文字上要力求简洁,表述上一般是叙述、议论相结合。

这一部分要做到事实清楚、理由充分、语气恰当,才能为上级的批复提供充分的依据。缘由的结尾通常用过渡词"特请示如下"、"现就……问题请示如下"。

第二,请示事项,即请求上级给予指示、批准的具体事项。这一部分要注意两点:一是符合政策,二是符合实际。阐述的事项要实事求是,引用数据要准确无误,提出的看法或处理的意见要具体明确,切实可行。而且必须是在上级的权力、能力范围之内能够予以决定的。一篇请示中只能有一个请示事项。

第三,请示结语,必须另起一行用规范结语"当否、请批示"、"妥否、请批示"、"以上当否、请批复"等。

4)写作要求

(1)一文一事。请示的内容要单一明确,一份请示只能请求解决一个问题。《国家行政机关公文处理办法》明确规定:"请示"应当一文一事。这是为了避免一文数事时,给上级机关的批复带来难度、延误工作。

(2)不得多头请示。制发请示要确定一个主送机关。请示的主送机关一般是主管的上级机关,如果是受双重领导的机关,在向上级请示时,应确定一个主送,而将另一个领导机关列为"抄报"。多头请示会造成受文机关之间的相互推诿,或者几个受文机关之间的批复意见不一致,从而延误工作。

(3)理由充足、事项明确。请示的理由要充足,这样才能快速获得批示。事项部分要明确、具体,请示的事项和提出的意见要符合实际情况、切实可行。

5)请示与报告的区别

请示与报告都是向上级机关送达的上行文,但两者属于两类不同的公文文种,使用过程中,不能混淆。

(1)行文目的与性质不同。请示是请求性的公文文种,用以向上级机关请求指示和批准。它的行文目的是要求批复,上级机关也必须给予批复。

报告是陈述性的公文文种,用以向上级机关汇报工作、反映情况、答复询问。它的行文目的不求批复,上级机关也不须给予批复。

(2)行文时间不同。请示必须事先行文,所求事项必须经上级机关批准后才办理,不允许先斩后奏。

报告的行文时间没有严格的规定,无论事先、事中、事后均可行文。

(3)内容结构不同。请示的内容具体单一,一文一事,结构安排较为固定,请示缘由、请示事项、请示结语缺一不可。

报告的内容涉及面宽,篇幅较长,结构安排可因事而异、因文而异。

【例文一】

××省物价局关于对××省人民政府 2002 年发布的
两个《通告》有关问题的请示

省政府:

去年,治理"三乱"期间,省政府分别于 2002 年 3 月 23 日、7 月 20 日先后在《××日报》上发布了《××省人民政府关于废止部分收费、罚款、集资项目的通告》和《××省人民政府关于废止和停止部分收费、罚款项目的通告》。7 月 20 日《通告》停止了省交通厅×交计字〔1989〕1 号文件中规定的"双排座小货车载客养路费"(待国家有关规定正式下达后,再按规定审批程序,另行报批)。依据《通告》,××市各级物价部门对本市、县公路管理段、站进行检查。发现各段、站对《通告》明令停止的"双排座小货车载客养路费"一直没有停收。对待检查,被查单位态度消极,拒不承认错误,拒绝签字盖章。对查出的这类问题,物价部门进行了处理。但是,各公路管理段、站不服处罚,经复议后,××、××、××、××等公路管理站提起诉讼,除××县法院未受理外其余均已受理。××市人民法院并于 2002 年 11 月 12 日公开进行了审理,判决物价检查部门败诉。

法院审理认为:××公路管理站对客货两用汽车(注:物价部门查的是双排座小货车)按核定载重吨位计征养路费的行为,符合 1979 年国家计委、交通部、财政部、中国人民银行联合发布的行政规章所规定的原则,并符合《××省行政事业性收费管理条例》;××省交通厅〔1989〕1 号文实属是一个执行性解释,符合 1979 年国家颁布的《关于公路养路费的征收和使用规定》第五条原则;省政府《通告》没有说明从什么时间执行,也未标明不另行文,此《通告》不属于行政性规章。所以认定物价检查部门依据《通告》进行查处法律依据不足,适用法律不当。

我们认为,法院这一判决实际上否定了省政府的两个《通告》。为此,现就有关问题请示如下：

一、两个《通告》是否因没有注明"不另行文"和执行日期，有关单位就可以拒绝执行。如必须执行，应明确执行日期。

二、省交通厅×交计字〔1989〕中规定的"双排座小货车载客养路费"被《通告》停止执行，是否具有法规效力？

以上请示，请批复。

××省物价局

二〇〇二年十二月四日

【简析】

这是一则请求指示的请示。请示中将本部门在工作中遇到的具体问题、事件阐述得较为清楚，且针对事件明确提出自己的问题，请求上级机关予以解答。运用"以上请示，请批复"这一习惯用语来提出请求，文字简洁清楚。

【例文二】

××省人民政府关于请求帮助解决××半岛 严重干旱缺水问题的请示

国务院：

自 1998 年 9 月份以来，我省降雨明显偏少，旱情持续发展，给全省的工农业生产和城乡人民生活造成严重困难。特别是××半岛的××、××两市旱情尤为严重。20 多个月的时间内，××、××两市累计平均降雨分别只有 443 毫米、448 毫米，××市受旱面积一度达到 470 万亩，占农作物播种面积的 80%，××市 280 万亩农作物全部受旱。同时由于长时间无有效降雨，河道断流、干枯，水利工程蓄水不断减少，尽管多数大中型水库停止了农业灌溉用水，仍有 12 个县（市、区）出现用水紧张。据分析，此次两市气象干旱接近五百年一遇。

进入今年汛期后，尽管全省先后有几次较大的降雨过程，大部分地区旱情解除，但××、××两市降雨明显偏少，旱情仍持续发展，城乡供水紧张的局面进一步加剧。目前，××市主要水源××水库（兴利库容 1.3 亿立方米）可利用水量只有 1 000 万立方米，在日正常供水 22 万立方米压缩到 17 万立方米的情况下，也只能再维持 2 个月。××市区主要水源××等 4 座水库目前蓄水量只有 867 万立方米，其中死库容 360 万立方米，包括抽取死库容在内，可供水只有 700 万立方米，只能维持到 8 月底。××市所属的××、××、×× 3 市城区目前的水源也只能维持到 9 月下旬。目前××市有 110 万人，××市有 94 万人饮水困难。

　　面对持续干旱,两市提前加强现有水源调度,强化节约用水,寻找新的水源,采取综合措施,力争度过水荒。目前两市已基本放弃农业供水,有限的水源只能重点保证城市饮用水,并实施限量供水措施。两市区分别于6月初和4月初开始控制居民用水量,每人每月限量2立方米,每超用1立方米水,××市加收10元,××市加收40元。对发电厂等大部分企业及宾馆、餐饮业等也严格实行限量供水。下一步两市将冒着海水倒灌的危险,准备着手启用已封多年的备用水源井和增打深水井,迫不得已开采地下水以保生活用水。

　　××半岛本身属严重资源型缺水地区,区内基本无客水资源,年平均水资源总量为98亿立方米,人均占有量412立方米,仅相当于全国平均占有量的15.4%,在全国也属少数几个水资源最贫乏的地区之一。自1980年以来,××连年干旱,半岛地区尤为严重,大部分地区近10年平均降水量较多年平均值偏少30%以上,半岛北部偏少50%以上,几乎所有的河道常年干涸。近年来,半岛地区国民经济发展迅速,万吨水工业产值××市达到667元,××市更是达到了1 250元,位于全国前列;与此同时,各方面需水量大增,水资源供需矛盾更加突出,按现状水平测算,一般年份缺水30亿立方米,严重干旱年份缺水高达70亿立方米。从目前情况看,当地水资源贫乏和没有客水接济是半岛地区现有供水量不足的主要矛盾。半岛地区是我省节水工作开展最普遍的地区,下一步节水潜力不大。要从根本上解决半岛地区水资源严重短缺的问题,除了搞好当地水资源的开源与节流、兴建区域间水源调配工程等措施外,最主要的是尽早兴建跨流域骨干调水工程。

　　鉴于当前半岛地区面临的供水危机以及长远的水资源紧缺局面,恳请国家帮助解决以下问题:一是应急供水问题。目前两市都已制定了应急供水计划,并正在逐步实施。鉴于半岛地区在长期抗旱中人、财、物力消耗巨大,恳请国家支援我省特大抗旱经费5 000万元,以解决××、××等地的应急供水问题。二是应急调水工程。在短期内将黄河水尽快调入××半岛,工程量土石方2 681万方,泵站、涵闸、公路桥等主要建筑物56座,总投资26.8亿元,请国家给予支持。三是尽快实施南水北调东线工程,进一步缓解××半岛地区的水资源紧缺局面。

　　当否,请批复。

××省人民政府

二○××年七月二十八

【简析】

　　这是一则请求批准的请示。开头交代具体客观的情况,将困难具体阐述,介绍了半岛地区水资源严重匮乏的现状及原因,这是请示的背景,也是请示的缘由。为下文提出请示事项做好了铺垫,因此,在目的句之后,文章很自然的提出请示事项。全文以惯用语"当否,请批复"作结。

文章在陈述事实现象和具体困难时,注意采用数据说明问题,增加了文章的表达效果,显得理由充分合理。

2.3.7 批复

1) 概念

批复是上级机关答复下级机关请示事项时使用的公文。

2) 分类

(1) 同意性批复。即针对下级机关请求批准的请示,上级机关对其请示事项持同意性态度的批复。

(2) 否定性批复。即针对下级机关请求批准的请示,上级机关对其请示事项持否定性态度的批复。

(3) 解答性批复。即针对下级机关请求指示的请示而做的批复。

3) 格式

(1) 标题。除了常规性的标题以外,还可拟为:

"××××关于××××××给××××的批复",如《国务院关于同意安徽省设立滁州市、巢湖市给安徽省人民政府的批复》、《国务院关于同意浙江省宁波市滨海区更名为北仑区给浙江省人民政府的批复》。

(2) 主送机关。即写请示的下级机关。如果在标题中写出了受文机关的,主送机关就可以省略。

(3) 正文。

第一,引语。一般在正文开头引述下级来文的标题、发文字号、发文日期或内容要点,用以说明是针对哪篇请示、什么问题所做的批复。引语一般比较简短,但一定要严谨、明确,如"你部×字〔2006〕24 号文悉"、"你单位××××年×月×日《关于××××的请示》收悉"等等。然后用过渡语"经研究,现批复如下"向批复意见部分过渡。

第二,批复意见。这是正文的核心部分,针对请示中提出的问题与要求,逐一做出明确的回答。当行则行、当止则止,态度一定要明确。同意性批复可以只表明态度不写理由,但否定性批复,在表明态度的同时,一定要讲清楚否定的原因,使下级机关在接受这一意见的同时又能对上级机关的决定给以谅解。

第三,结语。常用"此复"、"特此批复"等惯用语,也可提出简要的要求和希望,也可无结尾。

4) 写作要求

(1) 针对性。一是从文种上来讲,批复是针对请示而发的;二是批复必须针对请示中的问题给以明确答复。

(2) 完整性。即答复全部事项。对下级机关请示的全部事项,均应明确表态。不可只对其中同意或不同意的部分表态,其余的不做交代。

　　(3) 明确性。即态度鲜明。语言要简明、准确,同意或不同意,不可模棱两可。

　　(4) 可行性。即意见应尽量具体并具有可行性,以利于下级机关执行。

　　(5) 及时性。即答复要及时,以免误事。

　　(6) 否定理由要讲清。即要使下级信服,不可简单否定完毕。

【例文一】

国务院关于同意建立全国
社会救助部际联席会议制度的批复

国函〔2013〕97 号

民政部:

　　你部《关于报送〈全国社会救助部际联席会议制度(代拟稿)〉的请示》(民发〔2013〕118号)收悉。现批复如下:

　　同意建立由民政部牵头的全国社会救助部际联席会议制度。联席会议不刻制印章,不正式行文,请按照国务院有关会议和文件精神认真组织开展工作。

　　附件:全国社会救助部际联席会议制度

国务院

2013 年 8 月 30 日

　　【简析】

　　这是一则针对下级机关请求批准的请示而作的批复。引语、批复事项内容齐全、态度明确。

【例文二】

国务院关于同意将山东省青州市
列为国家历史文化名城的批复

国函〔2013〕120 号

山东省人民政府:

　　你省《关于申请将青州市列为国家历史文化名城的请示》(鲁政呈〔2012〕30 号)收悉。

现批复如下：

一、同意将青州市列为国家历史文化名城。青州市历史悠久,遗存丰富,文化底蕴深厚,名胜古迹众多,街区特色鲜明,城区传统格局和风貌保存完好,具有重要的历史文化价值。

二、你省及青州市人民政府要根据本批复精神,按照《历史文化名城名镇名村保护条例》的要求,正确处理城市建设与保护历史文化遗产的关系,深入研究发掘历史文化遗产的内涵与价值,明确保护的原则和重点。编制好历史文化名城保护规划,并将其纳入城市总体规划,划定历史文化街区、文物保护单位、历史建筑的保护范围及建设控制地带,制定严格的保护措施。在历史文化名城保护规划的指导下,编制好重要保护地段的详细规划。在规划和建设中,要重视保护城市格局,注重城区环境整治和历史建筑修缮,不得进行任何与名城环境和风貌不相协调的建设活动。

三、你省和住房城乡建设部、国家文物局要加强对青州市国家历史文化名城规划、保护工作的指导、监督和检查。

国务院

2013 年 11 月 18 日

【简析】

这是一则针对下级机关请求批准的请示而做的批复。在题目中即明确批复意见,引语、批复事项内容齐全、层次清楚;批复事项采用小标题的形式,意见明确,事项交代完整、清晰,用语严谨适当。

【例文三】

国家税务总局关于个人通过网络买卖虚拟货币取得收入征收个人所得税问题的批复

国税函〔2008〕818 号

北京市地方税务局:

你局《关于个人通过网络销售虚拟货币取得收入计征个人所得税问题的请示》(京地税个〔2008〕114 号)收悉。现批复如下:

一、个人通过网络收购玩家的虚拟货币,加价后向他人出售取得的收入,属于个人所得税应税所得,应按照"财产转让所得"项目计算缴纳个人所得税。

二、个人销售虚拟货币的财产原值为其收购网络虚拟货币所支付的价款和相关税费。

三、对于个人不能提供有关财产原值凭证的,由主管税务机关核定其财产原值。

国家税务总局

二〇〇八年九月二十八日

【简析】

这是一则解答性批复。先引用了来文的发文字号,接下去就来文中所请示的具体事项做出具体答复。层次清楚,语言明确。

2.3.8 函

1) 概念

函是不相隶属机关之间相互商洽工作、询问和答复问题,请求审批和答复审批事项时使用的公文。

2) 特点

(1) 行文方向多向性。函既可用作上行文,也能用作平行文和下行文,这是函区别于其他文种的一个特点。

(2) 使用的广泛性。函的使用范围很广,从主体上讲,无级别限制,上至国务院,下至基层组织,各级行政机关、企事业单位、社会团体均可使用;从内容上来讲,函也具有功能多样的特点,商洽、询问、请求、答复等等都可使用,使用相当灵活。

(3) 语气的多样性。函由于发文方向不同,功能内容各异,因此,语气也要根据内容表达的需要而定,具有多样性的特点。

3) 分类

按行文关系分,分为去函和复函。

按内容分,分商洽函、询问函、答复函、请批函等。

4) 格式

(1) 标题。

其一,发文机关＋事由＋文种。

其二,事由＋文种,如《关于商调××同志的函》。

其三,发文机关＋受文机关＋文种,如《××市财政局给省财政厅的询问函》。

其四,发文机关＋事由＋受文机关＋文种。

(2) 主送机关。

(3) 正文。去函即主动发出的函。

第一,缘由。简要的交代情况,说明发函的目的。

第二,事项。这是问函的主体。即要向对方交代清楚商议的具体事宜,或者询问的具体事项,或者请求审批的具体事项。

第三,结语。问函的结语要得体,根据不同的内容,要采用不同的结语,如"可否,盼复"、"请研究复函"、"盼复"、"请遵照办理"、"特此函告"等。

复函即回复的函。

第一,引语。类似批复开头。首先说明来函的情况,一般是引述对方来函的时间、发文字号或来函标题,如"你局××××年×月×日函悉"、"你单位关于××××问题的函悉"等。

第二,主体。针对对方来函中的事项,明确进行答复。不能解决的,应阐明理由,以求得对方理解。

第三,结语。"此复"、"特此复函"、"特此函复"或没有结尾。

【例文一】

关于商调×××同志的函

××市人事局;

因工作需要,拟调你市××同志到我市×××××工作。如同意,请先将该同志的档案、现实表现材料及健康检查表一并寄来。请予大力支持。

××市人事局

二○○×年×月×日

【简析】

这是一则商洽函。商洽具体事项,内容简单。因含有商洽性质,本文语气庄重而客气。

【例文二】

×××××学院关于请求批准成立劳动服务公司的函

省直劳动服务公司:

为广开门路,解决我院部分人员就业问题,我院拟成立×××××学院劳动服务公司。请予批准。

×××××学院

二○○×年×月×日

【简析】

这是一则请批函。请示缘由、事项完整、清楚,语言得体。

【例文三】

××省新闻出版局关于××出版社驻××市发行站更名的函

××省新闻出版局：

　　为便于图书发行工作的开展，拓宽市场，疏通发行渠道，我局决定将××出版社驻××市发行站更名为××出版社驻××省发行站。请予协助办理有关更名手续。

　　特此函告

××省新闻出版局

二〇〇×年×月×日

【简析】

　　这是一则告知函。表述清楚，内容简单，直接体现了函开门见山，直陈其事的特点。

【例文四】

××市财政局给省财政厅的询问函

省财政厅：

　　水利部一九××年×月×日发布的《水政监察组织暨工作章程（试行）》第十三条规定："水政监察人员执行公务时应当着装、持证、佩戴标志。"现在此项规定是否执行？水政监察人员着装的经费如何解决？特专函请求答复。

二〇〇×年×月×日

【简析】

　　这是一则询问函。内容简单，正文只有两项内容，即询问事项和答复要求。作为下级机关对上级机关的公文，本文的语气和措词相对谦恭。

【例文五】

国务院办公厅关于同意在国家版图意识教育宣传画上使用国旗、国徽图案的复函

国办函〔2005〕76 号

国土资源部：

　　你部《关于在国家版图意识教育宣传画上使用国旗、国徽图案的请示》（国土资发

〔2005〕142号)收悉。经国务院领导同志同意,现函复如下:

同意在国家版图意识教育宣传画上使用国旗、国徽图案。宣传画张贴场所、范围等事项,请严格按照《城市市容和环境卫生管理条例》相关规定执行。

国务院办公厅

二○○五年八月十五日

【简析】

这是一则复函。针对下级机关的请示进行答复,语言平和、态度明确。

5) 写作要求

(1) 内容集中,一般要求"一文一事"。写作要开门见山,直接而集中地讲述事项。

(2) 语气得体。函是用于不相隶属机关之间的往来公文,因此行文语气上应注意礼貌,要尊重对方,提要求时应委婉一些,给对方留有一定的回转余地。另外,不同用途的函应具有不同的语气。对上级机关,用语要谦恭、谨慎;对同级或不相隶属机关,要诚恳友好;对下级机关,要平和明确。

(3) 用语、格式规范。函是正式文件,要符合公文语言的要求,必须遵循公文的格式规范,不可与便函的用语、格式混为一谈。

2.3.9 会议纪要

1) 概念

会议纪要是用来记载、传达会议情况和议定事项的公文。

它是一种具有纪实性和指导性的公文,可以上行、平行,也可以下行。

2) 特点

(1) 真实性。会议纪要应忠实于会议内容,必须如实反映会议的情况和议定的事项。撰写者虽然可以对会议讨论的问题、与会代表的发言进行一定的概括与整理,但不能将自己的主观愿望、个人意图带进纪要的内容。真实性是会议纪要的基本要求,也是拟写会议纪要所要遵循的基本原则。

(2) 纪要性。会议纪要不是会议记录,写进会议纪要的内容不是会议的全部情况,而是在会议记录的基础上归纳整理出来的。它要求对会议的情况和议定的事项进行综合归纳和概括整理,应抓住要点,突出会议的主要精神和议定事项。即记录主要的部分和内容。

(3) 指导性。会议纪要所记的主要内容,一般是与会者经过讨论而达成的对某些问题的共识,它比较集中地反映了会议的主要精神,所以一经下达和发布,即具有一定的约束与指导作用。

(4) 备查性。会议纪要可以为以后的工作提供备查的资料。

3）分类

（1）决议性纪要。即反映会议结论性意见的会议纪要。决议性纪要是与会人员经过商议，对某些事项或问题做出一致决定时，用会议纪要形式写下的文字依据。该纪要多用于一些办公会议。

（2）情况性纪要。情况性纪要是通过如实传达会议情况，以达到传递信息、交流经验为目的的一种纪实性纪要。该纪要多用于一些座谈会、经验交流会、学术讨论会。

（3）综合性纪要。即决议性纪要和情况性纪要相结合的会议纪要。这种纪要，既有对会议进行情况的叙述，又有会议决议内容的阐述。专题性的大型工作会议纪要一般属于这个类型。

4）格式

（1）标题。

其一，会议事项＋文种。

其二，组织会议的机关＋事由＋文种。

（2）成文日期。会议纪要多在标题下面注明成文时间，一般不注明主送机关，不需盖章。

（3）正文。

第一，会议概述。这是会议纪要的开头部分，一般均应简述会议概况，包括会议名称、目的、内容、时间、地点、主持人、参加人、会议结果和对会议总的评价等。

第二，主体。这是会议纪要的核心，一般包括讨论情况和议定事项两部分内容。

这一部分的结构安排有三种：

发言纪录式。即按照会议上发言的顺序，将每个发言人的主要意见归纳整理出来。这种写法的好处，能如实地反映出会议上的讨论情况和各人的不同看法。

分类式。即按内容性质分类写，把会议讨论和议定的事项归纳成几个问题写下来。这种写法的好处是条理清晰，问题集中。多数会议的会议纪要，采用这种形式。

综述式。即把会议内容、会议上的发言、讨论的情况和议定的事项综合在一起写，简要的介绍出来。

第三，结尾。有的会议纪要在结尾提出希望、号召，要求有关单位认真贯彻会议精神，作为对纪要内容的补充或强调。有的会议纪要不写这部分。

【例文】

全国总工会与劳动和社会保障部
联席会议纪要

5月18日上午，全国总工会与劳动和社会保障部召开了联席会议。劳动和社会保障部副部长王东进及有关司局负责人,全国总工会副主席、书记处书记孙宝树、书记处书记张秋俭及有关部门负责人参加了会议。

会议认真学习了王兆国同志关于"加强协调劳动关系,切实维护职工合法权益,为构建社会主义和谐社会做出新的贡献"的指示精神,进一步统一了思想,提高了认识。就协调劳动关系的有关问题,达成以下共识:

一、会议一致认为,王兆国同志的指示非常及时,非常重要,抓到了协调劳动关系的根本,既是对工会工作的具体指导,又是对劳动和社会保障部门提出的要求,是工会贯彻落实"组织起来,切实维权"工作方针的进一步深化和具体抓手,也是劳动保障部门的工作重点和职责所在。大家一致认为,劳动关系是最重要的社会关系之一,建立和谐稳定的劳动关系是构建和谐社会的重要基石。劳动合同是劳动关系的起点,是劳动者与用人单位确立劳动关系的法律契约,是协调劳动关系的基础和前提,是处理劳动争议的重要依据。劳动合同制度是劳动关系协调机制的重要组成部分,是规范企业劳动用工行为、促进企业健康稳定发展的重要保证,也是工会维护职工合法权益的重要法律武器。

会议特别强调,各级劳动社会保障部门与工会组织要进一步提高认识,统一思想,把推进劳动合同制度实施工作作为协调稳定劳动关系、构建社会主义和谐社会的重要切入点和重大举措,加强协调,密切配合,集中力量,重点突破,开创劳动合同工作的新局面。

二、为进一步深入推进劳动合同制度的实施,会议一致同意采取以下措施:

1. 共同积极推动和参与劳动合同立法工作,加强立法调研和论证,推动《劳动合同法》尽早出台。同时,在目前17个省市已制定地方法规的基础上,继续推动劳动合同地方立法。

2. 将进一步深入推进劳动合同制度的实施工作列入国家三方会议重要内容,在国家三方会议的架构下,由三方会议办公室具体负责此项工作的组织落实,充分发挥三方机制的作用。

3. 制定加强劳动合同工作三年规划和目标。今年,以非公有制企业、改制企业和农民工、灵活就业人员为重点,劳动和社会保障部制定重点行业和重点群体的劳动合同示范文本,合力推进劳动合同制度的实施。年底对此项工作进行总结,并对下一年工作进行安排。力争到2008年,在扩大劳动合同的覆盖面、加强劳动合同管理、规范劳动合同制度方面取得明显成效。

4. 将加强劳动合同工作列入今年8月国家三方会议召开的"创建劳动关系和谐单位"经验交流暨表彰大会的重要内容,在会议领导讲话、典型经验交流中突出劳动合同工作,在评选表彰中将企业实行劳动合同制度情况作为重要标准,国家三方会议将就此下发补充通知。

5. 加强联合调研。今年,劳动和社会保障部、全国总工会就劳动合同制度实施情况进行专题调研,摸清底数,找准问题,总结经验,提出对策,在此基础上,联合召开劳动合同工作研讨会,通过调研,推动这项工作进一步开展。

6. 加强对劳动合同制度实施情况的监督检查。今年,劳动和社会保障部、全国总工会要积极配合全国人大常委会开展《劳动法》《安全生产法》执法检查,以劳动合同制度实施情况为重点,充分发挥劳动保障部门劳动法律监察和工会劳动法律监督的作用。

7. 加强宣传和培训。在深入调研的基础上,于今年国家三方会议召开的"创建劳动关系和谐单位"经验交流暨表彰会议期间,共同召开记者招待会,主要就劳动合同制度实施的有关问题进行宣传。同时,请新闻单位配合组织劳动合同方面的专题评论文章、典型经验报道,形成较强的舆论环境。今年,三方将联合组织企业经营管理者、工会干部、职工代表和劳动保障干部进行有关劳动合同法律法规及相关知识方面的培训,提高素质。

三、会议建议,全国人大加紧《劳动合同法》的立法工作,争取早日出台,以加快推进劳动合同法制化进程。同时建议,全国人大常委会把劳动合同制度实施情况作为今年《劳动法》《安全生产法》执法检查的重点之一,予以高度关注,对不签订劳动合同、签订无效劳动合同和违反劳动合同的行为,加大依法纠正和处理的力度。会议一致表示,一定认真贯彻落实王兆国同志的指示精神,奋发努力,求真务实,推动劳动合同工作取得突破性进展,为落实科学发展观、构建社会主义和谐社会做出应有的贡献。

【简析】

这份会议纪要属于综述式会议纪要,导言概述会议的基本情况,如会议召开的时间、与会单位、参加会议的领导人、会议的内容及中心议题等,首先让读者对会议有一个大体的了解。然后用"就协调劳动关系的有关问题,达成以下共识"一句引出主体部分,进行分项叙述。因是联席会议,所以在写作中,本文特别注意"一致认为"、"一致表示"等表明双方态度的句式的使用。语言准确、层次清晰、重点突出、内容完整。

思 考 与 练 习

1. 分析题

1) 下面这两则通知各属于什么类型? 在写法上各有什么特点?

国务院关于停止审批民族镇的通知

各省、自治区、直辖市人民政府:

行政区划是国家行政管理的基本手段,是政权建设的重要组成部分,在国家政治经济活动和人民生活中占有十分重要的地位。行政区划是否合理、合法,对于社会和政治的稳定,对于社会主义现代化建设具有十分重要的意义。因此,行政区划工作必须严格依法办事。

当前,有的地方设置行政区域不遵照宪法规定办事,自行设立"民族镇",而且还有进一步增多的趋势。《中华人民共和国宪法》第三十条明确规定:"(一)全国分为省、自治区、直辖市;(二)省、自治区、直辖市分为自治州、县、自治县、市;(三)县、自治县分为乡、民族乡、镇。直辖市和较大的市分为区、县。自治州分为县、自治县、市。"因此,设置"民族镇"是不符合《中华人民共和国宪法》规定的,必须予以制止,否则将损害《中华人民共和国宪法》作为国家根本大法的尊严,并将造成行政区划体系的混乱,影响国家的行政管理。

为此,各省、自治区、直辖市人民政府在接到本通知后应立即停止审批"民族镇"。已经设立的将另行研究处理办法。

国务院

××年×月×日

国务院批转国家教委关于加快改革和积极发展普通高等教育的意见的通知

各省、自治区、直辖市人民政府,国务院各部委、各直属机构:

国务院同意国家教委《关于加快改革和积极发展普通高等教育的意见》,现转发给你们,请认真贯彻执行。

高等教育担负为社会主义事业培养建设者、接班人和发展科技、文化的重大任务,对解放和发展生产力起着很重要的促进作用。为了更好地适应我国社会主义现代化建设的需要,必须加快改革和积极发展普通高等教育。各级政府和国务院各部门,要高度重视和积极支持普通高等教育的改革和发展,加强对有关高等学校改革工作的领导,切实解决学校的实际困难和问题,使普通高等教育的改革和发展沿党的十四大指引的方向胜利前进。

××年×月×日

2) 分析下列公文文稿,逐一指出其存在的错误并加以修改。

(1)

关于增加编制、经费和解决办公用车的请示报告

××部、××司、××司:

全国××××研究办公室自 2003 年 12 月成立以来,在××部和有关部门的大力支持下,工作开展顺利,但目前仍存在一些较为实际急需解决的问题。

一是室编制甚少。现编制 4 人,除两名正、副主任外,只有两名工作人员。又因本部门工作需经常外出调查,故工作不能很好地展开。

二是经费严重不足。由于我国目前有 5 个肿瘤高发区现场,需要我们组织人力、物力

调查发病原因及有关数字,但包干的经费,远远不够所需开支的资金。有些工作由于经费不足,已经陷入瘫痪状态。

三是出车难问题。由于交通工具不便,人少,经费紧,我们需要批给一辆越野车和司机。

以上请示报告,请批复。

全国××××研究办公室

××年8月5日

(2)

共青团××县委关于组建××厂团支部的批复

××厂:

经共青团××县委研究决定,在你厂组建共青团总支委员会,由张××任团总支书记,宋××任团总支副书记,李××、陈××、彭××任团总支委员。望接此批复后,迅速开展工作。

此复

共青团××县委

××××年×月×日

(3)

××学院关于增开新闻专业的请示

省教委、省计经委、省人事局:

我院中文系拟于2007年秋季增开新闻专业,计划招生50名,请批示。

××学院

二○××年×月×日

3) 比较下面两则公函的异同,并指出哪则好,并说明原因。

(1)

××大学校长:

首先让我们以××电子工业学校的名义,向贵校表示衷心的感谢。感谢你们为我校办学给予的大力帮助。目前我校又面临一个很难解决的问题。

事情原来是这样的:我校开办不久,师资力量很差,决定派××位年轻教师进修一年。我校与贵校有关部门多次商量。但××位教师进修住宿问题,至今也没有得到解决。提高教学质量的关键是师资。为提高我校教师质量,恳请贵校设法解决我校进修教师的住宿问题。贵校府高厅阔,物实人济,且具宽大胸怀、救人之危的美德。以上区区小事,谅贵校不难解决。我们不知贵校还有什么实际困难,如果这些困难贵校能帮助解决的话,就尽量提出,我校会竭力去办。再说一句,贵校如能解决我校进修教师的住宿问题,我们以我校领导的名义向贵校领导表示深深的谢意。万望函复。

××市电子工业学校

××年×月×日

(2)

关于请求解决我校进修教师的住宿问题的函

××大学:

　　首先,感谢贵校给予我校办学的大力帮助与支持。现又有一困难希望贵校帮助解决。

　　我校已派××位年轻教师到贵校进修一年,虽然与贵校有关部门多次协商,但不知何故,他们的住宿问题至今尚未解决。恳请贵校早日解决。如确有困难,需要我校协助的话,请尽量提出。

　　不知妥否? 万望函复。

××市电子工业学校

××年×月×日

2. 写作训练

1) 以共青团××省委的名义拟写一份表扬性通报。

王××同学生前是××大学经济系××级一班学生,十九岁。2005 年 2 月 15 日,王××同另外三名同学在护城河边散步。突然,有人不慎落水,王××当即跳下河去营救。落水者得救了,而王××却献出了年轻的生命。1 月 24 日共青团××省委授予王××"优秀共产党员"称号,并号召××省共青团员和青年向王××学习,做有理想、有道德、无私无畏的好青年。

2) ××局下属的××处,由于业务工作扩大和外事工作增加,需要打印、复印的材料增加,有些要得很急,因而要求从局属公司利润提成中拨款购买一台复印机。请分别代拟一份请示和批复。

3) 新疆阿尔金山地区有着完整的原始高原生态系统,那里还生活着稀有的高原有蹄类动物,为了保护这一珍贵的生态资源,拯救濒危物种,新疆维吾尔自治区向国务院申请建立阿尔金山自然保护区,请分别为他们拟一份请示和批复。批复中要写清楚同意与否,明确职责范围、人员编制、物资、经费、设备等的解决途径。

4) 江苏省环保厅给各市发出一份《关于加强水污染治理工作的通知》(苏环发[2002]

2号),扬州市环保局要将这份文件发到所属各市、县环保局,并结合该市实际情况提出一些具体要求,请代拟这份文件。

5)某市为了总结本市中、小学贯彻《全国中小学勤工俭学暂行工作条例》的情况,总结交流经验,解决其中出现的问题,布置下一步勤工俭学事项,把勤工俭学活动提高到一个新水平,决定近期召开全市中小学勤工俭学总结表彰会议。请你代该市教委拟一份通知。

3. 某大学要求建一座图书馆楼,写了一份请示,同时主送省委、省教委、省计委,原以为这样万无一失,批复下达肯定快,但时过5个月,迟迟不见批复下来,请分析其中原因

3 常用事务文书

3.1 事务文书概述

3.1.1 事务文书的概念

事务文书是党政机关、企事业单位、社会团体或个人在日常工作或生活中经常使用的一种实用性文体。一般是指法定公文和专用文书之外的,具有较高使用频率的公务文书,如计划、总结、简报、调查报告、述职报告等。事务文书主要用来指导工作、交流经验、沟通信息、宣传教育等。

3.1.2 事务文书的特点

与其他应用文种一样,事务文书也具有突出的实用价值。除此以外,事务文书又有其特点。

1) 使用的广泛性

从使用范围看,事务文书在机关、团体、企事业单位中,使用得非常广泛,如计划、总结等。上至国家大事,下至单位的日常具体工作,都离不开事务文书的使用。

2) 内容的针对性

事务文书必须针对工作实际。它是为了处理社会活动与工作中的具体问题而做出的文字反映,因此,它必须针对本部门、本单位的实际情况,具有较强的实用性与针对性。

3) 行文的程式性

与法定的行政公文相比,事务文书的制发程序、行文格式无严格规定,有较大的灵活性。但同时,长期的实践使事务文书获得了一些约定俗成的结构格式,对这些固定格式的遵循,主要是为了方便应用和提高工作效率。

3.1.3 事务文书的作用

1) 指导工作

有些事务文书的写作是通过对党和国家的方针、政策的传达与贯彻,来指导人们的日常工作,如计划,尤其是规划、意见等。

2）交流经验、沟通信息

　　事务文书的内容常反映工作中的实际情况，说明一些问题，从而为不同部门的人们提供了联系工作、沟通与交流的平台，最突出的是简报。

3）宣传教育

　　事务文书通过分析政策形势，介绍经验，揭露问题等，可以起到教育督促的作用，提高人们的认识。

3.2　计 划

3.2.1　计划的概念

　　计划是机关、单位或个人对未来一定时期内的工作做出筹划和安排，以便顺利完成既定目标与任务的一种事务性文书。

　　计划是统称，在实际的使用过程中，人们又根据计划目标的远近、时间长短、内容详略等差异，赋予其不同的名称，如像规划、纲要、设想、打算、要点、方案、意见、安排等都属于计划这个范畴。一般情况下，规划是一种时间跨度长（至少 3 年），范围广，内容较为概括的计划，如《××市城市建设总体规划》、《2001—2005 年全国政法委（综治办）系统干部教育培训规划》；纲要和规划相同，都属于对某个地区或某一事项做出长远部署，具有宏观指导意义，但纲要比规划更为原则化和概括，一般只对工作方向、目标提出纲领式要求和指导性措施，如《国民经济和社会发展十一五计划纲要》；方案一般适合专项性工作，是从目的、要求、方式、方法、进度等都部署周密有很强可操作性的计划，如《××市住房分配制度改革实施方案》；意见属粗线条计划，它适用于上级向下级布置工作任务并提供基本的思路、方法，交代政策，提出要求等，如《关于深入开展法制宣传教育的几点意见》；要点是将计划的主要内容择要摘编，使之简明突出，它适用于时间相对较短的计划，如《中共××省委 2006 年工作要点》、《××学院教育体制改革要点》；设想是一种粗线条的、初步的非正式计划，如《××市拓展就业安置门路的设想》、《××市关于发展旅游业的初步设想》；打算也是一种粗线条的、想法不太成熟的非正式计划，它的适用时间较短，内容范围较小但又比较具体，如《××学校争创文明校园的打算》、《关于××地段商业网点设置的打算》；安排是短期内要做的，且范围不大、内容单一、布置具体的一类计划，如《本周教学教法讨论安排》。

3.2.2　计划的特点

1）目的性

　　计划是为达到某一目标，完成某一任务而制定的，所以，它具有明确的目的性。在一定时间内,要完成什么任务,要获得什么样的预期效益,工作要进展到什么程度都必须有明确的规定。

2)预见性

计划是对未来工作的设想,因此必须准确、科学地预见未来。必须在充分地了解上阶段工作情况及未来工作条件的基础上,事先考虑到可能遇到的问题及可能发生的情况及其对策。

3)指导性

计划最根本的作用是对未来的工作起指导性的作用,督促人们按照计划去实施,真正达到预期的目的。

4)可行性

要使计划达到对工作的指导作用,计划的制订者必须从实际出发,制订切实可行的计划要点,使计划具有可行性、科学性和实践性。这样,计划才能真正地约束人们的行为,起到应有的作用。

3.2.3　计划的分类

计划的种类很多,可以按不同的标准进行不同的分类:

按内容分,有生产计划、工作计划、学习计划、教学计划、科研计划等。

按性质分,有专题性计划、综合性计划。

按范围分,有国家计划、地区计划、部门计划、单位计划、个人计划等。

按时间分,有长期计划、中期计划、短期计划、年度计划、季度计划、学期计划等。

按形式分,有条文式计划、表格式计划等。

3.2.4　计划的写作格式

计划的格式一般包括标题、正文、落款三部分。

1)标题

完整的标题包括单位名称、适用时间、计划内容和文种四个要素,如《××大学2007—2008年第一学期工作计划》。有时也可根据情况,省略某些部分。如果是草稿或初稿,还应在标题下或标题后加括号注明。

2)正文

正文一般分为前言、主体和结语三部分。

(1)前言部分一般说明制订计划的背景、依据、目的、意义、指导思想等。总体上应该简练概括,短期的小型计划,这部分可以省略。

(2)主体部分是计划的中心内容,包括目标、措施、步骤三要素,即做什么、怎么做、什么时间做。

目标首先要明确指出总目标和基本任务、要求。

措施是实现计划的保证。即以什么方法,用什么措施确保完成任务、实现目标,这部分应该规定达到目标的手段,负责的部门、配合的单位等。

步骤是实现目标的程序安排和时间要求。这部分应该按照任务完成的阶段和环节,明确体现出轻重缓急和先后顺序并制定完成的期限。

（3）结语部分可说明计划的执行要求,也可提出希望或号召。也有的不写结语,自然结尾。

3）落款

落款包括单位名称和制定日期,一般写在正文结尾处右下方,如果计划标题中已标明了单位名称,结尾处可省略。另外,以单位名义上报或下达的计划,需要加盖公章。

3.2.5　计划的写作要求

（1）要符合国家的政策、法律,这是制订计划的首要前提。

（2）要从实际出发,量力而行,使计划制定得合理适度。

（3）内容措施具体明确、重点突出、责任分明、具有可行性。

（4）条理清楚、语言简明。

【例文一】

2013 年上海市医政工作要点

2013 年,上海市医政工作继续深入贯彻落实科学发展观,以党的十八大精神为指导,按照 2013 年上海市卫生工作会议和卫生部医政司 2013 年医政工作要点,落实医改相关重点工作,继续完善医疗服务体系和医疗质量控制体系建设,全面推进各项医政管理工作。

一、全力推进医改相关工作

（一）组织实施医疗机构设置规划。根据市政府印发的《上海市医疗机构设置规划（2011—2015 年）》,指导各区县、各办医主体认真实施医疗机构设置规划的各项具体工作。

（二）推进二级公立医疗机构功能转型。根据《关于鼓励本市部分二级公立医疗机构功能转型的指导意见》,鼓励、指导本市部分二级公立医疗机构整体转型为康复、老年护理医疗机构。制定区县综合医院设置老年护理床位的实施意见,推动区县综合医院部分转型并设置一定数量的老年护理床位。

……

二、做好医疗服务要素准入管理工作

（一）加强医疗机构准入管理。继续做好医疗机构冠名、设置、审批、校验管理。拟定部分医疗机构地方基本标准。

（二）加强医护人员准入管理。继续做好本市医师、护士日常准入审批工作，进一步推进医师多点执业试点工作。继续做好2013年国家医师资格考试、心血管内科专科医师准入考试及心血管疾病介入诊疗考试试点工作。

……

三、加强医疗质量管理与控制

（一）加强专业质控工作。委托上海市医疗质量控制管理事务中心承担对本市质控中心日常管理的事务性工作，督促各质控中心切实完成本专业年度重点质控工作。进一步加强对质控中心的支持保障力度。修订本市质控相关规范性文件和各质控专业的质控标准、规范。年内再新建1～2个质控中心，做到质控中心在各医疗专业的全覆盖。对部分质控中心的挂靠单位和中心主任进行重新招标。健全市区两级医疗质控网络，加强市级质控中心对各区县质控小组的指导作用。

（二）开展有关专项活动。根据卫生部工作部署，一是组织做好"三好一满意"活动和"抗菌药物专项整治"活动三年总结；二是继续开展"医疗质量万里行"活动；三是组织开展肿瘤规范化诊疗示范病房/医院创建活动。

（三）推动临床合理用药……

四、贯彻落实《护士条例》、《中国护理事业发展规划纲要(2011—2015年)》和《上海市护理事业发展实施方案(2012—2015)》

（一）加强护理人才培养。一是按照卫生部要求，做好卫生部万名护理人才培训项目相关工作，提升护理管理水平，提高医院护理服务能力。二是推动本市专科护士队伍建设，进一步提升培训质量和专科护理水平，满足临床实际需求。研究拓展新的专科护士培训项目。

（二）加强护理质量管理。继续完善本市护理质量管理体系，提高临床护理质量，保障患者安全。修订完善部分护理质控标准并研究制定部分专科护理质量标准。

……

五、稳步推进血液管理，保障临床用血安全

（一）进一步加强血液募集工作，确保年度献血计划的完成。加强无偿献血工作力度，推动建立政府领导、卫生部门牵头、多部门合作的无偿献血长效工作机制，确保年度献血计划的完成。同时切实落实辖区内医疗资源调整后相应的血液保障措施。

（二）进一步加强血液质量和安全管理，加大督导检查力度。重视血源安全防范工作，加强血液安全保障能力建设，继续加强完善血站质量体系建设和血液预告预警机制，维护本市血液管理工作健康有序的发展。

......

六、其他工作

1. 在试点工作的基础上,进一步推进离休干部就医延伸工作。

2. 按照卫生部"视觉行动中国第一"项目第三期要求,制定并组织落实《上海市关于"计划 2016 年前在中国根治致盲性沙眼"项目实施方案》。

......

【简析】

这是就某一时期内的某项具体工作所做的安排。文章开篇提出写作依据及目的,全文分六个方面进行阐述,内容全面、细致,同时结构清楚、层次井然。正文对目标和措施进行了较为详尽的表述,采用序码加小标题的写法,分条列项,重点突出,条理清晰。

【例文二】

××省机电设备公司下半年工作安排

为走出经营困境,提高经济效益,×月×日,我们利用一天时间召开了中层领导参加的经济形势分析座谈会。会议分析了当前经营工作中存在的问题,研究预测了今后一个时期的经济形势;认为下半年国民经济将呈现缓慢回升的态势,国家大规模投放资金、扩大基建规模的可能性较小,整个机电产品市场不会有大的起伏,机电公司面临的经营形势仍然比较严峻。针对当前的形势,我们要求公司广大职工要正视现实,增强紧迫感、危机感,练好内功,克服困难,迎接挑战。现将公司下一步的工作安排公布如下:

一、强化信息工作,加强对市场的分析预测。定期召开经济形势、市场形势分析会,密切注意国家经济政策的调整对生产资料市场产生的影响,及时掌握基建投资、货币投放、原材料市场行情等与机电市场密切相关因素的变化情况。通过掌握信息、科学决策,提高经济效益。

二、继续加强物资销售工作。对各种物资再次进行畅销、行销、滞销排队;在抓好滞销物资压库、行销物资勤进快销的同时,突出抓好畅销物资的购销工作。在汽车销售上,增加汽车城的销售量;在不影响批发业务的前提下,适当扩大直销量。对汽车外机电产品,探索试行聘请业余推销员,通过业余推销员,促进销售。要打破地区、行业、所有制的界限,与实力较强的单位进行联合,借水行舟,扩大网点,利用"时间差"、"地区差"搞好销售。

三、深入开展"保双优、创双新"活动,不断强化优质服务工作。在认真抓好售前、售中服务的同时,要重点抓好售后跟踪服务,各单位要有重点、有目的地开展下矿、下厂上门服务。对于产品有销路但资金周转困难的企业,可实行易货贸易服务。通过真诚服务吸引用户,扩大销售。

四、进一步强化内部管理。要严格落实公司的各项规章制度,规范业务流程,从根本上扭转业务环节中的随意性和不规范性,向科学管理要效益。对物资流转费用的各个明细科目,各类、各种物资的收费情况进行详细分析,找出降低费用、提高物资进销差价率的突破口,采取果断措施,开源节流,提高效益。

五、加强资金管理,提高资金利用效率。对各专业公司、仓库所占用的资金要加强统一调度,集中使用,有重点地向市场好的产品倾斜;主要财务人员参与经营决策,有效减少资金体外循环和"资金旅游"、千方百计减少货币资金的占用量。对各种应收账款、拖欠债权,要详细列表登记,明确责任,制定清理计划,并与工资奖金挂钩,限期清理完毕。要制定拖欠债权清理办法,防止新拖欠债权的产生。在当前经营规模不断扩大的情况下,要尽可能地搞好资金存量管理,不再扩大货款增量。

六、抓住时机,密切与产业的关系。在当前市场形势不佳,多数产业库存增加、销售困难的形势下,要特别注意维护和发展与产业的关系,要通过反馈市场信息,帮助产业推销库存产品;在可能的条件下,还要帮助产业解决生产难题,调整产品结构,从而取得产业的信任,为市场回升时获得充足的资源奠定基础。

七、加速三资企业物资保税中心的筹建和开业准备工作。争取使三资企业物资保税中心早运行,早见效。

八、加强思想政治工作,关心职工生活。增强职工的主人翁责任感和使命感,充分调动广大职工的积极性、创造性,鼓励职工献计献策,依靠职工渡过难关。

××省机电设备总公司

二○○×年×月×日

【简析】

这是一份工作安排,属于计划当中的一类。引言部分交代制定工作安排后的背景和目的,而后由"现将……公布如下"自然过渡到主体部分,对将来的工作安排,是分项进行叙述的。全文内容单一,只是列出了下一步的工作任务,体现出安排的短期性与概括性。

3.3　总结

3.3.1　总结的概念和作用

总结是单位或个人对过去一个时期内的工作、学习或思想情况做出系统的回顾、归纳、分析、评价,从中得出规律性认识用以指导今后工作的事务性文书。

总结的作用主要有以下体现。

1）了解过去

　　总结是对过去某一阶段的实践活动的整体回顾，所以，通过总结，可以使我们更好地了解过去。

2）指导未来

　　总结通过对过去工作的回顾，归纳出以往工作中的经验和教训，为以后的工作提供借鉴与决策参考。在现实工作中，总结往往是制订计划的依据，是开展工作的有效手段。

3.3.2　总结的特点

1）实践性

　　总结以回顾实践或工作的全过程为前提，其主要内容都是源于此，所以，现实中的具体事例或数据都是总结得出结论的基础。

2）理论性

　　总结往往是通过对大量零散的、感性的认识提升为系统化的理性认识，以指导以后的工作。

3.3.3　总结的分类

　　总结的种类很多，按照不同的划分标准，可以将总结分为不同种类：

　　按时间分，有年度总结、季度总结、月份总结、阶段总结等。

　　按范围分，有单位总结、部门总结、科室总结、个人总结等。

　　按内容分，有全面总结、专题总结。全面总结又称综合总结，是对某一时期各项工作的全面回顾和检查，进而总结经验与教训。专题总结是对某项工作或某方面问题进行专项的总结。

3.3.4　总结的结构

1）标题

　　总结的标题有两种写法。

　　（1）公文式标题，一般由单位名称、总结内容、文种构成，如《××学院二〇〇六年工作总结》。这种标题多用于综合性总结。

　　（2）文章式标题，可以单行标题概括主要内容或基本观点，不出现总结字样，如《改善管理是解决效益问题的重要途径》；也可用双行式标题，用正标题揭示观点、概括内容，副标题点明单位、时限、性质和总结种类，如《严肃党纪国法，推进反腐倡廉——××市海关党委专项整风总结》。

2）正文

正文一般由前言、主体和结尾三部分组成。

（1）前言，即基本情况概述，一般简单介绍总结的时间、背景、内容、工作情况等，要力求简洁，开宗明义。

（2）主体，是总结的核心部分，一般应包括主要工作内容、成绩及经验体会、问题和教训等。主体部分常用的结构有块式、并列式、阶段式。

块式结构即将总结的正文按照"情况与做法"、"成绩与经验"、"问题与教训"几大块来结构全篇。

并列式结构即根据总结的内容将正文归纳为几个部分，每个部分之间是并列的关系，也可用小标题来揭示每部分的主要内容。

阶段式结构即将工作按照时间发展的顺序分为几个发展阶段分别进行总结。这种结构主要用于周期长、阶段性较为明显的工作总结，可以清楚地看出工作的开展进程及每个发展阶段的特点。

（3）结尾，作为总结的结束语可以归纳、呼应主题、指出努力方向、提出改进意见或表示决心、信心等，要求简短利索。

3）落款

落款通常在正文右下方，包括署名和日期。标题中已标明的可省略。

3.3.5 总结的写作要求

1）实事求是

反映真实的情况，对工作中的成绩、缺点和不足要客观总结，不可随意编造。

2）点面结合

注意围绕主题合理选材，突出重点。

3）表达方式要叙述议论相结合

总结在表述上要求以叙述为主，叙议结合。一般交代基本情况、成绩和经验时，以叙述为主，分析问题和教训时则多以议论为主。

【例文一】

公路局 2005 年度综合治理安全工作情况总结

2005 年度综治安全工作在上级主管部门的领导下，以贯彻《安全生产法》和《福建省社会治安综合治理工作纲要》为主线，紧紧围绕国省干线公路实施"安保工程"和"迎部检"中心工作，以市委、市政府创建"平安龙岩、平安单位"活动为契机，以实施《国务院关于进一步加强安全生产工作的决定》和《安全生产许可证条例》为重点，坚持"安全第一、打防结合、预防为主"的工作方针，坚持科学发展观，不断深化内部管理，推动《综治创安目标管理责任制》的贯彻落实，现将基本情况报告如下。

一、统一思想认识，加强组织领导

各单位领导不断增强综治安全责任意识和使命感，牢固树立"安全工作只有起点、没有终点"的理念，摆正安全与生产、效益、发展的关系，始终把维护政治稳定和抓好综治安全工作摆上各级领导的重要议事日程，在全局形成一把手负总责和一票否决制，并建立三级安全管理网络和"三长负责制"的安全管理模式。坚持做到综治安全工作与单位全局发展同布置、同检查、同落实，新、扩、改建工程与安全卫生"三同时"，年初有计划、平时有检查、半年有初评、年终有总结评比，经常研究和部署综治安全常项工作，并针对工作中存在的问题，以"五个提高、五个遏制、五个防止"为目标采取有效措施及时整改，防患于未然。

二、强化职工教育，提高管理素质

（一）积极开展各阶段的专项整治活动，采取以会代训、声像教育、图文专栏、知识答卷竞赛等，广泛开展多形式的综治安全法律、法规的宣传教育和培训，坚持做好养路工、换岗职工、特殊工种、车机驾驶员、民工队伍的安全教育，不断提高从业人员及各岗位人员的安全素质和规避事故的能力，做到严守安全操作规程，正确使用劳动防护用品，安全生产、文明施工。

（二）全局围绕发案少、秩序好、群众满意度高的目标，全面开展"平安龙岩、平安单位"创建活动，按照创安"八标准"和要害部位"六合格"抓好各项工作的落实。根据《企业事业单位内部治安保卫条例》和《省委、省政府关于建设"平安福建"工作意见》的精神，全面制定了创建"平安龙岩、平安单位"的总体规划和年度工作计划，完善创建工作机制和工作职责、工作要求、具体措施和责任分解，推动全局干部职工积极参与创建的浓厚氛围。充分发动群众积极开展创建无毒害单位活动，做好"打黑除恶"、查禁"六合彩"、"法轮功"专项整治，努力扫除各种社会丑恶现象，极力稳定好职工队伍，实现本辖区"七无"良好氛围。按照"预防为主、教育疏导、依法处理、防止激化"的原则，把思想政治教育与解决群众实际问题、依法调处结合起来，责任部门疏导化解与群众自治自管结合起来，采取挂牌督办、领导包案调处等形式切实加强内部单位矛盾纠纷的排查调处的针对性和实效性，遏制群体性事件、集体上访、越级上访事件的发生，极力将各类矛盾纠纷化解在基层和萌芽状态，不断增强所辖区域预防和控制犯罪的能力。通过加强群防群治队伍建设和西城街道、公安派出所、西安社区的治安联防，派员参加6月28日至7月3日"平安杯"体育运动会、治安中心户长会议、消防运动会，促进齐抓共管工作机制的建立和专群结合立体治安防控体系的形成，为全面完成公路中心工作和促进单位文明建设保驾护航，2004年度，我局顺利通过当地综治委平安创建的验收列为第一批平安创建达标单位。2005年10月，中央文明委表彰为创建全国精神文明工作先进单位。

（三）全力以赴开展"四五"普法宣传教育。一是根据全省交通系统"四五"普法规划及市委、市政府《关于在全市公民中开展法制宣传教育的第四个五年规划》的精神，我局从2001年到2005年，在全市公路系统范围认真组织开展了"四五"普法宣传教育工作，并结合实际情况有针对性地做好领导干部、行政执法人员、重点涉密人员的"四五"法制教育，及时研究和解决普法工作中出现的问题，全面加强了安全保卫、保密的自身防范工作和人防、物防、技防措施的落实，五年来无发生泄密事件和各类案件，有力推进了"四五"普法工作的顺利开展；二是以人为本抓普法教育，全面提高职工队伍整体素质。重点组织学习邓小平理论、"三个代表"重要思想、党的十六大和十六届五中全会精神及《宪法》、《公民道德实施纲要》、《党内监督条例》、《纪律处分条例》、《公路法》、《安全生产法》、《行政许可法》等法律、法规，并突出宗旨教育、"三观"、"三德"教育。采取"请进来"与"走出去"相结合方法，请专家学者到单位进行集中辅导举办普法知识讲座。由领导和有关部门负责人为职工作法律知识讲座外，路政部门还聘请了常年法律顾问经常性对职工进行与公路相关的法律、法规的知识辅导，并积极指导路政法律文书的制作，规范行政诉讼的程序，提高路政办事效率；三是全局干部职工逐步形成了全程学习、全员普法、团队学习的良好氛围。通过学法、用法，进一步增强了领导班子依法管理，依法经营的决策能力，促进了路政执法队伍依法行政的整体水平，提高了全体干部职工运用法律武器维护单位、个人合法权益的能力，较好地形成了依法管理，依法治路的工作格局，取得了普法预期的效果。为改善闽西公路交通环境，推进"平安龙岩、平安单位"创建和为海峡西岸经济区建设奠定了良好基础。

三、突出管理重点，落实防范措施

（一）全年综治安全工作突出抓好重点要害部位和事故易发部位的监督管理，认真推行《综治创安目标管理责任制》，层层细化量化到人、到岗。常年重点抓好施工工地、砂石料场、火工用品、车机驾驶、临时用工、锅炉压力容器、事故多发路段"黑点"整治、危旧房屋、燃料库、沥青库、配供电房及财务室、微机室、机要档案室、现金票证、贵重物品、交通战备等密级资料的安全保卫管理，认真做好单位内部防火、防盗、防破坏、防事故四防工作，全面落实好人防、物防、技防、保密措施，有效遏制各类案件和事故的发生。

（二）重抓了各阶段安全专项活动的整治和检查整改。各单位结合综治宣传月活动、安全生产月活动、公路防汛防毁、班站用火用电、防雷安全、今冬明春消防安全、道路运输安全"三加强四整顿"等各阶段的专项整治活动，及时开展了高密度、多层次、全方位、经常性的综治安全检查，针对发现的问题制定"三定"整改，切实使"四防"工作落实到位，防患于未然。并有重点地加强节庆期间的安全保卫和公路施工保畅以及道路"黑点"整治工作，制定好处置各类突发性事件的预案。全面完善公路标志、标线、防护设施，加强桥梁、隧道的观测和养护管理，并加大危桥改造力度。今年完成危桥改造6座，投入资金146.67万元。按规定设置险情路段、施工路段的警示标志和安全防卫技术控制，及时消除安全事故隐患,确保单位内部和辖区的治安安全和公路安全畅通。

(三)今年因连续下降暴雨,我局水毁灾情十分严重。据统计,路面溜方46万多立方米,路基缺口、挡土墙坍塌2.2万多立方米,路基滑坡13处,桥梁冲毁2座,路面冲毁130公里,经济损失约1.1亿元。全局公路职工全力以赴投入抗毁抢险工作,发扬了"经费不足汗水补"的公路奉献精神,夜以继日奋战在抢毁工地,保障了公路安全与畅通。

(四)继续实施公路"安保工程",全年投入资金700万余元,在长汀梁坑、凹头岭、上杭中心坑、古西线走马岭等处投入经费40.2万元修筑了804余米钢筋砼防撞墙,并投入30万余元在长汀南田畲、龙岩新祠开挖2处90米长的视距台,投入经费7.89万元设置示警桩1577根,投入经费370万元设置安全标志685面,投入经费220万元完善标线200km,有效消除了多起车毁人亡交通事故的发生。

四、存在问题和打算

全年综治安全管理工作做到勤宣传、勤检查、勤督促、警钟长鸣、常抓不懈,平安创建工作"六无"面达90%以上。10月18日,武平城关班钟新荣驾驶龙马养护车在路边石料场装石料行驶中突然发生机械事故侧翻下边坡,致使车上一女工死亡,通过事故举一反三加强车机管理、车辆维护和驾驶人员安全行车宣传教育,杜绝类似事故的再次发生。我局将继续按照每年签订的《综治创安目标管理责任制》的目标任务,着重抓好生产场所易燃、易爆、易塌落和可能造成人员伤亡的环境、设备、物资的安全监督和技术控制,做好事故预防与控制,推动全年安全工作的顺利开展。

××市公路局

二○○五年×月×日

【简析】

这是一份某单位就某项具体工作所做的年度总结,既有对上年工作成绩的总结,又有存在问题分析和今后工作打算,内容完整、集中、具体。整个内容以小标题的形式分为几大部分,层次清晰。

【例文二】

温州市环保局2008年上半年工作总结

2008年以来,我局贯彻落实省市"两创"精神,以生态文明的核心,深入开展生态建设和环境整治,积极启动新一轮"811"环境保护工作,抓重点,促全局,各项工作得到较好开展。全市生态环境质量在去年基础上总体保持稳定,局部地区和个别指标有所改善。上半年温州市区环境空气质量Ⅱ级以上天数为145天,优良率为95.4%,楠溪江和飞云江水质优于去年同期;瓯江干流、鳌江和温瑞塘河水质与去年同期持平。饮用水源稳定达标,突出的环境污染问题逐步得到解决,全市没有发生重大环境污染事故和因环境引发的重大群体性事件。

一、省、市目标责任工作全面开展

今年以来,我局对市委、市政府和省局对我局的目标责任工作,及时分解落实,积极谋划推进,各项目标工作均已启动,部分目标工作已得到完成。编制完成"811"新一轮环境保护工作计划,已报市政府审定,部分工作已提前启动实施。为巩固原"一江两业十六区"整治成果,多次开展后督察行动。完成污染源普查第一次数据上报工作。主要污染物继续保持双下降趋势,预计我市上半年化学需氧量削减率为10.36%,二氧化硫削减率为7.3%。电镀污泥处置中心主体工程基本建成。污染物排放总量控制和排污权交易制度文本基本编制完成,即将送市法制办审定。全市生态功能区规划已编制完成,市政府已颁布实施。已起草生态补偿机制,正在市政府审议中。市县两级监控中心和147家重点污染源在线监控系统基本通过验收,投入使用。加强珊溪水利枢纽水源管理,基本完成分局公务员招录。制定并实施了温瑞塘河工业污染源整治方案,并开展了一次"保护母亲河"专项执法行动。开展沿海产业带环保问题调研,市政府已发文组建有关工作领导小组。协同有关部门开展清洁生产审核、督促城镇生活污水处理厂及配套管网建设、大罗山保护等工作。依法、全面、足额征收排污费,约为610万元。建立了环境信息公开制度,召开了2007年全市环境质量状况报告记者招待会,围绕"六五"环境日开展了一系列宣传活动。

二、环保重点工作深入推进

根据省、市有关部署,我局紧盯目标,狠抓重点,分管领导专项负责,并实施跟踪督查,重点环保工作得以顺利深入开展。

(一)主要污染物排放继续保持双下降趋势。今年以来我市采取了一系列有效措施,促进主要污染物减排。(略)

(二)"811"环境保护新三年计划启动实施。(略)

(三)生态建设工作稳步开展。(略)

(四)污染源普查完成数据上报任务。(略)

三、日常职能工作有序进行

(一)保持高压执法。一是加大执法力度。继续开展督查行动和"碧水蓝天"专项执法行动,市局突击检查企业375家次,立案60件(生态园分局19件),罚款166.5万元(生态园分局19.5万元)。征收排污费约610万元(生态园分局约37.5万元)。立案679件,罚款1786万元,个案均额为2.74万元。二是加强奥运应急准备。召开奥运安保工作会议,落实核辐射恐怖活动应急机制。指导和督促各县(市、区)制定北京奥运会期间突发环境事件应急实施方案,加强应急戒备,开展应急演练。对我市32家重点监管企业,对全市的Ⅰ、Ⅱ、Ⅲ类放射源、乙级非密封放射性工作场所、Ⅱ类射线装置的12家单位进行现场检查。从5月1日起至奥运会结束,实行突发环境事件信息执行周报制度,及时掌握各地的环境安全动态。三是推进区域污染整治。除开展保护"母亲河"环保专项执法行动方案外,重点对龙湾区54家PU合成革企业生产线、配料车间封闭及通风系统和废气收集系统进行全面摸底检查,并推进整改。目前龙湾区54家PU合成革企业已陆续进入监测阶段。四是加强固体废物和工业垃圾管理。上半年开展了全市非经营性危险废物焚烧单位、危险废物重点管理单位、卫生诊所的医疗废物处置和进口废物企业进行等多项专项检查。五是较好处置了瑞安辐射废料流失事件、永嘉桥下饮用水源污染、珊溪水库地表水锰超标、乐清雁荡山酒厂安全事故等多起突发性事件。

（二）环保基础能力建设不断提高。（略）

（三）环境监管方式逐步转变。（略）

（四）常规工作较好开展。一是信访和提案工作。今年上半年(1—5月份),温州市共受理各类环境信访投诉3 849件。相比去年同期3 485件,信访量增加了364件,增幅为10.4％。以上投诉件均已得到较好处理。受理人大、政协提案66件,均已分解到位。二是队伍建设工作。为深化拓展"树新形象、创新业绩"主题实践活动,实施了"创业创新五组专题调研"、"领导干部五层面结对联系"、"环保咨询服务团五批次基层行"、"组织五场创业创新民主恳谈会"、开展"百日攻坚五大难题"、"出台五项创业创新政策"等"六个五"活动。目前各项活动均按照计划正在实施中……

（五）环保宣传氛围浓厚。我市各媒体已刊发环保类新闻报道300余条,刊出"环境保护专版"20期。编印《温州环境》6期,围绕"6·5"世界环境日,举办"绿手袋"公益发送活动,向市民分发环保购物袋10万个,与鹿城区教育局联合主办的"绿色小脚丫"环保活动,举办第三届杭甬温"生态环保行"大型新闻宣传报道活动,配合省体育局和省环保局开展了"携手迎奥运,关爱健康钱江环保行"温州现场大型活动。围绕世界水日,开展我取浙江"八杯水"浙江生态省建设及"811"工程阶段性成效调查活动,与温州商报等6家单位联合举办了纯清"水源生态之旅"活动,向市民征集个人日常节水护水金点子50多个。为宣传推进污染源普查工作,于3月份全市开展了主题宣传月活动。据统计,宣传月期间,各地普查办联合媒体记者以专题、专栏、新闻等形式对普查进行集中报道共61篇,电视滚动播出普查标语3 102次,悬挂横幅3 136条,向群众发放污染源宣传资料共38 666份,印发《致污染源普查对象的一封信》共计约6万封,张贴海报约5 000份,手机短信约10万条,专栏墙报数量达557处。依托啸秋中学,深化湿地村民环保学校建设,积极开展"环保四进"工作(进社区、进学校、进企业、进乡村),宣传普及《浙江省温州生态园保护管理条例》,指导创建生态村。

【简析】

这是一份全面工作总结。正文包括前言和主体两部分,前言简要概述工作基本情况,主体部分从三个方面总结了工作中取得的成绩和经验,充分利用一些真实的事例和确切的数据进行阐述,内容充实、完整,层次清楚。

3.4　简报

3.4.1　简报的概念

简报是机关、团体、企事业单位内部,或者是某项中心工作、某次重要会议中所使用的沟通信息、交流经验、反映情况、汇报工作的一种文体。

简报虽然不是一种正式的公文,但却在机关、单位中被广泛地应用着,许多机关、单位都是靠简报这一渠道来交流情况、反映问题。多数情况下,简报只在内部传阅交流。有的简报是专门给某些领导看的,更应注意阅读范围的限制,以提高保密性。其特点是文字短、内容新、反应快、形式活。

简报有多种名称,如"××简讯"、"××信息"、"××动态"、"内部参考"、"情况反映"、"情况交流"、"××通报"等。

3.4.2　简报的类别

从不同角度对简报有不同的分类,按内容来分,可分三种。

1)工作简报

工作简报包括综合简报和专题简报,是为了推动日常工作而编发的。综合简报全面、综合地反映了本单位、本部门日常工作进展情况、思想动态、成绩缺点等概况。专题简报主要是为配合某项重要工作或针对当前某项中心任务,掌握思想动态、交流推广经验而编发的。在所有简报中,工作简报的时效性相对较差。

2)信息简报

信息简报又称动态简报,主要反映各部门、各领域新近出现的新情况、新动态,如《楼市信息》、《财经动态》等。这类简报多在一定时期内不定期制发,最为快捷,且信息量较大。

3)会议简报

会议简报主要用于反映重大会议的情况,反映会议交流的经验和探讨的问题,传达和贯彻会议精神和决议,可视会期长短及规模在会议期间编发一期或多期。

3.4.3　简报的编写

简报分报头、报体和报尾三部分。

1) 报头

报头又称版头,位于简报首页上端,占首页 1/3 的版面,下有分割线将报头与报体部分分开。报头包括以下四个必备要素:第一,简报名称,如《水利工作简报》。一般套红印刷、居中、字体稍大。第二,期号,位于简报名称正下方。第三,编发单位,位置在期号的左下方,写明编发单位名称。第四,编印日期,位置在期号的右下方,与编写单位平行。除以上四个要素,视具体情况,还可以增加简报编号、密级等要素。其中,密级在报头左侧上方位置,标注“内部刊物”或“秘密★1 年”。简报编号在报头右侧上方位置。

2) 报体

报体又称版面、报核,是简报的主体部分。

（1）标题。简报标题类似新闻标题,可采用单标题或双标题的形式,要简洁明快地交代事实、揭示中心,突出醒目、简短、富有吸引力的特点,如《青山绿水,我们的家园——××县发起环境整治活动》、《如何加强城市流浪乞讨人员的救助与管理》等,用提问式或较为形象化的语言作为标题,可较好地引起读者的关注。

（2）正文

正文一般包括导语、主体和结语三部分。

第一,导语。导语是简报正文的开头部分,用简洁的语言,概括全文要点或提出主要问题,或点明文章主旨。

第二,主体。主体是简报的核心,是对前言的展开,具体叙述简报所要报道的主要内容。由于简报的内容各异,所以主体部分的写法也不同。

第三,结语。结语因文而定,可以主体部分结束后自然作结,也可以用一句话或一段话,或概括内容,或指出事情的发展趋势,或提出希望与号召。

3) 报尾

报尾在简报末页的下方,由一条粗横线与报体隔开。主要包括发送对象、发放范围和印制份数。左侧标注本期简报的“报、送、发”单位名称,其中,报是给上级领导机关的;送是平级或无隶属关系的单位的;发是给下级的。右侧注明本期印数。

3.4.4　简报写作应注意的事项

1) 简报的编发要及时快速

时效性是简报突出的特点,编发及时快速才能体现简报的意义。

2) 内容应真实新颖

简报的材料必须是现实中的真实情况,不可随意编造;同时简报所选择的事件应是新情况或新经验,只有这样才具有交流与传达的价值。

3) 内容集中、文字简约

简报是一种简短、灵便的文书,在写作中应用简洁的文字围绕一个主题进行阐述,字数一般较少,最多不要超过 2 000 千字。

【例文一】

富民县第一次全国污染源普查工作简报

第 10 期

富民县第一次污染源普查工作领导小组办公室　　　　　2008 年 3 月 10 日

富民县召开第一次污染源普查入户普查工作会议

为顺利推进我县入户普查工作的开展,我县第一次污染源普查工作领导小组于 2008 年 3 月 6 日在我县环保局会议室召开了入户普查工作会议,对入户普查的相关工作进行安排。

会上,领导小组办公室主任介绍了普查办前阶段工作进展情况,并就下步工作进行安排。要求各普查员及普查指导员要遵守工作纪律,做到持证上岗,认真执行《普查条例》及《实施方案》的要求,完成好生活源、工业源入户普查的各项工作,确保普查工作质量。在普查验收阶段,按照与各乡镇签订的目标责任书进行考核。工业组、生活组组长分别针对此次入户普查工作的组织分工、人员分配、完成时间、入户普查的方法与步骤等作了具体安排。根据各乡镇对普查表的需量情况下发了普查表,并就实际填报过程中容易出现问题的指标作了详细的讲解及说明。还认真听取并解答了各普查员、普查指导员提出的在实际工作中存在的问题。

通过召开此次入户普查工作会议,进一步明确了责任到人,确保了普查表填写的质量,使我县的普查工作能顺利有效地开展下去。

【简析】

这是一篇会议简报。反映了会议召开情况。正文的前言简单交代情况,主体部分围绕前言展开叙述。结构简明,内容集中,语言简练。

【例文二】

毛巾领军企业去年出口保持较快增长

2008 年,受国际市场需求下滑等因素影响,中国毛巾产品出口遭遇贸易寒流,全年累计出口 9 927 万美元,下降 14.86％。尽管毛巾出口总体呈现下滑态势,但中国的毛巾领军企业出口却逆势上扬,仍保持了较快的增长速度。

据了解,2008 年,孚日、亚光、金号等企业出口均呈两位数增长,内销也保持了较快的增长速度,有的企业销售额增长超过了 50％。

究其原因,一方面,因这些企业产品品牌优势明显、市场渠道完善,有稳定的客户群体,市场主动性较强;另一方面,这次席卷全球的金融危机给他们带来了新的国际市场发展契机。如很多海外大客户处于多种考虑不再向以前合作的小企业下单,而是寻找有保障的大企业合作,从而给这批优质企业带来了更广阔的海外市场发展空间。

【简析】

上述例文是一篇行业信息简报。内容简单明快,对毛巾生产企业的大体发展状况进行简要的报道,是对这一行业的信息引导。

3.5　述职报告

3.5.1　述职报告的概念、种类

述职报告是指任职者向组织人事部门、上级领导机关或本单位职工陈述自己在任职一定时期内的工作情况的自我评述性报告。

作为个人对任职期间履行岗位职责情况的书面陈述报告,述职报告有助于正确考核与评价个人,有利于提高个人的工作素质与能力。

述职报告的种类很多,从时间上分有任期述职报告、年度述职报告和临时述职报告;从主体上分有个人述职报告和集体述职报告;从内容上分则有专题性述职报告和综合性述职报告。

3.5.2　述职报告的特点

1) 自述性

述职报告是报告人以第一人称回顾和总结自己任职期间的工作表现等基本情况。

2) 自评性

述职报告在陈述基本工作表现的前提下,要求报告人对自身从德、能、勤、绩等方面做出客观中肯的自我评价与鉴定。

3.5.3　述职报告的写作格式

1) 标题

一般用单标题,如"述职报告","××××年任××职务期间的述职报告"。有时也可用双标题。

2）署名及日期

署名及日期可以写在标题正下方，也可以写在正文后。

3）称谓

即述职者面对的对象或呈报的部门，如"各位领导"、"董事会"等。

4）正文

述职报告的正文包括前言、主体和结尾三部分内容。

（1）前言是概括说明任职背景、任职时间、分管工作、岗位职责及取得的实绩。

（2）主体是述职报告的核心内容，明确交代自己的职责，工作思路、工作的指导思想、取得的工作实绩和经验、工作中存在的问题和教训。要选取有代表性的典型事例着重介绍。

（3）结尾即结束语。或者阐述今后的工作设想和决心，或者用一些习惯用语如"特此报告"、"以上报告，请领导和同志们批评指正"等作结。

5）落款

署名及日期，如标题下已标明，此处可省略。

3.5.4 述职报告写作应注意的事项

1）态度端正、内容实事求是

写述职报告时，首先态度要端正，要严肃认真，客观公正，陈述事实要实事求是。既要突出成绩，又要评价准确、适当，不能故意夸大或缩小；缺点和不足的地方也要说透。

2）要突出重点，体现个性

写述职报告时，要精心选材。要重点分析最能说明自己成绩的工作和做法，不必面面俱到。

3）语言要朴素、简明

述职报告的语言不要夸饰，也切忌空话，语言朴素、简明、实在，才具有可信度和说服力。

【例文】

述 职 报 告

×× 局副局长　王 × ×

各位领导、各位同志们：

我××××年协助局长分管劳动人事处、监察审计处、机关党委和离退休人员管理处等四个部门的工作。一年来在自治区党委和国家局的领导下,在分管部门的共同努力下,我局的党建工作、思想政治工作、劳动人员管理工作和监察审计工作以及离退休管理人员的管理等工作得到了加强,我的自身素质得到了提高,主要工作如下:

一、认真学习政治理论,坚持党的"一个中心,两个基本点"的基本路线,坚持民主集中制原则和全心全意为人民服务的宗旨,自觉遵守中纪委有关领导干部廉洁自律的政策和规定,处理问题大事讲原则、办事公道正派,工作认真负责,注意搞好局领导之间的团结与协作。通过"三讲"教育,受到了一次较为深刻的马克思主义党性教育,提高了自身素质,增强了党性修养,思想上、政治上、作风上、纪律上都有明显进步。

二、我局的党建工作和政治思想工作,我在思想上和行动上是重视的,按照自治区党委和区直工委的部署和要求,紧紧围绕以经济建设为中心和做好储备部门的各项工作来开展,坚持对学员和干部职工进行政治理论、党的路线方针政策、形势任务、爱国主义、集体主义和社会主义教育,宣传先进典型,引导党员和干部职工树立正确的世界观、人生观、价值观,调动党员和干部职工的积极性、创造性,培养有理想、有道德、有文化、有纪律的职工队伍。一年来,采取不同形式组织党员和干部职工学习邓小平理论和党的"十五大"精神;开展学习抗洪英雄李向群和优秀共产党员王任光先进事迹的活动;开展揭批"法轮功"邪教组织的活动;参加自治区"三五"普法学习和考试;声讨以美国为首的北约轰炸我驻南使馆的暴行。除抓学习和教育外,还同机关党委经常分析研究我局党员和干部职工的思想动态、情绪要求,发现问题及时找其谈话,做好政治思想工作。我局的干部职工队伍是稳定的,精神状态是比较好的,干群关系、党政工青妇之间的关系是融洽的。通过抓政治思想工作,发挥了党组织的战斗堡垒作用,提高了党员干部职工的思想觉悟,调动了大家的工作热情,增强了责任心,确保了各项工作的完成。

三、劳动人事管理工作,着重抓好以下三方面的工作:

(一)把握好政策。如工资政策、招工和安置政策、社会保障政策以及其他有关劳动人事方面的政策。特别是一些政策强而且又涉及职工切身利益的政策,做到严格把关,按政策规定办理,能够公开的政策就不搞神秘化,让职工懂得政策,有利于相互监督,执行好政策。在执行政策中发现办错的及时纠正。

(二)抓好各基层单位班子的建设。平时重视对局中层干部的管理、考察和考核。尽可能参加基层单位的党委民主生活会,及时掌握和了解班子的情况。对中层干部的任用,严格执行《党政领导干部选拔任用工作暂行条例》的规定。坚持德才兼备,任人唯贤,反对任人唯亲。考核干部坚持客观公正的原则,坚持按照考核程序和规定,听取有关层次人员的意见,在局党组没有研究决定任用前不许愿,不承诺。

(三)抓××处"三项制度"的改革试点。××处从××××年元月开始进行机构、劳动人事、分配制度改革。在改革中,通过会议形式和个别谈话,听取处干部职工的意见,并做好改革动员工作。改革后,机构设置合理,管理工作进一步理顺,劳动用工实行双向选择,分配上与单位效益挂钩,乱发钱物问题基本得以纠正,逐步改变了干部职工旧的计划经济传统观念,为今后进一步深化改革打下基础。

四、监察审计工作方面,按照中纪委和上级纪检监察部门的要求,把继续抓好领导干部廉政建设、抓大案要案和纠正行业不正之风等作为纪检监察部门的主要任务。一年来我局没有违法违纪案件,没有发现行业不正之风和乱收费现象,没有收到群众举报的信件。我局在执行中共中央国务院关于党政机关厉行节约、制止奢侈浪费行为的八项规定方面是好的,如我局的各种会议做到了控制会议人员、控制会议时间,吃住基本是安排在内招。总之,储备系统艰苦奋斗、勤俭节约的老传统还没有丢。

五、对离退休人员管理方面,主要是落实好他们的政治、生活待遇政策,组织他们学习,安排一些集体活动等。凡是政策规定的待遇都得到落实,我局对他们的生活是关心的,如一些文件要求给他们传达的,都能及时传达;过年过节除慰问外,还就近安排一些活动;有病住院的,组织有关部门去看望问候等。

在过去的一年里,自己做了一些工作,但大量具体的工作是同志们做的。自己在工作中也存在一些不足,主要是工作不够大胆,业务不够熟悉,思想政治工作有做不到家的地方,如机关个别同志纪律性不强等。在新的一年里,我将通过"三讲"教育,加强学习,克服不足,大胆管理,协助局长做好分管部门的工作,努力提高理论水平、业务水平和领导水平。

【简析】

整个述职报告分为几大块,层次分明,重点突出。引言部分先交代自身的职位和分管工作,而后进入主体部分进行详细的叙述。

内容较为全面,既有对取得成绩的叙述,又有对不足之处的分析,最后简要说明下一步的工作设想。态度严肃、认真,思路清晰,符合述职报告的各项要求。

3.6　备忘录

3.6.1　备忘录的概念

备忘录是说明某一问题事实经过的一种记事性文件。备忘录可以是备忘或保留准备将来用的非正式的记事录;也可以是帮助唤起记忆的记录。备忘录可以是一种正式的外交文件,在外交场合中常用到,另外也可作为商务会谈或业务合作的记录。

3.6.2　备忘录的类型

1) 个人备忘录

个人备忘录是记录个人事务的备忘录。

2）交往式备忘录

　　交往式备忘录是记录业务往来或人际交往之间的事务,要求记录真实具体。

3）计划式备忘录

　　计划式备忘录主要是记录将来的事,起到提醒作用。

3.6.3　备忘录的写作格式

　　备忘录的要素有时间(年、月、日、时、星期)、地点、人物和事件。

　　个人备忘录和计划式备忘录没有固定的格式,只要能把要记的事情要点及时地记下来就可以了。下面我们重点介绍正式公务交往式备忘录的写作。

1）标题

　　标题一般可直接写文种,如"备忘录";或者是公文式标题,包含单位、事由和文种等要素,如"关于加快海峡西岸经济区建设会谈备忘录"。

2）正文

　　(1)导言。导言记录双方交往或会谈的基本情况,包括双方单位名称、谈判代表姓名、会谈时间、地点、会谈事项等。

　　(2)主体。主体一般分条列项记录双方会谈的主要内容,包括商议的事项、达成的意见或共识、相关的承诺等。

　　备忘录一般不安排结尾部分,由正文自然结尾。

3）落款

　　标注会谈各方的单位名称及代表姓名,并署上日期。

3.6.4　备忘录的写作要求

　　(1)内容提纲挈领,不记事件的细枝末节和具体过程。

　　(2)文字简明扼要。

　　(3)语言朴实准确,不用议论、描写和抒情手法。

【例文一】

备　忘　录

2007.10.22(星期一)　晴

　　上午去××镇,负责人不在,未听取报告。午后返回。下午本局职工会议,作《本周工作汇报及总结》及听取职工意见报告。4点,分科室讨论。

【简析】

这是一则个人备忘录,记录内容属于个人具体事务,手法简单,只需将事件提纲挈领地说清即可。

【例文二】

岳阳市与澳大利亚科克本市政府会谈备忘录

9月24日,由市长史蒂芬·李率领的澳大利亚科克本市政府代表团在岳阳市市长罗碧升、市委副书记孔根红、副市长康代四的陪同下结束了在我市为期三天的正式友好访问。为增进两市人民的友谊,加强两市今后的合作交流,促进两市友好关系的发展,当天上午,经过近两个小时的友好会谈,岳阳市市长罗碧升、科克本市市长史蒂芬·李联合签署两市政府会谈备忘录,达成如下共识:

一、两市为进一步加深友城间的经济合作,双方同意开展加工技术、农业和畜牧业的合作。科克本市协调澳大利亚有关企业,促进此项互利互惠的合作。

二、积极推动两市间的友好交流和实质性的合作。每隔两年各派一个由4名人士组成的政府代表团互访。组织两市企业团体进行实质性互访,促成产业投资和经贸往来。互派教师教授英文和中文,互派研修生学习有关专业技术,为双方留学生提供便利。共同推动两市民间交往,促进观光旅游业的发展。互派龙舟队参加两市组织的重大赛事。

三、两市友好关系的具体工作,岳阳市由岳阳市人民政府外事办公室负责;科克本市由科克本市科克本·岳阳友好城市委员会负责。双方负责部门保持密切联系,力促友城关系在更加广阔的领域纵深发展。

中国岳阳市人民政府 　　　　　　　　　　　澳大利亚科克本市
　市长:罗碧升 　　　　　　　　　　　　　　市长:史蒂芬·李
　　　　　　　　　　　　　　　　　　　　　二〇〇×年×月×日

【简析】

这是一份政府间正式交往的会谈备忘录。内容庄重严肃,先交代双方商谈的背景情况,而后言简意赅地表述会谈内容,主要是两地政府交往中所达成的共识。内容具体,语言朴实,格式规范。

思 考 与 练 习

1. 分析题

1) 分析下面这份总结是否合适。请对照总结的写作要求加以评析。

个 人 总 结

愉快而紧张的学习生活又过去半年了,现总结如下:

一、学习方面

1. 上课能注意听讲,认真思考老师提出的问题,并能积极回答。

2. 认真并及时地完成老师留的课后作业,无拖拉现象。

3. 不懂不会的问题能及时提出。

4. 在专业知识和专业技能方面还有所欠缺。

二、品德方面

1. 能够响应党和国家的号召,拥护十五大的政策路线。

2. 积极参加学校和班级组织的各项活动。

3. 帮助同学,哪位同学有困难,能伸出援助之手。

4. 有礼貌,遇到老师能主动打招呼。

2) 试分析下面这篇简报在写作上存在的问题。

抱团过冬　应对市场挑战
——采取有效措施　抓好纺织工业生产

　　今年是纺织行业经营困难的一年,"冷滞"和短缺矛盾,表现在工业生产上,主要是原料缺口大、产品资金大、流动资金周转慢等困难。表现在商品经营上,主要是市场需要的产品进不来,库存积压的产品出不去,畅销商品货源越来越少,滞销商品越来越多。再加上多渠道流通,多层次经营,给市场带来活力的同时,也给经营带来新的困难,使纺织品经营企业受到市场多方竞争的严峻挑战。针对这种情况,河海市政府组织当地纺织企业联起手来,采取一些措施共同应对行业"严冬"。

　　2. 写作训练

1) 请以近期的一次班级集体活动为材料,拟写一份简报。

2) 以××公司市场部的名义,就公司上一年度的市场开发情况进行总结。

4 市场调研与经营决策文书

4.1 市场调研与经营决策文书概述

4.1.1 市场调研与经营决策文书的概念

市场调研的基础是调查,调查是针对客观环境的数据收集和情报汇总;调研是在调查的基础上对客观环境收集数据和汇总情报的分析、判断。调研为目标服务,市场调研就是为了实现企业经营目标而进行的信息收集和数据分析。而经营决策就是根据企业的经营目的确定企业的经营方向、经营目标、经营方针及经营方案的过程或职能。市场调研与经营决策文书就是在调研与企业经营等相关活动中所涉及的一些文字写作。

企业从事市场调研的作用在于为经营决策提供可靠的科学资料,以便正确进行经营决策。

4.1.2 市场调研与经营决策的内容

企业应以市场为导向,进行经营决策。在市场经济条件下,经营者必须洞察市场的变换情况,随时掌握供给与需求的平衡关系,了解人们的消费观念、消费水平和各种竞争因素,并结合自身的生产经营实际,确定生产经营目标,决定实施措施,方能立于变幻的市场之中。

企业做市场调研的内容有很多,如市场环境、需求容量、销售渠道和销售方式以及售后服务、消费心理、消费行为、产品品种及价格和竞争对手等。

4.1.3 市场调研与经营决策的种类

科学合理的经营决策是保证企业长期生存和发展的基础,它的内容贯穿于企业生产经营活动的各个方面和全过程。在生产经营过程中所需要解决的问题是多种多样的,因此,经营决策也有很多种类。

1) 战略决策

战略决策包括经营目标、经营方针、产品、投资、市场营销等决策。

2) 管理决策

管理决策包括设备更新改造、中层干部任免、组织机构调整等决策。

3）业务决策

业务决策包括生产方案、产品储存、产品成本等决策。

此外,还有长期决策、中期决策、短期决策以及单位目标决策、多种目标决策等。企业应重点抓好前三种决策。

企业经营决策应以市场调查、预测为基础,并经过可行性研究,提出各种方案,经过认真比较、筛选后方可制定经营决策方案。

4.2　市场调查报告

4.2.1　市场调查报告的概念

市场调查报告是用市场调查的方式收集资料,整理、分析调查所得的资料,研究并解决企业在市场销售中存在的问题,有针对性地找出正确可行的措施,最后用文字形式表述的书面材料。它反映了对市场进行调查研究和分析的结果,是领导部门和企业决策者做出经营决策、制订计划的重要依据。

4.2.2　市场调查报告的作用

1）能及时反映市场信息,为企业生产适销对路产品指示方向

市场调查报告是以消费需求作为调查的主要内容,使企业及时了解社会购买力及其资金投向,根据消费需要,研制和生产适销对路的产品,定出合理的产品价格,选择正确的销售渠道,拟定科学的市场营销战略。因此,市场调查报告对企业的生产,具有明显的指导意义。

2）为决策者制定经营决策提供科学依据,改善企业经营管理

市场供求情况是企业决策者制定经营计划和管理决策的必要依据。通过市场调查报告,使企业了解市场供求状况和发展趋势,了解和把握党和国家的有关方针、政策、法规、制度的精神,提高经营决策的及时性和预见性,并做出科学的分析,为企业决策者制订生产计划、经营决策提供信息和依据,使企业决策具有科学性。

3）促进企业生产发展,增强企业竞争能力

市场调查报告可以帮助企业及时了解产品的销售现状,了解同行业竞争对手的产品销售信息及经营管理经验(如质量、价格、销售手段等),以便及时制定合理的营销策略,充分改善现有条件,降低生产成本和造价,从而提高产品的竞争能力,促进企业生产发展。

4.2.3　市场调查报告的特点

1）真实性

市场调查报告的调查目的,主要是了解市场真实情况,为企业决策提供可靠的依据,

因此,必须如实、客观地反映市场情况,不夸大,不缩小,报告中所用的事实与数据都要真实、准确无误,这样,才能增强市场调查报告的可信度和说服力。

2) 针对性

市场调查报告的写作要有明确的目的性和针对性,如有关产品的生产、需求情况,有关市场行情等急需解决的问题。在深入市场调查之前,目的越明确,针对性越强,撰写的市场调查报告作用越明显,其价值也越高。

3) 时效性

市场调查的目的是反映市场信息。在经济活动中,市场信息瞬息万变,对任何一个企业,时间就是金钱和效益,任何过时的信息与报告,都会失去它的应用价值。所以,市场调查报告的写作必须讲求实效,调查要及时,报告要迅速。

4) 指导性

市场调查报告是应企业的生产与经营管理的需要而产生的,它不只是客观事实的叙述,更重要的是对事实的分析和概括。对事实的内在规律的探求,反映经济活动中出现的问题,对经济工作实践具有很强的指导意义和实用价值。

4.2.4　市场调查报告的种类

1) 市场产品情况调查报告

该类报告以产品调查为主,重点介绍市场对产品的数量、规格、型号、品种、性能、价格和技术服务等方面的评价、建议和要求,从而了解产品的市场地位及其占有率等信息。

2) 市场销售情况调查报告

该类报告着重介绍产品市场的分布、消费人口构成、销售规模、销售渠道、销售能力、仓储运输成本、广告费用及效果等。

3) 市场竞争情况调查报告

该类报告以调查市场竞争情况为主,具体说明市场上同类产品在质量、价格、品种、交货期限、零配件供应、经营销售方式和服务特点等方面的情况。

4.2.5　市场调查的基本方法

1) 观察法

这是调查人员到现场或通过录音、录像、照相等方式来观察或记录被调查者的言谈、行为而获得资料的方法。由于这种调查是在被调查者无所感知的情况下进行的,所获得的信息资料真实、生动,比较接近客观实际。观察法的缺点是观察不到内在因素,不能说明事实的原因及被调查者的动机,可能会因为观察对象的特殊性而使得观察结果带有片面性。

2）访问法

这是将要调查的各种问题采用"走出去,请进来"的方式,与调查对象直接面谈,从而获得有关信息资料的方法。采用访问法可以与调查对象个别交谈,也可以与数名消费者集体座谈;可以直接听取用户意见,使调查进行得深入、具体、真实,还可以采用电话询问和书面问卷的方法听取消费者的意见。电话询问虽然快捷,却受到时间限制,不能询问较复杂的内容。书面问卷比较经济,覆盖面广,可信度高,可以通过网络来进行,后期利用微机进行信息整理也比较方便,适用于各种范围的市场调查。

3）实验法

这是起源于自然科学的求证法。就是通过小规模的销售试验,调查客户的反映,以此来预测产品的销售量,最后决定是否批量生产,投放市场。实验法的应用范围较广,商品在改变品种、式样、包装、价格时,都可以采用此种方法。市场上常见的试销会、展销会和订货会等,都属于实验法的范畴。实验法信息反映迅速、准确,可信度高,但成本较高。企业在大规模生产前往往采用这种方法,调查消费者的反映,预测产品的销售量。企业小规模生产一般不采用实验法。

4.2.6　市场调查报告的结构

市场调查报告一般由标题、前言、正文和结尾四部分组成。

1）标题

（1）公文式标题。公文式标题通常由调查范围、对象、内容和文种几个要素构成,前边加上引导词"关于",如《关于哈尔滨市家电市场调查报告》。这类标题简单明了,但过于平淡,缺乏生动性。

（2）新闻式标题。新闻式标题的拟题方法是将调查报告的中心内容简明扼要地揭示出来。这种写法分为单标题和双标题两种,单标题如《红富士苹果在西安市场畅销》;双标题如《传统商业走向现代商业的探索——北京市连锁商业调查》。无论用哪一种形式作标题,都必须简洁、准确、新颖、醒目,概括出全文的基本内容。

2）前言

前言是市场调查报告的开头部分。它主要概括介绍调查的时间、地点、对象、内容、范围、目的以及所采用的调查方法等,也可以简略陈述调查的结论。写法上一般是点到为止,不需要详细说明。有的市场调查报告也可以不写前言,而把它放在正文部分。

3）正文

正文是市场调查报告的主体。正文主要是根据调查所获得资料的性质和内在联系,集中反映调查的成果,对分析预测及所提建议等加以详尽阐述。从内容上看,正文一般包括如下几个部分。

（1）情况介绍。对调查对象做具体的介绍和分析。一般以文字说明为主,必要时也以图表及数字进行补充说明。

（2）分析与结论。在充分占有翔实的材料、准确的数据、典型的事例的基础上,运用科学的分析方法,全面剖析,综合衡量,以得出正确的调查结论。市场调查报告虽不以预测为重点,但往往也对市场的变化有所展望。分析内容包括产品需求量、新产品的开发、消费习惯的变化和市场走向等。

（3）对策与措施。对市场调查中发现的各种矛盾、不稳定因素和不利条件,提出有针对性的、切实可行的措施和办法,为企业管理者制定决策提供可靠依据和参考意见。

4）结尾

结尾是全文的终结,通常与前言相照应,起到概括结论、强调主旨、加深印象以及呼应开头的作用。有的市场调查报告的结尾部分在主体部分已阐述,可以略写或省去。

市场调查报告的结构形式要为报告的内容服务,要从实际出发,灵活运用,不必要也不可能按一个固定的模式来写市场调查报告。

4.2.7　市场调查报告的撰写要求

第一,要深入调查研究,充分占有材料。

第二,要坚持实事求是,如实反映情况。

第三,要做到语言准确、简练、朴实,不崇尚浮华辞藻。

【例文】

发展中的化妆品市场

改革开放以来,我国化妆品市场呈持续发展的势态。化妆品销售额"六五"期间平均年增长率为 15％,"七五"期间平均年增长率为 32％,1991 年和 1992 年平均年增长率为41％。从属于各部门和各种所有制形式的化妆品厂家也大量增加,由 1980 年的 66 家发展到 1994 年的 3 600 多家,大大加快化妆品走向市场的步伐。

综观中国化妆品市场现状,主要有以下特点:

（1）化妆品消费处于初级阶段。尽管人们的化妆品消费水平有较大提高,但人均消费基数偏低。1993 年中国人均消费约 7.5 元,人们对化妆品的需求大多出于基本的清洁护肤和洗发护发的需要,而且消费者的性别、年龄分布集中,年龄在 14～44 岁的女性占了年消费总体的绝大多数。

（2）化妆品消费具有梯度性。中档化妆品的消费比例高,而高低档化妆品的消费比例低,城乡差别依然明显。

(3) 竞争日趋激烈。目前,化妆品生产厂家国有、合资、独资企业之间的竞争异常激烈,90%的报刊、杂志上有化妆品的广告,尤其洗发、护发类化妆品的竞争更为激烈,天津威娜宝,北京华姿,上海蜂花、申花,广州飘柔、海飞丝趋向一类产品多种品牌。中高档口红系列由天津"奇士美"独领风骚,同时中国香港、台湾等地区独资企业的品牌羽西系列、郑明明系列亦在市场上占有一定份额,上海、广东、江苏等地厂家也已进入竞争激烈的口红市场,价格档次在 40~60 元的口红销售较旺……目前,年销售额在 2 亿~3 亿元的化妆品生产厂家不超过 6 家,在 1 亿~2 亿元的不超过 10 家,原因是近年来小型化妆品企业大量涌现,技术水准和产品质量较低,国外名牌企业进入中国市场碰到诸多困难,而一些国有骨干企业又处于调整阶段,再加上消费者缺乏科学的化妆品消费知识,盲从广告,追求立竿见影的效果,同时国家政策又具有一定的不均衡性,地方性保护,市场法规不健全,假冒伪劣产品扰乱市场,这些因素综合在一起就造成了竞争过于分散的现象。对此,政府部门已引起重视,并着手进行改善。当前,市场上化妆品销售有以下几个特点:

(1) 少数名牌产品独领风骚。名牌产品价格超出普通化妆品近 30%,80~100 元的香水市场销售看好,护发品种中外合资产品占了近 80% 的市场,其中海飞丝、潘婷、舒尔曼、威娜宝、飘柔等价格在每瓶 20~40 元之间者占据了主要市场。

(2) 产品趋向规模系列化经营。护肤品向洁肤、润肤、增白、去皱、防晒、美颜等系列化发展;口红多彩变色、无色;香水向性格化等发展。化妆品生产厂家生产日趋系列化,化妆品以多种形式进行销售,抢占市场。

(3) 包装日趋精美。突出产品个性和企业形象,产品更新换代日趋频繁,良好的包装刺激了消费欲望。

(4) 产品直销,尤其在中国香港、台湾地区的独资企业较为盛行,借国际成功经验,结合国情,开辟了一条新路。

从发展趋势来看,预计 1995 年中国化妆品市场将以 40% 的增长率向前发展,5 年后的销售额将达到 500 亿元,其发展必将带动与之相关行业的发展,而传统的中医理论和现代化科学技术的结合也将使中国的化妆品工业在天然中草药化妆品方面有所突破。

今后的化妆品市场发展趋向如下:

(1) 美容用品作为化妆品主流,仍保持上升趋势。美颜、护肤用品需求趋稳,减皱、抗衰老化妆品受使用效果限制,消费将在徘徊中进行。

(2) 发胶、摩丝等其他类型美发用品深受时髦男女喜爱,市场仍将保持活跃增长势头;洗发、护发、养发用品需求将向中高档发展,增长较为平衡;染发、生发用品需要注重疗效。

(3) 天然化妆品市场需求将显著增长,遵循回归大自然的准则,更多提炼天然植物和珍奇药物,不加色素的化妆品越来越受欢迎。

（4）值得注意的是儿童嫩肤、婴儿香皂、洗发香波等也具有巨大的市场。

（5）男士化妆用品由新兴逐渐走向成熟，尤其是头面修饰和洗沐用品，以及男用香水系列。

【简析】

这是一篇关于我国化妆品市场发展情况的市场调查报告。前言、正文概述我国化妆品市场的发展状况，主体部分对化妆品市场的现状及化妆品销售情况进行分析研究，归纳出市场现状及销售两个方面的特点。结尾处指出我国化妆品市场今后的发展趋势。观点正确，材料翔实，真实客观，层次清晰，格式规范，具有一定的实用价值。

4.3　市场预测报告

4.3.1　市场预测报告的概念

市场预测报告是反映市场预测过程及其预测结果的一种书面报告，是根据市场调查得到的信息、资料，运用科学方法，对未来市场的需求变化做出分析、判断和推测，并把这一分析、推测和判断的过程及发现的规律用书面形式反映出来，为企业计划和经济决策提供依据。

4.3.2　市场预测的作用

1）制定企业发展规划的基础

预测是生产的先导。对市场进行准确预测，及时掌握市场变化趋势，能够增强企业生产经销的自觉性，减少和防止盲目性，是企业开展经济活动、不断改革创新的重要保证，是企业制定发展规划的基础。

2）有利于企业经营管理

通过正确的市场预测，能为企业提供科学的经济情报，使企业在竞争中掌握主动，避免风险和危机；能为企业经营决策提供科学依据，使企业健康发展。

4.3.3　市场预测报告的特点

1）预见性

市场预测报告的最大特点是对事物未来发展方向和特点的事前预测。这就要求市场预测必须经过充分的调查研究，运用有关的经济学理论和方法，正确地分析研究有关的数据资料，做出准确预测。

2）科学性

客观的经济现象在各个发展阶段上往往具有一定的内在联系。市场预测就是通过对经济现象的历史和现状的分析,掌握内在联系,揭示发展规律,并推测未来的发展趋势。市场预测不只凭借实践经验来进行,更要依据科学的方法加以分析研究,力戒主观盲目,在占有详尽的信息资料的基础上,经过严密的推理和科学的运算,得出准确结论,从而保证预测结果的科学性和精确度。

3) 时效性

市场预测报告必须及时对市场和产品的发展方向做出预测并且及时将预测信息传递给有关部门,使企业及时准确地把握市场的现状和未来的发展趋势,在竞争中掌握主动。

4.3.4　市场预测报告的种类

按预测的范围划分,可分为宏观预测报告和微观预测报告。一般地说,宏观预测和微观预测往往结合起来进行,这样得到的数据更为准确和可靠。

按对象划分,可分为市场需求预测报告、市场占有率预测报告、产品发展预测报告和资源预测报告等。.

按空间层次划分,可分为全国性市场预测报告和地区性市场预测报告等。

按时间层次划分,可分为短期、近期、中期和长期市场预测报告。

4.3.5　市场预测报告的结构

市场预测报告一般由标题、正文和结尾三部分组成。

1) 标题

市场预测报告的标题一般有两种。

(1) 公文式标题。公文式标题由预测范围、期限、对象和文种构成,如《北京地区 2008 年家用轿车需求预测》、《2007 年全国家用电器需求量预测报告》等。

(2) 新闻式标题。新闻式标题没有“预测”字样,与新闻标题类似,但是能看出含有预测的意思,如《今冬取暖器市场旺中趋缓》、《我国高速公路建设展望》、《家用冰箱市场有多大》等。这种标题有的是单标题,如上文;有的是双标题,如《今年电风扇市场发展趋向——讲究装饰,追求舒适》。

2) 正文

正文一般由前言和主体两部分组成。

(1) 前言。前言一般简要介绍写作动因或说明有关情况,如预测的范围、对象、主要内容、主要观点或数据等;也有的预测报告不写前言,而将其内容放在主体部分加以说明。

(2) 主体。主体一般包括以下几部分:

第一,回顾历史,说明现状。根据经济现象的历史发展,用翔实准确的材料来说明市场的发展现状,这是分析预测的前提和基础。说明现状应包括以下内容:一是企业自身状况,二是产品供求状况,三是消费者状况。在写作之前对历史和现状的有关材料和数据的收集要全面、充分,但在写作过程中,则要根据预测的目的和需要,有重点地加以取舍,抓住直接影响未来发展趋势的基本情况,突出主要矛盾和重点内容。

第二,分析事实,预测发展趋势。这是预测报告的核心内容。即根据上述各种资料进行分析研究,总结规律,预测产品发展趋势,为企业产品的技术革新和发展提供依据。这一部分在写作上既要提出明确的预测结论,又要以充分的证据来论证预测结论;既要预测事物发展的总趋势,又要预测总趋势中会出现的某些变化;既要预测可见的、已出现的因素的影响,又要考虑潜在的、突变的因素的影响;既要考虑客观因素,又要考虑主观因素。

第三,提出建议和设想,为经济决策提供参考。市场预测报告的目的是预测市场发展趋势,为企业规划未来发展提供依据、建议或设想,使企业避免风险和危机。因此,必须科学、可靠、准确。

3) 结尾

结尾可以归纳全文,以深化主题;可以重申观点,以加深认识;或也可以只写上预测单位(或个人)姓名,并注明时间。

在写作过程中,上述内容可有所侧重或有所省略,如有的预测报告没有前言,有的预测报告把主体部分的历史回顾与现状分析写得十分简略,只把预测结果陈述出来,有的预测报告不写建议。但分析、预测部分不可缺少,它是预测报告的核心和重点。

4.3.6　写作注意事项

1) 实事求是

即要立足于客观实际进行分析预测。分析资料数据要力求忠于事实;推断未来经济活动趋势更要以客观事实为出发点。要客观地报告预测结果。对预测结果所显示出来的必然趋势,应将其必然性规律准确地揭示出来;对预测结果所显示出来的可能性发展趋势,也应将其偶然性特征精确地揭示出来,以忠实于预测结果的原貌。

2) 讲求时效

市场预测报告是为经济决策、经济计划服务的。经济决策、经济计划是为指导现实经济活动而制定的,具有很强的时效性。这就客观上要求市场调查与预测报告必须敏锐地捕捉经济活动的最新变化事实,及时地进行分析预测,迅速地将预测信息传递给经济决策部门及管理部门。

3) 分析、预测准确

分析、预测的准确性直接关系到市场预测的科学性、经济决策的正确性、商业企业的经营效益。因此,应注意采用科学的方法,进行客观、准确的分析、预测。

4.3.7　市场预测报告和市场调查报告的关系

市场预测报告和市场调查报告各有侧重，它们之间既有联系，又有区别。

1）联系

（1）市场调查是市场预测的一种手段，是市场预测的第一步。

（2）市场预测报告和市场调查报告在实际应用中往往有些重合，出现以下两种情况：一是调查＋预测；二是单纯预测。两种文体可分可合，应根据实际需要而定。

2）区别

（1）对象不同。市场调查的对象是过去和现在已经存在的经济现象。市场预测的对象是尚未形成的经济现象。

（2）目的不同。市场调查可以帮助进行市场预测，但偏重于对市场过去和现状的了解，总结经验，发现问题，掌握市场营销的发展变化规律；市场预测则偏重于将来，帮助企业预测市场供求的发展变化趋势。

【例文】

"小动物"攻克"军火库"

——××玩具销售新趋势

过去的一年，××玩具市场销势趋旺，据××市百一店玩具柜台统计，去年玩具销售额为 4 000 万元，××商厦、××儿童用品商店的销售额也均有较大幅度的增长，玩具市场呈现一派欣欣向荣的景象。据分析，今年玩具市场将继续旺销，并将出现如下新的特点和趋势。

动物玩具打败"军火库"

小羊、小鸡、小狗、小兔、小熊等渐渐"打败"了曾称霸一时的飞机、大炮、坦克、军舰、火箭，成了目前玩具市场的主角。曾几何时，玩具市场几乎成了"军火"市场。如今，军火玩具已悄悄退居一角，玩具厂家生产了大量栩栩如生逗人喜爱的动物玩具。小朋友进入玩具市场，犹如进入了动物园，高兴得拍手叫好。

长毛绒玩具走俏惹人爱

长毛绒玩具走俏是近几年的事，为了广大顾客的需要，市百一店设专柜供应。据该店营业员透露，每天销售额已超万元，节假日高达数万元。长毛绒玩具将继续受宠，其原因有以下三个：

第一，造型生动逼真，色泽鲜艳，手感柔软，安全可靠，不易损坏。

第二，长毛绒玩具不仅具有玩耍性、趣味性的功能，而且具有欣赏性、艺术性的特点，是放置在家中的上好的陈设品。

第三，是馈赠亲友的上乘礼品，亲友做寿、好友结婚，送上一对婴儿娃娃或老寿星，寓意深长、别具新意。

据有关玩具商店预测，今年的长毛绒玩具销售将会有一个新的突破。

成人购买玩具大有增长

目前，玩具已进入成人的生活圈子。尤其是新婚夫妇、乔迁之家、文化界、科技界和众多的离退休干部、职工，把玩具作为健康娱乐和陶冶情操的佳品。这些人的购买力很强，因此，预计今年的成人玩具市场将会有很大的增长。据了解，国内的一些玩具厂家，正致力于成人玩具的开发和研究，制作适合成人的新型玩具。其中以装饰玩具为主，如精致的长毛绒电动熊猫、波斯猫等；智力型如各种棋类、魔方等；娱乐消闲型如手掌机、大型拼格玩具等。其他如玩赏型、礼品型、康乐型成人玩具也将有新产品问世。

高科技玩具继续畅销

以高科技为特征的新潮玩具，具有档次高，动作新奇多变，声光电并茂，表面色彩艳丽，包装精美的特点，因此满足了孩子们好奇的心态和馈赠的要求。据透露，不少中外合资企业将会在今年推出一批高科技玩具，使玩具世界更显五彩缤纷。但总的来看，我国玩具业在这方面不容乐观。

高中档童车销势活跃

近几年来，我国童车市场出现了新的转机，过去热销的铁背三轮车、扁铁儿童推车，如今已很少有人问津。而价格在 150～200 元的中、高档童车销势趋旺。特别是那些款式新、造型美、质量优、功能全的童车，即使价格高达 200 多元，仍大受青睐。综观目前的童车市场，童车的制作向着实用性强、功能多样齐全、档次趋高、电动化方向发展。

【简析】

这是一篇微观市场预测报告。该报告采用新闻式标题，新颖别致，耐人寻味。前言简要地介绍了××玩具市场销售的形势，然后在主体部分从五个方面进行了分析预测，重点指出玩具市场的发展趋势。建议部分虽然没写，并不是没有建议，实际上在上文的分析中做了暗示。玩具企业的经营决策者们，可以根据上述五个方面的预测采取措施，安排生产和经营。本文标题醒目、生动，结构清晰，材料典型，分析预测重点突出，语言通俗、生动、简洁。

4.4　可行性研究报告

4.4.1　可行性研究报告的概念

可行性研究报告是指在确定某一经济建设项目或科研项目之前,对其政策或规模、技术或水平、实施方案或措施及其投入或产出等,进行全面的技术论证和经济分析,从而确定该项目实施的可行性和有效性的书面报告。

撰写可行性报告的前提是进行可行性研究。可行性研究大约于 20 世纪 30 年代由美国首先推行,我国 20 世纪 70 年代开始在工程项目的技术经济分析中应用。80 年代初,正式将可行性研究列入基建程序,明确规定,所有新建、扩建的大中型项目都要进行可行性研究,提出可行性研究报告,作为审批项目设计任务书的依据。1982 年 2 月,国家计划委员会(今为发改委)还制定了《关于建设项目进行可行性研究的试行管理办法》,对拟建项目的可行性研究报告的编制程序和内容等有关问题做了进一步的明确规定,可行性研究的范围进一步扩大,已进入政治、军事、经济、科学、文化等各个领域,成为各级领导机关决策前进行研究的必要环节。当前,经济管理、基本建设、外资引进、技术开发、承担国外工程建设任务等,编写可行性研究报告已作为一项制度规定下来。

4.4.2　可行性研究报告的作用

1) 为投资决策提供科学依据

我们要加快经济建设步伐,必须严格按照客观规律搞建设、办事业,竭力避免盲目性和重大失误。通过可行性研究,可以预见建设项目在技术上、经济上是否可行,产品有无竞争力,投资的综合效益如何,从而为决策机构做出正确结论提供科学依据。

2) 为建设项目提供依据

编制项目建议书、可行性研究报告和设计任务书是建设项目前期工作必不可少的三个环节,其中可行性研究报告又是编制设计任务书的前提条件。设计单位依据可行性论证报告,编制设计任务书,能够明确建设规模、总体布局等重大问题,并在批准之后组织设计和实施建设。

3) 为有关部门之间签订协议提供依据

建设单位在筹集建设资金时,应根据可行性研究报告确定的建设规模和投资额向银行提出贷款的书面申请,银行或投资者以及有关部门据此组织专家分析评估,并结合信贷规模和资金的承受能力表明贷款意见。在合资项目中,投资双方对可行性研究报告取得一致后,即可进一步商谈合资企业的协议和章程,并将协议章程连同可行性论证报告报送有关主管部门审批。

4.4.3　可行性研究报告的特点

1）汇报性

报告以陈述分析为核心，向上级或有关部门汇报筹建项目或其他拟定经济活动"可以进行"或"有把握成功"的意见，以使上级或有关部门对该项目活动能获得准确全面的、具体深入的认知。这种性能与行政公文中报告的性能颇为相似。

2）可行性

报告内容必须是经过深入考察、认真预测、反复分析和切实论证之后的情况与意见，其中包括预定经济活动的必要性，技术工艺的先进性，建设条件的可行性，经济环境的适宜性，以及投资市场、资源、物料和劳务等因素的可靠性。这些均是调研分析的结果，是对特定客观事物的真实反映，具有科学的可行性。

3）阶段性

按联合国工业发展组织的规定，可行性研究报告分为机会研究、初步可行性研究、可行性研究、项目评估与决策四个阶段。每个阶段一旦得出"不可行"结论，则不再进行下一步工作。

在我国只分为初步可行性研究和详细可行性研究两个阶段。通常情况下，项目可行性研究指的是详细可行性研究。

4）事前性

根据我国经济管理部门的规定，在正式确定项目之前，主办单位必须经过切实调查研究、反复论证比较并提出建设项目的可行性研究报告。

4.4.4　可行性研究报告的研究内容与研究步骤

1）研究内容

由于各类拟建项目的性质、规模和实施需求不同，各种可行性研究报告的内容也就不完全相同。就一般情况而言，要形成一份可行性研究报告大致需要进行以下几个方面的研究。

（1）必要性研究。必要性研究就是要研究现在和未来一个时期国内外市场对拟建项目需求量的情况。如建一座工厂，其产品有良好的销售前景；盖一家宾馆，要有大量的客流需求，这样才能获得最佳的经济效益，才有兴建的必要。再者，就是研究拟建项目在我国国民经济和社会发展中作用的大小。如兴办一个项目可以提高我国的生产能力，增加产品数量；或者能够提高产品质量，增强在国际市场上的竞争力，创收外汇；或者有助于加快经济建设，推动社会进步，这样才有兴办的意义。

（2）可行性研究。可行性研究就是研究拟建项目有无条件兴办。这主要是研究社会环境条件、技术条件、投资条件。社会环境条件就是研究兴建项目拟定地点的生态和资源状况;技术条件就是研究有无相关的专业人才,有无技术难题,主办企业的员工素质,原有技术设备状况等;投资条件就是要研究拟建项目主办企业的自有资金状况,以及外汇耗费情况等。

（3）可靠性研究。可靠性研究就是通过风险分析来确定项目的可靠性。

（4）合理性研究。合理性研究就是根据成本、产量和销售量等环节的情况,研究分析盈亏关系、获利情况以及净现值大小,从而论证项目建成后是否有利可图。

（5）不确定因素研究。拟建项目在因未正式投产而无法看到实际经济效果以前,一切经济指标都是预测和估算的,任何精确的估测都难免受到不确定因素的影响。因此,可行性研究报告还要研究分析拟建项目在建设和生产过程中存在着哪些不确定因素,其变动情况对效益影响如何,以探讨拟建项目投资风险大小。对不确定因素进行分析研究,通常是用盈亏平衡分析、概率分析和敏感性分析等方法完成的。

2）可行性研究的步骤

可行性研究过程大致可分为两个阶段。

（1）机会可行性研究。机会可行性研究是可行性研究最早的研究阶段。这一阶段是对一个确定的地区或部门,根据对其地理位置、资源条件、社会环境和市场需求等情况的调查,研究某一拟建项目是否必要和可行,寻找最适宜的投资机会。

（2）初步可行性研究。初步可行性研究是在机会可行性研究基础上进行的研究阶段。这一阶段对机会可行性研究的结论进行评价,对拟建项目的位置、规模大小、工艺技术、投资额度、市场需求、效益状况和风险程度等做进一步研究估算,判断拟建项目是否合理、投资是否合算,并确定还有哪些问题尚待研究论证。

上述两个阶段的研究分析,其内容大体相同,但一次比一次深入全面,各项指标一次比一次接近实际。如果最终可行性研究成立,就可在主管部门审批后予以实施。

4.4.5　可行性研究报告的结构

由于可行性研究的拟建项目的内容及要求不同,其报告的内容及其写法就不完全一样。可行性研究报告都是单独成册的。它的格式要素包括封面、摘要、目录、图表、术语表、前言、正文、结论和建议、参考文献以及附件等。其中,封面没有固定格式,但是项目名称、报告单位、报告时间等内容不可缺少。摘要、目录、图表、术语表、参考文献、附件等项目可根据报告的需要进行选择。

可行性研究报告的结构是标题＋正文＋附件＋落款＋日期。这里主要谈标题、正文与附件。

1）标题

可行性研究报告的标题主要由单位名称、项目和文种构成,如《关于兴建××食品厂的可行性研究报告》、《××省××厂与英国××公司合作建设××的可行性研究报告》等。

2）正文

可行性研究报告的正文是把拟建项目的各种可行性研究成果加以汇总的论述，是可行性研究报告的基本内容。正文包括概述和基本问题研究两部分。

（1）概述。概述又称总体说明、总论，是对项目的基本情况的概括。其写作内容大致包括以下几方面：项目的背景、项目的历史、项目概要和项目承办者的大体情况。在具体写作时，可根据项目的大小或社会影响等因素对概述部分内容的详略进行适当的调整和安排。

概述的作用是对项目做一个简明扼要的介绍，是对项目承办者形象和思想等信息的描绘，在一定程度上，对项目的评估、审批、对合作对象的吸引力等方面都有较重要的影响，因此，在写作中要注意这一部分内容的完整与重点突出。

（2）基本问题研究。基本问题研究是可行性报告的核心部分，是运用各种数据资料对项目进行全面的分析论证。不同的项目，分析论证的内容是有所区别的，在此，我们以较为常见的工业新建项目的可行性研究为例做介绍。

第一，市场预测和规模。市场预测主要是用定性和定量预测法，分析预测未来国内外市场对该项目产品供需的数量、项目产品的经济生命周期和市场竞争力等情况。市场规模大小也是一个重要因素，在此应有所体现。

第二，投资条件。投资条件主要写项目所需的各种主要原料的名称、数量、规格、供应渠道，所用动力、燃料的数量及来源，物料总费用及各种设施条件等。

第三，项目操作方案。项目操作方案包括技术和设备方案以及项目设计方案和具体实施运作方案。

技术方案主要是写技术指标的选择。根据国内外技术水平的现实状况和发展趋势，写明项目采用技术的先进程度，以及所采用技术对提高产品数量、质量、性能、经济效益的作用和对培养现代管理人才的意义。设备方案主要是写设备的选样，即设备的名称、型号、规格、性能特征、先进程度、进口国别、以国产设备代替的可能性和整个设备费用等。

项目设计方案主要写项目的运作流程，各项活动的安排，较为详尽地描述项目本身的情况。具体实施运作方案是针对项目的实施过程所涉及的各个环节和内容的安排。

第四，项目实施地点选择。项目实施地点选择主要包括选择的地理位置，所在城市的自然条件、社会经济条件、交通条件、公共设施条件等。

第五，企业资源条件。企业资源条件主要是介绍企业组织结构及人力资源方面的安排，如对员工的培训计划、达到的要求和所需经费等。

第六，项目实施计划。项目实施计划主要写项目各个阶段的实施内容和实施时间表。

第七，总投资的估算及资金筹措。总投资的估算及资金筹措主要是对项目的投资与支出做出估算，同时要提出资金筹措的方案或思路。

第八，经济和社会效益分析。分析项目可能产生的经济效益和社会效益，主要从财务收入、生产技术水平的提高、对国民经济建设发展的意义等方面说明。

第九，结论。结论主要从资源条件、投资能力、技术水平、市场需求、经济效益等方面加以综合概述，得出该项目是否可行的结论。

3）附件

根据可行性研究的项目和内容不同，报告还会附上各种表格、图样和文字材料，如各项投资估算表、企业地理位置图、工艺流程图和上级部门的批复文件等。

4）落款与日期

可行性研究报告落款与日期和行政公文相同。标题中已标明发文单位者，正文之后的落款处不署名，只盖公章即可。

4.4.6　可行性研究报告的撰写要求

1）论述要全面正确

材料必须真实可靠，虚假失实的材料只能得出错误的结论。必须符合特定事物的规律，同时还要符合国家现行的方针政策、法律法规，绝不能掺杂任何偶发性、个别性及侥幸性的因素。

2）分析要客观科学

可行性研究报告的写作要尊重事实，运用科学方法，使报告凝聚科学的生命力，具有既符合特定事物自身规律又符合国家意志与管理意图的可行性。

3）重点突出，脉络清楚

必须抓住典型材料、关键依据、重点环节和本质规律来谋篇布局和用笔行文，使决策者把握问题的关键，从而做出正确的决策。

【例文】

××建立钛白粉厂的可行性报告

钛白粉（T102）是精细化工产品，占世界无机颜料总消费量的50％以上，占世界白色颜料总消费量的80％以上，主要用于涂料，其次是塑料、橡胶、化纤等。

钛白粉有金红石型和锐钛型两大类，有硫酸法和氯化法两种生产工艺。

钛白粉历来是世界性的热销商品。我国钛白粉历来短缺，特别是占涂料用料50％以上的金红石型钛白粉,几乎全靠进口,花费大量外汇。为了满足国民经济发展的需要,要大力发展钛白颜料,重点是发展高档次钛白颜料。

一、××建立钛白粉厂的基本条件

中国是世界钛资源最丰富的国家之一,总蕴藏量为×吨。××占全国钛资源的××%以上,总储量约××万吨……××钛资源与国内各钛资源相比,质优易采。目前××钛每年可采××多万吨钛砂矿,每年钛精矿近××万吨。

二、钛白粉市场概况

我国钛白粉工业落后,仅占世界总产量的13%,发展缓慢……

钛白粉工业的落后严重地拖了我国涂料生产的后腿……

按预测,1990年需钛白粉××万吨,2000年需××万吨。当前除××钛白粉厂年产××吨长石型钛白粉改造项目外,仍无别的长石型钛白粉新建项目。

20世纪70年代,资本主义国家经济不景气,加上苛刻的环保法,使欧洲一些大型硫酸法钛白粉生产能力下降到237.8万吨。1983年,以美国经济回升为转机需要量大增,造成世界的钛白粉短缺……1986年,需求量达250多万吨,供应能力利用率达102%……利用率的上升,促使价格的上涨……

今后若干年内世界消费量平均增率为1.5%~2.3%……预测,1990年世界消费量将增至286万吨,2000年增至310万吨。而按1982~1989年间的供应能力,年平均增长率只有0.94%。预计供应能力只有256.3万吨,2000年仅有278.5万吨。

三、生产工艺的选择和技术设备的来源

生产工艺的选择……

技术设备的来源……

主要设备的名称……

四、建设规模、物料及动力供应规划

建设规模的选择……

物料及动力供应规划……

五、厂址选择

六、环境污染的防治……

七、生产组织形式和劳动力定员

投资概算……

资金来源设想……

八、经济分析

工厂产品成本的估算……

利润估算……

基准投资收益率……

盈亏平衡分析……

敏感性分析……

九、结论

以上分析研究表明:为开发利用××丰富、易采、质优的钛砂矿,引进国外先进设备,以××化工二厂为基地建设年产××吨(第一期)氯化法金红石型钛白粉是可行的,若不能引进国外先进技术设备,利用国内现有的技术设备在××化工二厂的基地上建设年产×吨(第一期)氯化法金红石型钛白粉厂也是可行的。

×××× 年 ×× 月 ×× 日

【简析】

本可行性报告是以个人名义向主管部门提交的。写作格式规范,开头部分文字简短,高度概括地说明了钛白粉的用处,指出我国钛白粉历来短缺,需要大力发展。主体部分分别从"建厂的基本条件"、"市场概况"、"生产工艺的选择和技术设备的来源"、"建设规模、物料及动力供应规划"、"厂址选择"、"环境污染的防治"、"生产组织形式和劳动力定员"、"经济分析"等八个方面加以论证,采用科学态度,运用科学方法,客观、全面、深入地进行分析,并把经济效益和社会效益很好地结合起来。在此基础上做出符合科学的结论,肯定了建立钛白粉厂的必要性和可行性。结尾提出两点建议也比较具体、明确,为决策者提供了可靠、有用的参考依据。总之,这是一篇比较规范的可行性研究报告。(原文较长,引用时将具体分析性文字做了删节)

4.5　经营决策方案

4.5.1　经营决策方案的概念

经营决策方案是智囊团、咨询机构、秘书部门和有关职能部门,在企业生产经营活动过程中,为实现预定的经营目标或解决新遇到的重大问题,根据对企业内外部条件和科学资料的分析,集思广益,提出的有参考价值的书面方案。这种方案一般要提出若干个,并要进行论证优选,供领导决策时参考。它是决策过程中的重要环节和基础,是搞好经营管理、提高经营效益的重要依据,并可为科学决策积累资料。

4.5.2　经营决策方案的作用

1) 对决策起主导作用

决策过程包括四个主要阶段:第一,找出制定决策的根据,即搜集情报;第二,找到可能的行动方案;第三,在诸行动方案中进行抉择,即根据当时的情况和对未来发展的预测,从各个备选方案中选定一个方案;第四,对已选择的方案及其实施进行评价。这四个过程都是围绕经济决策方案展开的,决策方案是决策活动的手段,又是描述决策成果的工具,还是决策行动的依据。

2）是经济活动成败的关键

决策是人们为了达到一定的目的,对若干个方案进行选择,以期优化地实现目标的过程。决策方案的提供,对生产经营获取经济和社会效益的根本目的有直接影响。

3）是科学决策的体现

运用现代科技手段,提供多种方案供决策者选择,这就摒弃了凭"老经验"决策的传统型决策模式,使方案制定建立在科学、可靠、可行的基础之上,使风险性降至最低程度。

4.5.3　经营决策方案的种类

经营决策方案按不同的划分标准可划分为不同的类别。一般来说,按决策范围可分为宏观决策方案和微观决策方案。宏观决策方案又称战略决策方案,是指对经济活动的总体方向、长远发展规划提出的方案,这类方案带有全局性、指导性和长期性的特点。微观决策方案又称战术决策方案,是指解决经济活动中的具体问题,这类方案带有局限性、短期性的特点。

4.5.4　经营决策方案的内容和结构

经营决策方案的内容和结构大致如下。

1）标题

一般以决策项目名称表述,如《国有企业民营化和市场化的对策》、《中国电子商务的发展趋势》、《××电力修造厂投资决策报告》。

2）正文

微观决策方案和宏观决策方案的写法有所不同。

（1）微观决策方案。微观决策方案由决策目标、决策资料和决策方案构成。

决策目标,要明确具体,如"H 集团公司为改变目前亏损严重状况,拟定 4 种方案来扩大商品销售额。"它的目标就是解决亏损问题。

决策资料,是制定目标和方案的依据,必须确实做到准确无误、全面充分。它来源于经营或生产过程之中,同时还将经济活动中的新信息（新材料、新方法、新工艺等）进行对比,使决策方案更有说服力。

决策方案,可以采用条款式,也可以采用表格式叙述。一般拟订多种方案供决策者选择。

（2）宏观决策方案。一般由现状、发展趋势、目前存在的主要问题、提出对策或建议等部分构成,如《××省知识经济发展的现状及对策》结构示意,如表 4-1 所示。

表 4-1

××省知识经济发展的现状及对策

	(一) 信息产业	1. 信息技术产业发展态势良好 2. 信息网络设施发展迅速 3. 文献信息资料丰富
一、经济发展态势	(二) 高新技术产业发展现状	1. 高新技术产业总量迅速增长 2. 高新技术产业开发区发展势头强劲 3. 民营科技企业发展迅速
	(三) (略)	
	(四) (略)	
二、存在的问题及原因	1. 信息产业发展过程中,"重硬轻软"的现象严重 2. 高新技术产业规模和企业规模偏小,产业总量偏低 3. (略) 4. (略)	
三、发展××省知识经济的对策与建议	1. 加强知识经济的基础设施建设 2. 加大知识经济人才培育建设 3. 建立有利于创新的融资机构 4. 建立高新技术人才市场	

4.5.5　经济决策方案的写作要求

1) 要有政策观念和效益观念

　　写作经济决策方案必须符合国家政策和法律、法规,因为国家有关政策、规定和经济措施会给人民生活和市场供求带来重大变化,直接影响经营决策的正确与否。同时,任何违背政策的决策都是行不通的,因此,写作经济决策方案要有较强的政策观念。任何一个经营决策都是为了获得一定的经济效益,无利可图的决策是毫无经济意义的,所以,写作经济决策方案还必须树立较强的效益观念。

2) 资料要全面、准确、可靠

　　写作经济决策方案,要以全面、准确、可靠的资料为依据。肤浅的、道听途说的东西都不能使用。因此,必须深入调查研究,全面了解经济活动的历史和现状,详细地搜集各种资料,善于捕捉准确可靠的经济信息,所运用的资料、数据必须准确无误。这样才能为写好经济决策方案打下坚实的基础。

3) 论证要充分、严密

　　写作经济决策方案的关键,是要花大力气对每一个备选方案进行综合的分析比较,根据各项经济指标来评价优劣,力求做出准确、周密的判断,这就是论证方案的过程。如果分析比较不够周密,论据理由不够充分,论证缺乏说服力,也就失去了决策的意义。

4) 方案要切实可行

经济决策方案中,目标、措施既要先进又要稳妥;既要积极又要切实可行。这样的决策方案付诸实施,才会产生一定的经济效益;脱离实际的方案,再好也没有用。

【例文】

××洗衣机厂××牌洗衣机
委托承包维修业务的决策方案

问题　××洗衣机厂今年××牌洗衣机 1 000 台售给中百公司时,曾约定试机售给用户后,可保修 1 年。本厂洗衣机保修工作需要委托合适的机修厂承包这一业务。拟:

1. 委托甲机修厂承包全部维修及更换零件业务(维修次数不限),为期 1 年,共需一次付修理费 14 000 元。

2. 委托乙机修厂承担维修业务。但乙厂言明 1 年内只接受维修 1 000 次,共需一次支付修理费 10 000 元,若超过 1 000 次,每增加一次,需另付维修费 5 元。

3. 约定丙机修厂承担维修业务,但丙厂言明 1 年内只接受维修 1 500 次,共需一次支付修理费 12 000 元,若超过 1 500 次,则每增加一次,需另付维修费 6 元。

资料　本厂根据过去经验及当前产品质量的实际情况,估计 1 年内可能出现维修的次数及其发生的概率如表 1 所示。

表1

准修次数及发生概率表

事件(维修次数)(次)	估计事件发生的机会(%)	估计事件发生的概率
1 000 以下	40	0.4
1 300	30	0.3
1 500	20	0.2
2 000	10	0.1
合　　计	100	1.0

方案　本厂售给中百公司 1 000 台××牌洗衣机,并委托有关机修厂承包这项保修业务。现提出三种方案,并根据估计的概率及条件价值,编制预期价值分析表一并呈报如表 2 所示。

表 2

委托保修预期价值分析表

项　目 方　案　　序　号	维修次数（次） 1	概　率 2	条件价值（元） 3	预期价值（元） 4(2×3)
1. 全年支付维修费 14 000 元	维修次数不限	1.0	14 000	14 000
2. 全年支付维修费 10 000 元，最高维修次数 1 000 次，超过一次另增付 5 元	1 000 以下	0.4	10 000	4 000
	1 300	0.3	11 500	3 450
	1 500	0.2	12 500	2 500
	2 000	0.1	15 000	1 500
				11 450
3. 全年支付维修费 12 000 元，最高维修次数 1 500 次，超过一次另增付 6 元	1 500 以下	0.9	12 000	10 800
	2 000	0.1	15 000	1 500
				12 300

比较　从表 2 中可以看出，采用第一个方案，虽维修次数不限，本厂不需考虑追加维修费用，但一方面支付费用较高，另一方面若因此而不顾产品质量，反而会影响声誉，造成产品滞销，带来的经济损失更大。采用第二方案，全年支付的维修费最低，且产品销出后 1 年的维修次数超过 1 000 次数限的机会少，即使超过，每超过一次支付的修理费也少。就是维修次数达到 2 000 次，需支付的修理费 11 450 元，较第一、第三两种方案支付的修理费少。因此，采用第二方案为最优。

以上请领导参考。

××洗衣机厂

20××年×月×日

【简析】

产品售后服务是生产厂家在营销过程中不容忽视的问题，售后服务搞不好，不仅损害消费者利益，而且也会影响厂家的声誉，造成产品滞销，带来严重的经济损失。

本文是关于洗衣机生产厂承包维修洗衣机业务问题的决策方案。该方案既考虑到了节省修理费用又顾及了厂家声誉这一长远利益。

标题为单行格式标题。前言开门见山地提出所要决策的问题；接着用图表显示 1 年中可能出现的维修次数及发生的概率，说明资料依据；然后提出三个具体方案，并根据估计的概率及条件价值，编制出预期价值分析表，预测决策结果；最后分析比较，优选出第二个方案为最优方案。本文目标明确具体，内容集中单一，结构完整，层次清楚，分析透彻。文表结合一览无余，既省笔墨，又显得醒目。

4.6　经济活动分析报告

4.6.1　经济活动分析报告的概念

经济活动分析报告是指利用会计、统计、业务核算、计划等资料和通过调查研究所掌握的有关资料,对经济组织的全部或部分经济活动过程和结果进行专业性、系统性、深入性的分析研究所写成的表述分析过程和结果的论证分析性书面报告。

经济活动分析及经济活动分析报告的写作,是经济管理的重要环节和手段。经济管理过程按目标管理理论,则是目标的制定、目标的分解、目标的推进和达标评价的过程。经济活动分析一般在目标推进(即控制过程)和达标评价两个环节上进行。在目标推进(控制过程)中它是获取信息或偏差信息进行推进、控制、调节的主要手段。在达标分析过程中,它是总结经验、制定下一个目标的基础和前提。因而,经济活动分析和经济活动分析报告的写作对提高经济工作的领导和管理水平,对科学地决策,对帮助财政、银行等部门发挥职能作用都具有重要意义。

4.6.2　经济活动分析报告的特征

市场调查报告是对市场现状的分析与判断,市场预测报告是对未来情况的推测和把握,而经济活动分析报告是对已经发生过的经济活动过程进行剖析,总结经验和规律。经济活动分析报告具有以下特征。

1) 具有特定的经济活动分析的对象和专业内容

经济活动分析的对象是经济组织的经济活动,各种经济组织都具有各自的经济活动内容,都有特定的经济活动分析内容。例如,工业企业经济活动分析的内容包括:销售成本的分析、生产成本的分析、生产要素及其效用效果的分析、利润分析、成本分析、资金分析、经济效果综合分析等。而且这些内容均以指标形态表现,如实物指标和价值指标、数量指标和质量指标、单项指标和综合指标。而财务分析则是最基本的分析内容之一。商业企业用得比较多的是经营分析、产销分析、进货渠道分析、价格策略分析、商品质量分析和售后服务分析等。

2) 具有特定的经济科学定性、定量的分析论证方法

需根据计划、预算、目标和会计、统计业务核算等多种形态的"量化"资料,如原始记录、统计台账、统计数字、统计表、统计图、分配数例等量化的资料进行动态的、对比的、因素的、综合的、定性定量的系统分析研究。

3) 具有经济科学的深入性和论证性

经济活动分析报告是在调研分析基础上的深入化和系统化,从文种性质来看,属于论

说文的范畴,具有科技论文的性质。这与以说明为主要表达方式的总结和叙议结合为特征的调查报告是有很大区别的。

4.6.3　经济活动分析报告的种类

1) 按时间分

按时间分,可分为定期分析报告和不定期分析报告两种。

定期分析报告一般多用于年终、季末、月尾或某项工作的终结进行。

不定期分析报告根据情况随时撰写,出现问题、有了新情况和新变化等都可进行。

2) 按内容分

按内容分,可分为综合性和专题性的、整个单位的和部门的两类四种。

综合性分析报告又称全面分析报告,是指把某个单位或部门在一定时期的经济活动作为一个整体,根据各项指标的完成情况,进行综合性的分析研究之后写成的分析报告。

专题性分析报告是对各个专项问题进行深入细致的分析研究而写成的报告。它既可以针对某些重要问题或关键问题,又可以针对工作中的薄弱环节或存在的问题进行分析,如对资金、效益、成本、质量、利润、库存等的分析,对亏损原因、市场疲软、资金匮乏等的分析。

3) 按分析的方法分

按分析的方法分,可分为因素分析、对比分析、动态分析、统计分析、实证分析和监控分析等多种类型的分析报告。

除此以外商务工作最常用的分类为财务资金分析和产销分析。

(1) 财务资金分析报告。它是企业中使用频率最高的一种经济活动分析报告。财务分析有特定的分析对象,主要包括资金状况分析(资金来源、资金占用、固定资金使用、流动资金来源和使用、专项资金)、资金利用效果分析,以及成本、利润和生产经营效益的分析。财务分析通常在统计资料的基础上,以指标的形态进行定性定量的专项分析和综合分析。

(2) 产销分析报告。它是研究工业生产和商业销售之间关系,分析市场供应和需求形势的实用文体。它是调整产销之间、供需之间关系的不可缺少的手段,也是指导生产和经营的有力工具,还是进行市场预测和经营决策的基础条件。产销分析用于工业、商业单位及其主管部门,尤其是工商管理部门使用频率更大。它们通过经常性的调查研究,分析产销形势,调整生产与经营、供应与需求之间的矛盾,从而控制与指导生产和销售,以满足人们的各种需要。尤其是在生产力高度发展和人民生活水平迅速提高的今天,该文体具有广阔的发展前程。

4.6.4　经济活动分析报告的结构和写法

1）标题

经济活动分析报告的标题分为两类：一类是公文型的；一类是结论型的。

公文型经济活动分析报告由分析的对象、范围、内容、期限和文种名称（如"分析"、"分析报告"）构成，如《××公司2005年财务状况分析报告》；也可省略文种名称或某些要素，如《从资金利税变化看日用化学行业的经济效益》。

结论型的以结论或意见为题，如《从对比分析中找出差距》，即是对文中所写的两个百货商店经营活动的对比分析所得出的经验。此类标题应简要、醒目，准确提示全文。

2）前言

前言一般包括三项内容，可视具体情况有所省略。

（1）提出或引出分析的对象。有的直接提出分析对象；有的先介绍情况或提出问题，然后引出分析的对象。

（2）说明分析的目的、意义。例如，"工业净产值是工业企业生产活动的新增价值，其合理分配是关系到经济体制改革成败的关键问题。现将我局新增价值的国家、企业和职工的三者分配情况，以及如何确定其合理的数量界限分析探讨如下。"即为先讲意义后提出分析对象。

（3）概述分析的基本结论。

3）主体

（1）基本情况。基本情况是介绍经济活动分析报告分析对象的基本内容。主要包括：经济指标完成的实际情况，取得的成绩和存在的问题，旨在给读者一个总体印象。这部分是提供分析的客观依据，材料应具体、真实、量化，以数字说话。可以用文字的方式，也可以用图表的方式表达。

（2）分析评价。即要用系统的科学的分析方法，解剖分析各个指标的构成因素、发展变化，分析取得成绩或出现问题的主客观原因，据此做出正确的评价。其目的在于：一是检查国家的方针、政策、财政制度和财经纪律的执行情况；二是阐明经济活动中的新特点、新趋向、新动态、新规律；三是为改善经济管理工作提供事实和理论基础。具体内容应视报告的种类和分析对象情况而定。

数据是分析的基础，应注重数据的科学准确性和完整系统性，不能有误，不能以偏概全。同时，运用科学的分析方法是分析评价的关键。

在实际写作中，基本情况与分析评价有时是合在一起进行的。因而，这两部分可分为两个段落依次写；也可以按问题或项目分层次把两者结合在一起撰写。

段落层次还需处理好文字说明分析与数字图表的关系及顺序问题。可以先文字说明，后列图表数字；可以先列图表数字，再加文字说明；也可以交叉进行。还需处理好观点与材料的关系和顺序问题,或先观点后材料,或先材料后观点,或交叉进行。为使眉目清楚,各段落层次、各项目一般都设小标题,或编上序号。

(3)建议措施。它是在分析评估的基础上对今后工作提出的意见和措施。该部分态度要鲜明,意见要具体,要切实可行,必要时应量化。

4)结尾

常以提出建议措施结尾,或者以总结、调查报告的方式结尾。

5)落款

落款即写作单位的具名和日期。属于单位的经济活动分析报告要加盖公章。用于公开发表于报刊上的,具名一般在标题与正文之间;属于内部使用的,一般放在尾部;写给上级部门看的,通常以"报告人××"署名。

4.6.5　经济活动分析报告的写作要点提示

1)要充分占有并恰当使用材料

要充分占有材料,包括各种核算资料、统计资料、计划指标、调查收集到的实际情况等。在此基础上,要进行分析研究,即对各种材料去粗取精、去伪存真,使其系统化,并提炼出观点,写作时再根据主题的需要,恰当地运用收集到并处理过的材料来说明观点、阐述主题。

2)要运用科学的分析方法,揭示经济活动规律

经济活动分析的方法很多,常见的有以下几种。

(1)对比分析法,又称比较分析法,即把同一基础(如同一时间、内容、项目、条件等)下的可比数字资料进行对比分析,以此分析事物之间的联系和差别,探求原因。对比的方法有四种:一是同计划比,如实际完成指标与计划指标比。二是同历史比,如与上年度或历史最高水平和最低水平比,借以反映经济活动发展变化的趋势。三是同先进比,即与基本情况大致相同的先进单位比,从中找出薄弱环节和差距。四是正反比较,以此突出各自的特征。

(2)因素分析法。即把分析对象或指标分解成各个因素或各个组成部分,进行逐项具体分析的方法,如主观因素、影响成本的原材料、工艺流程、用工制度、非生产性开支等因素。因素分析法可使分析深入、具体。但应注意以下三点:一是要抓住主要因素重点分析;二是突出带有倾向性的因素,对可能上升到重要地位的因素要加以强调;三是既要重视对客观因素的分析,又要重视对主观因素的分析。

(3)动态分析法。即按时间顺序或分析对象的自然发展顺序,排成动态序列进行分析的方法。该方法对分析对象发展轨迹和发展趋势的把握很有效,如股票行情的分析,常以动态图表的方式进行。

(4)统计分析法。即用统计学的基本原理和方法进行分析的方法。统计分析法可以

从事物的数量方面认识对象,可以通过现象的总体来认识对象,可以从已经发生的事实中认识对象。统计包括统计调查、统计整理和统计分析三项内容。通常运用大量观察法、分组综合指标法进行统计分析。

3) 要注意分析问题,并在此基础上解决问题,提出具体可行的建议

写经济活动分析报告不是单纯地提出问题、分析问题,还要在分析、评价的基础上提出切实可行的对策,以指导经济工作或为经济决策提供参考。提出对策不能空发议论,而要具体实在,有理有据,切实可行。

【例文】

我国物价走势与调控

财政部财科所　王宏利

物价走势分析预测

分析当前的居民消费结构,食品消费占总消费比例有逐年下降的趋势,但依然是总消费中比重最大的部分,其价格指数的变动对居民消费价格指数走势的影响最大。其他项目的消费占总消费的比例大小顺序依次为文教娱乐用品及服务消费、居住消费、交通通讯消费、衣着消费、医疗保健消费、家用设备用品及服务消费、烟酒及用品消费,它们的价格指数占居民消费价格指数的权重大小也按此次序排列。其中,消费支出比例为上升趋势的有居住消费、医疗保健、交通通讯消费和文教娱乐用品及服务消费,其他则为下降趋势。

分析居民消费价格分类指数趋势,具有上升趋势的有食品类消费价格指数、居住类消费价格指数、烟酒及用品类价格指数和娱乐教育文化类价格指数。目前,国内粮食继续上涨的空间有限,食品价格将在合理水平上基本稳定。由于电力、燃料价格和建材价格已经基本得到控制,居住类消费价格指数难以有大幅度的上涨,且居住类消费占总消费的比重不足食品类的1/3,限制了其对CPI上涨的快速推动作用。烟酒及用品类和娱乐教育文化类价格指数近几年一直保持着微弱、缓慢的上涨速度,其在价格总指数中所占权重又很低,上涨幅度又有限,所以不会影响到CPI变动的主要趋势。

具体分析,影响价格总水平上升的因素主要有以下几个方面:

第一,粮食价格。食品价格是影响价格总水平的一个重要因素。粮食价格涨幅从2004年5月以来开始下降。在秋粮丰收和国际粮食生产回升的情况下,粮价涨幅不会再大幅上升,从而会进一步拉低食品价格的涨幅,所以,此轮CPI上涨的主要动力正在逐渐减弱。第二,生产资料价格与公共服务品价格。生产资料价格的上涨已持续两年,而且比

居民消费价格涨幅更大。我国经济进入新一轮增长周期，投资需求不断膨胀，是推动生产资料价格大幅度上涨的主要原因。2005 年，公共服务品价格具有一定的上涨压力：一是来自水、电、燃料调价的压力较大；二是目前许多地方的公共服务品价格定价较低，城市交通、医疗服务费、旅游景点门票等存在调价压力。公共服务品价格将继续推动 CPI 上升。这些都是促使 2005 年我国价格总水平可能上升的因素。第三，娱乐教育文化类价格的上涨压力不断增大。第四，居住类价格。居住类价格 2004 年有明显上涨，并仍将继续上升。引起居住类价格上升的主要原因是水、电及燃料价格和建房及装修材料价格的上涨。但电力、燃料价格和建材价格已经基本得到控制，难以有大幅度的上涨。

从抑制价格总水平上升的因素分析，主要有以下几个方面：

第一，利率杠杆。中国人民银行 2004 年 10 月宣布银行加息，结存贷款利率的持续下行。如果此后物价涨幅趋缓或下降，通货膨胀压力缓解，经济运行健康平稳，也就没有再调利率的必要。但如果一些突出矛盾仍难以解决，随着经济走势变化，可能还会动用利率工具。第二，市场商品供过于求。2004 年商务部对 600 种主要商品进行调查，70％以上的商品仍处于供过于求的状态，特别是与居民日常生活消费关系密切的工业品供过于求的比重高达 84％，且没有供不应求的商品。第三，科技进步、关税下调和市场竞争加剧仍是影响价格下行的因素之一。由于我国消费生产能力相对过剩，市场需求格局尚未改变，低廉价格仍是企业在激烈市场竞争中求发展的手段，打折、有奖销售等方法对市场价格拉动增强。另外新技术应用和关税下调，对彩电、电脑、汽车、移动电话等电器和交通通讯产品价格降价影响加速。第四，收入差距扩大，居民消费边际倾向不高。社会保障制度有待进一步改善，居民养老、医疗、教育等预期支出增加。

上述分析表明，当前我国物价上涨是局部的、结构性的，主要表现在粮食和能源与原材料等中间投入品的价格上涨，因此，"有保有压、区别对待"的结构性物价调控措施十分必要。综合考虑影响价格总水平变化的各种因素，总的看促进价格上涨的力量略大于促进价格下降的力量，但居民消费价格指数的涨幅预计将继续下滑，两者相抵，2005 年居民消费价格指数同比将继续出现小幅上涨。

宏观调控对策建议

当前，要处理好的是物价继续保持稳定与经济协调、稳定增长之间的关系。具体提出以下措施建议：

（1）有效引导社会消费。当前影响物价上涨的主要因素是社会消费需求。结合对食品、文教娱乐用品及服务、居住等消费结构的分析，应有效引导社会消费，促进居民消费结构的合理优化，防止局部消费"过热"或"过冷"。（2）促进农业生产，合理调节食品价格。通过对居民消费价格分类指数进行分析可知，这两年物价上涨的主导因素是食品价格的上涨，食品价格上涨有利于增加农民收入，但鉴于它对物价总水平的重要影响，其上涨幅度除市场机制起作用外,政府应对其进行监督与预测,并加以调控,使其既有利于增加农民收入,又有利于国民经济的稳定、协调发展。(3)鉴于我国存在局部行业投资过热,同时也存在农业、能源消费服务业等投资不足的现象,应调控公共投资总额与方向,区别对待,分类指导,积极推进财政的改革。(4)疏通上游、下游产品价格的传导路径。社会消费品价格与生产资料价格在某种程度上存在不适合的空间,或者过大,或者过小。上游部分原材料价格不能"顺畅"地向下游产品传递。所以应根据实际情况,继续采取必要的经济与行政手段,调整部分行业产品的价格。

(资料来源:摘自《经济日报》2005 年 3 月 21 日)

【简析】

这是一篇对我国物价走势进行分析的报告。全文分两个部分:一是"物价走势分析预测";二是"宏观调控对策建议"。第一部分是基础,它包含对当前物价走势的分析与对未来 1 年的预测;第二部分是针对第一部分分析预测而提出来的对策建议。第一、第二两个部分是相辅相成的,其逻辑联系十分紧密,分析、预测与对策建议也是科学、深刻的。从写法上看,本文的标题"我国物价走势与调控"已浓缩、概括了经济活动分析的主要内容,使读者一看就明白。正文部分,没有前言,用小标题标识段意,开门见山,直指主体,抓住重点进行科学分析,从中得出预测结论,然后再转入第二部分,非常简练地陈述措施建议,措施建议写完,文章自然结束。全文显得紧凑、利索,重点突出,逻辑性强,表达效果也好。

思 考 与 练 习

1. 简答题

1) 如果您想在××市兴建一座三星级宾馆,您应该怎样着手去做?

2) 谈谈市场调查的基本方法。

3) 谈谈市场调查和市场预测的关系,并分析两者的异同点。

4) 应怎样拟写市场预测报告的标题?

5) 为什么说可行性研究报告写作要建立在具有一套完整的资料和科学的研究方法之上?

2. 写作题

1) 根据下面一则材料,写一篇简短的市场调查报告。

2007 年,由于天气炎热,××市茶叶旺销,1～8 月每天茶叶销售额高达 100 万元,比2006 年同期增长 50%,每千克 130～320 元的中档茶叶销量最大,占总销售量的 70%左右,主要品种为红茶、普洱茶、乌龙茶、花茶等。

价格高达每千克 1 000～2 000 元的高档茶(如君山银针、古丈毫尖、羊艾毛尖等)销势也不错。××市全国名茶总汇商店经理说:1 960 元 1 千克的湖南君山银针进货数天便售出一箱。每千克 30～100 元的低档茶滞销。

为保障夏季茶叶供应,××市土产茶叶公司 2007 年茶叶购进量要比去年增加 70 万千克左右,品种 150 多个,××市土产茶叶公司正在全国各地积极组织货源。

2）根据下列材料,起草一份经济活动分析报告。

H 公司半年铝锭生产实现利润 3.48 亿元,已提前完成了全年的利润计划。公司上半年共生产铝锭 6.68 万吨,完成年计划的 51.99%,比上年同期增产 1.53 万吨,增幅达 28.9%;生产氧化铝 20.83 万吨,完成年计划的 54.10%,比上年同期增产 1.45 万吨,增幅达 7.5%;生产铝土矿 41.79 万吨,完成年计划的 56.79%,比上年同期增产 1.23 万吨。上半年销售铝锭 6.7098 万吨,完成年计划的 52.10%,销售氧化铝 7.588 万吨,完成年计划 61.50%,销售铝土矿 8.908 吨,完成年计划 44.50%,实现销售收入 12.03 亿元,完成年计划 64.2%,上缴各种税费 1.17 亿元,为全年计划的 60.73%,归还长期贷款本金 1.44 亿元,使公司资产负债率下降到 79.47%。

3）利用下面的资料,写一篇经济决策方案。

某机械厂准备生产一系列产品,由于缺乏统计调查资料,对这些新产品的市场需求量只能大致估计为销路好、一般、销路差、销路最差四种自然状态。这四种自然状态的概率分别为 0.7、0.5、0.3、0.1。为了开发新的系列产品,考虑了三个方案:第一方案是改造部分加工车间,不需要多大的投资,可忽略不算;第二方案是新建一个加工车间,但需要资金 50 万元;第三方案是将半成品承包给本厂家属生产,整机装配由本厂职工完成。这些新的系列产品计划生产 5 年。根据有关资料预测计算,每个方案在 5 年内的效益值,如表 4-2 所示。

表 4-2

各方案 5 年的效益

单位:万元

方案效益　销路概率	第 一 方 案	第 二 方 案	第 三 方 案
销路好(0.7)	800	1 200	400
一般(0.5)	400	300	100
销路差(0.3)	−100	−200	16
销路最差(0.1)	−300	−700	−20

3. 下面是一篇市场预测报告,请阅读全文并完成文后练习

世界将严重缺水

美国环境保护组织世界观察研究所警告说,在不久的将来,世界将严重缺水。该所在最近出版的名为《最后绿洲面临缺水》的书中说,世界缺水现象越来越严重,主要原因不是自然条件,而是人类活动。自 1950 年以来,由于工农业生产的发展和人口的增长,世界用水已经增加了 3 倍。在中国、印度、墨西哥、美国、非洲和中东等国家和地区的有些地方,由于地下水抽取过多,地下水位正在迅速下降,缺水正在成为那些地方的永久性问题。

世界上有 26 个国家的水供应维持不了其人口用水需要,这些国家大多数在非洲和中东地区。到 1999 年,非洲就有 3 亿人得不到足够的水。该书认为,花很多钱修建水库和供水工程解决不了缺水问题,最好的办法是节约用水。

在世界用水量中,农业用水占 69%,工业用水占 23%,生活用水占 8%。农业用水是大头,但是现在使用的灌溉方法很不合理,浪费很大,植物能够吸收的水不到一半,迫切需要先进的、水利用率高的灌溉方法。

工业用水量不一定同工业的发展成正比,只要采用先进的生产工艺,仍然可以达到节约用水的目的。例如,日本工业生产发展很快,但是工业用水却几乎减少了 25%,办法是采用节水的生产方法和废水处理循环使用。

节约城市生活用水主要靠加强对群众的节水教育和采用节水装置,在这方面做得比较好的有新加坡、墨西哥城和波士顿等城市。

但是,世界观察研究所警告说,有些国家如果不减少人口增长率,将永远解决不了缺水的问题。

从卫星上往下看,地球是一个蓝色的行星,水很丰富。但是,在占地球表面积 70% 的海洋中,海水占地球上总水量的 94%。也就是说,地球的淡水资源只占总水量的 6%,而且其中大部分是不易开采的地下水。

一方面是大量的水浪费,另一方面是严重的水污染,如此下去,世界水危机可能会比石油危机提前到来。

我国是一个缺水国,更应该重视水的有效利用问题。我国人均水资源只占世界人均水资源的 1/4,而且分布极不平衡,不仅限制工农业生产的发展,而且影响日常生活。我国包括北京在内的北方缺水区总面积已超过 58 万平方公里,在这个区域内的人均水资源只相当于全国人均水资源的 1/5。目前我国北方地区农业灌溉用水效率大概只有 30%,工业用水重复使用率约 50%。由于地下水抽取过多,北京地下水位已由建国初期的距地面几米下降到距地面二三十米;天津市区地面普遍下沉超过 1 米,市中心区超过 2 米;上海也出现地面下沉现象。在我国 40 个严重缺水的城市中,最严重的是沈阳。40 年来,沈阳工业总产值增长 120 倍,用水人口增加 38 倍,但是供水量只增加 10 倍,使沈阳的人均用水量显著减少。

发展工业,除了考虑原料和能源外,还必须考虑水资源。

200×年×月×日

(1) 简要归纳世界水资源现状、发展趋势及遏制不利趋势的主要措施。

（2）本文在写作上有什么特点？

（3）根据本文中提供的信息，再补充相关资料，以"我国（或我省）水资源的现状与对策"为题，写一篇经济预测报告。

4. 指出下面报告中存在的问题并说明理由

我公司下属玩具公司与香港××实业有限公司按照《中华人民共和国中外合资经营企业法》有关规定，经过友好协商拟成立中外合作经营广州中达实业有限公司，公司地址在广州市××路××号原玩具公司所属的中达玩具厂，生产塑料、电动玩具。

现将合作各方基本情况及经济效益等可行性研究报告如下：

一、合作形式与条件

由我方提供厂房、人员辅助设施，对方提供订单、资金、设备、技术等，各方折算投资比例，各方不共同担负盈亏，而是按各自公司提供的条件进行经营，确定收益分享办法，各自承担风险。对方带入的设备属对方，合作期满其设备可运出境或报请有关部门批准处理。

我方目前提供厂房 2 000 平方米（随着生产加工业务的发展可逐年增加），员工宿舍 4 000 平方米及食堂配套设施。

对方已提供塑料机等 200 台套，价值 1 700 万港元，已投入生产，以后继续提供价值达 1 000 万港元的设备。

二、生产规模、生产品种及市场销售情况

目前中达玩具厂为玩具行业中小规模工厂，1998 年总产值在 6 000 万港元左右，在 5 年内产值达 2 亿港元，净创汇 2 000 万港元。

目前主要生产的品种为塑料路轨赛车和其他塑料玩具，今年产值预计为 5 000 万～6 000 万港元。上述品种绝大部分销往美国××公司。××实业有限公司已生产出口此品种 10 多年，生产数量逐年增加，美国××公司除由我国香港××公司供货外，还在我国台湾地区和韩国等地设厂生产。鉴于这两地生活水平高，生产费用高，与我方合作经营后，××实业有限公司在台湾地区和韩国的产品将分期分批转移到广州来。今年××公司总裁到广州实地考察，认为中达玩具厂已经生产其品种 1 年多，交货期准确，质量符合要求，具有一定管理水平和发展前途，经过有目的的选择，故决心与我方长期合作经营。

三、合作时间

现定为 10 年，分两步走，第一步从 1998～2003 年，第二步按规划总产值及规模届时另订。

四、经济可行性分析

合作公司的注册资本为 1 500 万～3 000 万港元，资本由对方提供。主要资本为美国××公司出资，××公司是美国玩具大进口商之一。在设备上××公司已提供大部分，由我方提供之厂房（中达玩具厂）现已达 2 000 多平方米，人员达 700 多人，中达玩具厂与××公司合作 1 年，生产已上轨道，年产值已达 5 000 万～6 000 万港元，净创汇港元已达

500 万～600 万港元,因此,今后 5 年内逐步扩展,每年收益逐步扩大至 1 000 万～2 000 万港元是完全有可能。按照合同规定,收益分配办法为:

1. 我方收取供合作公司在中国境内雇请的工人和雇员每月以港币结算工资的 60%,10% 为我方收益。

2. 我方收取提供合作公司使用的厂房、土地和辅助房屋(饭店、宿舍除外)的建筑维修费和土地使用费,以港币结算。

3. 我方不再从合作公司的销售额中提取收益,也不负责合作公司的亏损。

以上 1、2、3 点对我方均无经济亏损之承担,且按照国际惯例双方签订合同,明确了合作各方的权、责、利,有法律保障和依据,中达玩具厂又有 1 年多的生产经验,深信在今后 5 年内必定能够实现比合作前产值翻三番的目标。

5 经济契约文书

5.1 经济契约文书概述

契约文书泛指发生一定权利义务关系的协议。经济领域里使用的合同书、协议书和意向书都属于契约文书,但它们之间又存在着不同之处。

合同书是契约文书中最重要的一种。1981年12月12日,第五届全国人民代表大会第四次会议通过了《中华人民共和国经济合同法》,以法律的形式规定:"经济合同是法人之间为实现一定的经济目的,明确相互义务关系的协议。"1999年3月15日,第九届全国人民代表大会第二次会议通过了《中华人民共和国合同法》(以下简称《合同法》),并自同年10月1日起施行,《中华人民共和国经济合同法》同时废止。

合同是当事人彼此进行对应的意思表示并达成一致后而订立的契约文书,然后再将这种一致的意思通过合同的履行变成现实的利益。作为一种法律行为,合同的订立和履行始终受到法律的保护和监督。

与经济合同一样,协议书也是双方或多方当事人之间设立、变更、终止民事关系的一种契约。所谓协议,就是当事人通过充分协商,讨价还价之后,而一致同意订立的有关权利与义务的规定,不管这些规定是政治的、军事的、文化思想的,还是民事纠纷的,归根结底,与当事人的财产、经济利益有着密不可分的关系。因此,从广义上说,经济合同与协议书是一致的,都是维护当事人的经济利益的。从狭义上说,如果当事人之间围绕着某种经济目的,通过协商一致而订立协议,以明确相互权利与义务关系,这种协议的内容表达、法律效力、社会效果等方面,与经济合同是完全相同的。

但协议书与经济合同又有不同点。

1) 从相互关系来看

经济合同书与协议书的关系是种属关系,经济合同是协议书中的重要一种,它从属于协议书。协议书可以包容经济合同,但经济合同无法包容协议书。因为,协议书的内容比经济合同要宽泛得多,丰富得多,涉及的范围大得多,如政治谈判、经济谈判、军事谈判、意识形态谈判、民事纠纷谈判都可以用协议书来表达。

2) 从表达方式来看

经济合同力求全面周详,除了必备的条款之外,一些细枝末节也要力求完整地表达出来。协议书一般较简短,只要把必须具备的条款鲜明准确地表达出来就完成任务了。

意向书通常是合同书、协议书的先导,它主要表达和记载当事人之间初次洽谈后彼此认可的若干原则性意见或今后进一步发展合作的意愿及设想,作为进一步洽谈协商的基础凭证,意向书本身不具有法律约束力。

5.2　合同

5.2.1　合同的概念与作用

1) 概念

合同是商品经济发展的产物,《合同法》第二条规定,合同是"平等主体的自然人、法人、其他组织之间设立、变更、终止民事权利义务关系的协议"。

自然人和法人互为对称。自然人是个人在民事法律关系上的称谓。法人是指依照国家规定的法定程序组成的、经过国家认可的社会组织或团体。它有独立支配和依法经营管理财产的权利和偿还债务的义务,能以自己的名义进行独立的民事活动,参加民事诉讼。法人的行为能力是由它的法定代表人来行使的。他有权以本单位的名义签订合同,或授权他人代表本单位签订合同。这一定义表明,合同的本质是两个或两个以上当事人,意思相合、意愿一致所订立的协议,是他们为实现一定的目的,进行平等协商,对各自权利与义务的书面确认(本章所讲的合同专指书面形式的文字合同)。

合同中最常用的是各类经济合同,它是当事人为达到一定经济目的而签订的明确相互权利与义务关系的具有法律约束力的协议。

2) 作用

《合同法》第一条明确指出:"为了保护合同当事人的合法权益,维护社会经济秩序,促进社会主义现代化建设,制定本法。"这是《合同法》的立法宗旨和立法目的,合同的根本作用也就在这里。具体来讲,合同的作用主要有以下两个方面。

(1) 约束作用。依法订立的合同一经签署,就具有法律的约束力,当事人既可以充分享受合同规定的权利,又必须全面履行合同所规定的义务。任何一方不得擅自变更或解除合同中的内容。如果订立合同的某一方不经对方同意,擅自变更或解除合同,要罚以违约金;因一方没遵守合同的规定所造成的对方的损失,要罚以赔偿金,等等。

(2) 保障作用。社会化大生产要有严格的责任制,以协调各个方面、各种环节的活动。从经济活动的角度看,责任和利益是双位一体的,责任制的健全和物质利益的分配是相辅相成的。合同规定了双方的权利与义务,任何一方不履行合同都要受到经济制裁,双方的经济利益都可以通过合同得到有效的保障。

5.2.2　订立合同的基本原则

按照《合同法》第三条至第七条的规定,订立合同有以下基本原则。

1) 平等原则

平等原则是指合同当事人的法律地位平等,一方不得将自己的意志强加于另一方。任何一方都没有特权。地位平等贯穿于合同的签订、变更、履行直至终止的整个过程。

2) 自愿原则

自愿原则是指当事人依法享有自愿订立合同的权利,任何单位和个人不得非法干预。即当事人有是否订立合同及与谁订立合同的自由。

3) 公平原则

公平原则是指当事人应遵循公平原则,合理确定各方的权利与义务。有偿合同要互利,做到协商一致,不利用欺诈、胁迫的手段和乘人之危强迫对方当事人签订不合理的条款。

4) 诚实信用原则

诚实信用原则是指当事人在行使权利、履行义务时应当诚实、守信用,遵守法律、法规和双方的约定,本着实事求是的精神,以善意的方式订立和履行合同义务。

5) 合法原则

合法原则是指当事人订立、履行合同,应当遵守法律、行政法规,尊重社会公德,不得扰乱经济秩序,损害社会公共利益。订立合同本身就是一种法律行为,只有合法才能具有法律约束力。

5.2.3　合同的种类

按不同的标准,可对合同进行不同的分类。例如,根据表达方式的不同,可将合同分为口头合同和书面合同。按双方的权利与义务分,有双务合同和单务合同。双务合同的双方都享有权利并承担义务,如购销合同等;单务合同仅对一方发生权利,对他方只发生义务,如信贷合同等。按书面方式划分,有条款式合同、表格式合同、综合式合同。条款式合同是用文字分条逐项表述合同条款;表格式合同是用表格的形式表述合同内容,适用于大量反复使用的同一种合同;综合式合同是将条文、表格结合起来使用的形式。根据期限长短可分为长期、中期、短期或一次性合同。

我国《合同法》按内容性质区分,规定了 15 种合同基本类型,在此简单介绍如下。

(1) 买卖合同:买卖合同是出卖人转移标的物的所有权于买受人,买受人支付价款的合同。

(2) 供用电、水、气、热力合同:供用电合同是供电人向用电人供电,用电人支付电费的合同。供用水、气、热力合同按此类推。

(3) 赠与合同:赠与合同是赠与人将自己的财产无偿给予受赠人,受赠人表示接受赠与的合同。

(4) 借款合同:借款合同是借款人向贷款人借款,到期返还借款,并支付利息的合同。

(5) 租赁合同:租赁合同是出租人将租赁物交付承租人使用、收益,承租人支付租金的合同。

(6) 融资租赁合同:融资租赁合同是出租人根据承租人对出卖人、租赁物的选择,向出卖人购买租赁物,提供给承租人使用,承租人支付租金的合同。

(7) 承揽合同:承揽合同是承揽人按照定做人的要求完成工作,交付工作成果,定作人给付报酬的合同。承揽包括加工、定做、修理、复制、测试、检验等工作。

(8) 建设工程合同:建设工程合同是承包人进行工程建设,发包人支付价款的合同。建设工程合同包括工程勘察、设计、施工合同。

(9) 运输合同:运输合同是承运人将旅客或货物从起运地点运输到约定地点,旅客、托运人或收货人支付票款或者运费的合同。

(10) 技术服务合同:技术服务合同是当事人就技术开发、转让、咨询或服务订立的确立相互之间权利与义务的合同。

(11) 保管合同:保管合同是保管人保管寄存人交付的保管物,并返还该物的合同。

(12) 仓储合同:仓储合同是保管人储存存货人交付的仓储物,存货人支付仓储费的合同。

(13) 委托合同:委托合同是委托人和受托人约定,由受托人处理委托人事务的合同。

(14) 行纪合同:行纪合同是行纪人以自己的名义为委托人从事贸易活动,委托人支付报酬的合同。

(15) 居间合同:居间合同是居间人向委托人报告订立合同的机会或提供订立合同的媒介服务,委托人支付报酬的合同。

5.2.4　合同的写作

订立合同的过程,就是当事人为实现各自的目标,在平等互利的基础上所进行的讨价还价的谈判过程,而将谈判结果固定为文本就是合同书的写作。

合同书的基本结构有四部分组成,即标题、约首、正文、约尾。

1) 标题

标题即合同的名称。其常用的拟写方法一般有以下五种:

(1) 合同种类名称,如《运输合同》、《赠与合同》、《租赁合同》、《保管合同》等。

(2) 经营范围或标的＋合同种类名称,如《大豆买卖合同》、《工矿产品购销合同》等。

（3）时间期限＋合同种类名称，如《2007年苹果栽种技术服务合同》、《2007年融资合同》等。

（4）订立合同单位名称＋合同种类名称，如《××服装加工厂××中学校服加工合同》。

（5）将以上四种方法综合一起拟写合同的标题，如《××铁路局2007年春季货运合同》。

合同的标题在合同书首页第一行的居中位置。

2）约首

约首包括订立合同当事人的名称、合同编号、签约地点和时间等。约首位置在标题下。

当事人名称是必须填写的内容。为了在正文中叙述方便，当事人名称可以分别用"甲方、乙方"或"买方"、"卖方"、或"供方"、"需方"或"借款方"、"贷款方"或"出租方"、"承租方"等代替。但不管用什么名称代替，都应将当事人的全称写在代称的后面。约首的名称应当与正文的名称统一。当事人的名称写在标题下左边，按序上下排列。

合同编号可有可无，视具体情况而定。因为给合同编号的目的在于便于合同的查阅和管理，如果不经常订立合同，可以无编号。如果编号，要统一。合同编号在合同标题下右上方，与订立合同当事人名称分左右并列。

签约地点和时间可以写在约首中，也可以放在约尾，如果放在约首，应在合同编号下，上下排列，与订立合同当事人名称左右并列。

3）正文

正文包括开头和主体两部分。

开头部分又称签约缘由、引言，写订立合同的目的、根据等，如"为了……，根据……，经过双方充分协商，特签订本合同，以资共同遵守"，下面就进入主体；也可用"主要条款如下"这样的过渡句引入主体。开头应力求简明扼要。

主体部分是书写具体内容的部分，书写基本条款的部分。即写当事人协商一致的内容，形成合同书的正式条文。合同书的每一个条款都要另起一行书写，每一个条款至少是一个自然段落。

4）约尾

约尾一般包括：合同书的有效期（可以列在条文中也可以放在合同书末尾落款下面）；条款未尽事宜的处理办法；合同的份数和保存方法；合同的附件（一般为表格、图纸、资料、实样等，与合同具有同等法律效力）；署名落款，注明签约当事人各自单位的全称、代表人姓名（签字），并加盖单位印章或合同专用章。此外，还要写上各签约单位详细地址、电话号码、传真、邮政编码及开户银行和账号。有的合同还有鉴（公）证意见、经办人签字及鉴（公）证机关署名印章。

5.2.5　合同的基本条款

合同的基本条款是指合同书正文主体部分的内容,包括三个方面:

一是合同书一般应该具备的条款,即《合同法》第十二条中列出的八项条款。《合同法》第十二条规定:"合同的内容由当事人约定,一般包括以下条款:(一)当事人的名称或者姓名和住址;(二)标的;(三)数量;(四)质量;(五)价款或者报酬;(六)履行期限、地点和方式;(七)违约责任;(八)解决争议的方法。"

二是某种类型的合同中所特有的必备条款。这些条款有的是按照合同性质必须要具备的,有的是按照有关法律、法规规定必须要有的,如供用电合同中的"设计、安装、试验与接电"条款,技术合同中的"侵权和保密"条款等。

三是当事人一方要求规定的条款或者经双方协商的其他条款。

这里对上述第一个方面的八项条款做一介绍。

1) 当事人的名称或姓名和住所

此项条款反映在合同书的约首和约尾中,必须如实写。

2) 标的

合同的标的是指民事活动要达到的目的,是订立合同当事人双方权利与义务所指向的对象,它反映了当事人订立合同的要求。没有标的,当事人订立合同的目的就无从实现。一般来说,合同的标的通常是货物、劳务、工程项目、货币、劳务劳动成果和脑力劳动成果等。不论标的是指财产、劳务,还是指一定的工作任务,都必须明确具体。标的不明确,合同就无法执行,所以标的是合同必备的最基本的和首要的条款。同时,标的的写作应注意其合法性。国家禁止或限制流通的物品,如赌具、淫秽物品、武器弹药、毒品之类不能做标的。土地、国家文物等也是禁止买卖的。

3) 数量

数量是合同标的的具体化,是标的的计量,它直接体现了合同双方权利与义务的大小程度,必须明确规定标的的数量,计量单位和计量方法。

合同的数量,是用重量、体积、长度、面积、个数等作为计量单位的。数量可以用基本计量单位,如米、千克、只等。大宗商品可以用万米、万千克、万只等,也可以用包装单位,如箱、包等,但必须注明每个箱、包内含多少基本计量单位。有些产品必要时应当在合同上写明交货数量的正负尾差、合理磅差、自然减量或增量的单位及计算方法。数字要精确,计量单位要明确,不能使用"车"、"罗"、"套"、"堆"等含糊不清的词语,给合同的执行带来隐患,从而引起纠纷。

4) 质量

质量是指标的的特征和优劣程度,是标的内在质量和外观质量的综合指标。凡有统一质量标准的,可按标准执行;没有规定标准的,则由当事人双方协商确定标准,在合同书中说明。技术要求、验收标准也应规定标准，并封样备验。在合同书中一定要将质量条款明确、具体地写清楚，以免引起纠纷。

5）价款或者报酬

价款是指购买产品、服务或信息等的一方向对方支付的按一定价格计算的货币金额；报酬是指为设计、施工、承揽加工、运输货物、保管货物等进行劳动服务的一方应得到的对方支付的报酬金额。价款和酬金通常由价格、总额和支付方式三部分组成。

合同的当事人在签订合同时必须对价格进行协商并在合同中标明计算标准。国内经贸合同应以人民币作为计价标准，对外经贸合同应当注明以何种货币作为计价和支付标准。通常情况下，合同当事人可以自由商定买卖价格。但是，对国家定价的商品、劳务，或者国家规定了一定的价格涨落幅度的商品、劳务，合同双方不能自由商定价格，必须遵守国家有关价格管理的规定。合同价格一旦约定，任何一方不得单方面变动价格。合同中的价格总额应该大写。除了一些民间金额较小的合同以外，企业之间因履行合同而发生的支付行为通常是通过银行进行结算的。所以在合同中还需要写明结算方式、开户银行、账户名称、账号、结算单位等内容。

6）履行期限、地点和方式

期限是指合同当事人完成合同书所规定的各自义务的时间界限。它是确定合同是否按时履行的标准。合同当事人必须在规定时间内履行自己的义务，否则应承担违约或迟延履行的责任。

地点是指合同当事人履行合同义务的具体地点，如交货地点、施工地等。履行地点直接关系到履行的义务和费用，对此应做出明确约定，以便按约定地点履行合同。

方式是指合同当事人履行义务的方法，一般包括标的的交付方式、价款或者报酬的结算方式及运输方式、计算方式、验收方式等。当事人订立合同时必须明确具体的履行方式。

履行期限、地点和方式是很容易引起纠纷的地方，因此，签订合同书时对这三点一定要有具体、明确的规定。

7）违约责任

违约责任是指当事人一方或各方，由于自身过错而未履行合同义务，依法和依约所应承担的责任。

合同当事人一方不履行合同义务或者履行合同义务不符合约定的，应当承担继续履行、采取补救措施或者赔偿损失等违约责任。《合同法》对必须承担的违约责任和不必承担的违约责任都做出了明确的规定，合同双方或多方都应当遵守。例如，《合同法》第一百一十条规定："当事人一方不履行非金钱债务或者履行非金钱债务不符合约定的，对方可以要求履行，但有下列情形之一的除外：（一）法律上或者事实上不能履行；（二）债务的标的不适于强制履行或者履行费用过高；（三）债权人在合理期限内未要求履行。"在合同的履行过程中,无论是故意还是无意,违约现象时有发生。一旦发生违约,善后的重要问题是合理确定责任。所以在合同中明确违约责任是非常关键的,订立合同时必须明确规定违约的责任,否则,就无法保证合同的顺利执行。

8) 解决争议的方法

为解决可能在合同履行过程中出现的纠纷和争议,应将合同的变更、解除、争议仲裁等解决纠纷、争议的办法在签订合同时就商定清楚,明确写入条款中。如发生纠纷,首先应通过协商解决,解决不了的,可以调解、仲裁或诉讼。

5.2.6 合同的写作要求

作为法律文书的合同,应依照《合同法》的规定和要求,以认真严肃的态度来起草。写作中微小的疏忽和差错,都可能给以后带来麻烦。写作时基本要求是遵循法律法规、符合政策、合乎原则,除此之外,还要注意以下三个方面。

1) 条款完备、具体

合同的结构要完整,反映合同内容的各项条款不能遗漏。有的条款,如产品技术标准和规格、计量单位、包装标准等,都要写得很具体,切忌含混笼统。

2) 表述准确、严密

合同写作要做到文字表述准确,表达严谨,不能自相矛盾。要防止概念模糊或产生歧义,以避免在履行合同时发生错误,出现争执和纠纷。合同的各项条款结构要严谨,使用的各种词组、概念内涵和外延要明确、周密,不能因为逻辑错误使合同条款产生歧义。

3) 字迹清楚、文面整洁

合同订立后,一经签字盖印,即具法律效力,所以不能有半点差错。这就必须做到文面整齐干净,字迹清楚工整。一般不许涂改,如果不得已要修改,应在修改处加盖双方当事人印章。

【例文一】

购 销 合 同

立合同者:××县百货公司(以下简称甲方)

　　　　　××毛巾厂(以下简称乙方)

为了促进生产发展,满足人民的需要,协调工商之间的产销关系,经双方协议并同意,订立以下条款以资共同恪守。

一、产品名称、货号、品种、规格、质量、数量、交货期:

上表(略)所列各项,如双方遇到特殊困难时,可在各档花色品种、数量的百分之十范围内予以调剂。如需要大量变更时必须取得对方同意,否则应承担由此造成的经济损失。

二、产品的规格、质量和技术标准,按部颁标准执行。检验方法,以乙方自检为主,甲方在流通过程中,如发现规格、质量不符,应由乙方负责处理,甲方应予协助;如发现数量不符,由双方共同处理。在处理过程中,应分析情况,明确责任,经济损失由责任方负担。

三、产品出厂价格,按国家统一规定价格执行。在执行过程中,如遇国家统一调整价格时,则按国家统一调整的价格执行。

四、产品的包装标准,按统一规定的针织品包装标准,进行箱包装,包装物由乙方负责。

五、产品的包装纸和宝塔线,由乙方在签订合同时提出按季分期需要计划,甲方应保证供应,费用由乙方负担,如甲方未按计划供应,乙方不负延期交货的责任。

六、乙方应保证按合同规定的日期,按月分期交货,按季结算。如遇特殊情况,可在百分之五的范围内欠交或超交。乙方在完成合同规定的数量、花色品种的前提下,超计划生产部分,均由甲方收购。乙方试制新产品,甲方应负责试销;适应市场需要的,乙方可按双方协商的确定数及时投产。

七、货款结算,甲方应在乙方送货验收后,从货到验收日起三天内付款。如遇节假日顺延。

八、乙方未能履行合同,应负下列经济责任:

1. 产品花色、品种、规格、质量不符合合同规定,如甲方同意收货的,则按质论价;如要大量变更花色品种,则须经双方根据实际情况商定,否则应偿付甲方变更部分货款总值百分之五的罚金。

2. 产品数量不符合合同规定,少交产品,而甲方仍需要的,应照数补交,并承担延期交货的罚金。如不能交货而需要撤销合同的,则应偿付甲方以不能交货的货款总值百分之二十的罚金。

3. 甲方验收时,发现产品外包装不符合合同规定,必须返修或重新包装的,乙方应负责返修或重新包装,并承担因此支付的费用。由于包装不符合合同规定造成货物损失,应由乙方负责赔偿。

4. 产品交货时间不符合合同规定,每延期交货一天,应偿付甲方以延期交货部分货款总值万分之五的罚金。

5. 不符合合同规定的产品,在甲方代保管期内,乙方应及时处理。万一发生天灾人祸等意外事故,则由乙方自行负责。

九、甲方未履行合同,应负下列经济责任:

1. 中途变更产品的花色、品种、规格、质量或包装的规格、质量,由双方根据实际情况商定,否则应偿付乙方以变更部分货款总值或包装价值百分之五的罚金。

2. 中途撤销合同,应偿付乙方以撤销部分货款总值百分之二十的罚金。

3. 未按合同规定日期付款，每延期一天，应偿付乙方以延期付款总额万分之五的罚金。

4. 按照双方联系的送货日期，无故拒绝接货，应偿付乙方该批货款总值每天万分之五的罚金。

5. 产品在运输途中发生丢失、短缺、残损等责任事故，应负责向承运部门交涉索赔，乙方应予协助交涉。

十、上述应该偿付的罚金，其总额不得超过未履行合同部分的货款总值。应偿付的违约罚金，应在明确责任后十日内，按照例行结算办法拨付，否则按延期付款处理。任何一方不得自行用扣发货物或扣付货款来抵冲。

十一、由于人力不可抗拒或确非企业本身造成的原因而不能履行合同的，经仲裁机关查实证明，免予承担经济责任。

十二、以上各条经双方及工商行政管理机关付印签证后生效，至合同任务完成时终止。如有未尽事宜，则可由双方商订补充，并报签证机关备案。

十三、本合同一式九份，正本两份，甲、乙双方各执一份；副本七份，分送各有关部门存查。

甲方	乙方
单位：××县百货公司（公章）	单位：××毛巾厂（公章）
代表：××（私章）	代表：××（私章）
地址：××县中山街 10 号	地址：××镇淮海街 21 号
电话：5682255	电话：5451989
传真：5682235	传真：5458348
开户行：工商银行××县分行	开户行：工商银行××县分行
账号：6329	账号：6187

签证机关：××镇工商行政管理所（公章）

签约日期：××××年××月××日

【简析】

这份合同由标题、双方单位名称、正文和落款四个部分构成。标题用以标明合同的种类；标题下面写明订立合同的当事人——双方单位的全称，并在括号中分别标明双方的简称；正文包括开头和主体两个部分，开头部分概括说明订立合同的目的和原则，主体部分详细表述经双方协议、确定下来的各项条款。从总体上看，这是一份综合式合同，订立者在表述第一项条款时，采用了表格的形式，在表格中列出标的和各项指标，非常清楚，同时，也节省了篇幅。又以分条列项的方式，将合同的各项内容表达得明明白白，合同的各项条款的内容完全符合《合同法》的有关规定；落款一项有订立者签名盖章（包括双方单位的地址、电话、传真、开户行、账号等项目）、签证机关签名盖章、签约日期等内容。

【例文二】

房屋租赁合同

甲方(出租方)：_____

本人(法定代表人)姓名：_____ 职务：_____ 性别：_____

地址：_____ 邮码：_____ 电话：_____

乙方(承租方)：_____

本人(法定代表人)姓名：_____ 职务：_____ 性别：_____

地址：_____ 邮码：_____ 电话：_____

根据《中华人民共和国合同法》、《中华人民共和国城市房地产管理法》及其他有关法律、法规之规定，在平等、自愿、协商一致的基础上，甲、乙双方就下列房屋的租赁达成如下协议：

第一条 房屋基本情况。

甲方房屋(以下简称该房屋)坐落于_____，位于第____层，共____(套)，____(间)，房屋结构为____，建筑面积____平方米(其中实际建筑面积____平方米，公共部位与公用房屋分摊建筑面积____平方米)；该房屋所占地土地使用权以(出让)(划拨)方式取得；该房屋平面图见本合同附件一，该房屋附着设施见附件二；(房屋所有权证号、土地使用权证号)(房地产权证号)为_____。

第二条 房屋用途。

该房屋用途为除双方另有约定外，乙方不得任意改变房屋用途。

第三条 租赁期限。

租赁期限自____年____月____日至____年____月____日止。

第四条 租金。

该房屋月租金为(　币)____元整。租赁期间，如遇到国家有关政策调整，则按新政策规定调整租金标准；除此之外，出租方不得以任何理由任意调整租金。

第五条 付款方式。

乙方应于本合同生效之日向甲方支付定金(　币)____元整。租金按(月)(季)(年)结算，由乙方于每(月)(季)(年)的第____个月的____日交付给甲方。

第六条 交付房屋期限。

甲方应于本合同生效之日起____日内，将该房屋交付给乙方。

第七条 甲方对房屋产权的承诺。

甲方保证在交易时该房屋没有产权纠纷；除补充协议另有约定外，有关按揭、抵押债务、税项及租金等，甲方均在交付房前办妥。交易后如有上述未清事项，由甲方承担全部责任,由此给乙方造成经济损失的,由甲方负责赔偿。

第八条　维修养护责任。

租赁期间,甲方对房屋及其附着设施每隔____年检查、修缮一次,乙方应予积极协助,不得阻挠施工。正常的房屋大修修理费用由____方承担;日常的房屋维修费用由____方承担。

因乙方管理使用不善造成房屋及其相连设备的损失和维修费用,由乙方承担并负责赔偿损失。租赁期间,防火安全,门前三包,综合治理及安全、保卫等工作,乙方应执行当地有关部门规定并承担全部责任和服从甲方监督检查。

第九条　关于装修和改变房屋结构的约定。

乙方不得随意损坏房屋设施,如需改变房屋的内部结构和装修或设置对房屋结构影响的设备,需经征得甲方书面同意,投资由乙方自理,退租时,除另有约定外,甲方有权要求乙方按原状恢复或向甲方交纳恢复工程所需费用。

第十条　关于房屋租赁期间的有关费用。

在房屋租赁期间,以下费用由乙方支付,并由乙方承担延期付款的违约责任:

1. 水、电费;

2. 煤气费;

3. 供暖费;

4. 物业管理费;

5. ……

6. ……

在租赁期,如果发生政府有关部门征收本合同未列出项目但与使用该房屋有关的费用,均由乙方支付。

第十一条　租赁期满。

租赁期满后,本合同即终止,届时乙方须将房屋退还甲方。如乙方要求继续租赁,则须提前____个月书面向甲方提出,甲方在合同期满前____个月内向乙方正式书面答复,如同意继续租赁,则续签租赁合同。

第十二条　因乙方责任终止合同的约定。

乙方有下列情形之一的,甲方可终止合同并收回房屋,造成甲方损失,由乙方负责赔偿:

1. 擅自将承租的房屋转让、转借他人或擅自调换使用;

2. 擅自拆改承租房屋结构或改变承租房屋用途;

3. 欠租金累计达____个月;

4. 无正当理由闲置达____个月;

5. 利用承租房屋进行违法活动;

6. 故意损坏承租房屋;

7. ……

8. ……

9. ……

第十三条　提前终止合同。

租赁期间,任何一方提出终止合同,需提前半年书面通知对方,经双方协商后签订终止合同书,在终止合同书生效前,本合同仍有效。

如因国家建设、不可抗力因素或出现本合同第十条规定的情形,甲方必须终止合同时,一般应提前三个月书面通知乙方。乙方的经济损失甲方不予补偿。

第十四条　登记备案的约定。

自本合同生效之日起____日内,甲、乙双方持本合同及有关证明文件向____申请登记备案。

第十五条　违约责任。

租赁期间双方必须信守合同,任何一方违反本合同的规定,须按年度向对方交纳年度租金的____‰向乙方加收滞纳金。

第十六条　因不可抗力原因导致该房屋毁损和造成损失的,双方互不承担责任。

第十七条　本合同未尽事项,由甲、乙双方另行议定,并签订补充协议。补充协议与本合同不一致的,以补充协议为准。

第十八条　本合同之附件均为本合同不可分割之一部分。本合同及其附件内,空格部分填写的文字与印刷文字具有同等效力。

本合同及其附件和补充中未规定的事项,均遵照中华人民共和国有关法律、法规和政策执行。

第十九条　甲、乙一方或双方为境外组织或个人的,本合同应经该房屋所在地公证机关公证。

第二十条　本合同在履行中发生争议,由甲、乙双方协商解决。协商不成时,甲、乙双方同意按该项解决(1) 由____仲裁委员会仲裁。(2) 向____人民法院起诉。

第二十一条　本合同连同附表共____页,一式____份,甲、乙双方各执一份,均具有同等效力。

甲方:_____

甲方代理人:_____

____年____月____日

乙方:_____

乙方代理人:_____

____年____月____日

附件一:房屋平面图(略)

附件二:房屋附着设施(略)

【简析】

这是一份条款式合同。标题标明合同种类、双方当事人的名称、联系方式及地址分列标题之下上下排列。前言表明签订合同的原则和根据，并以过渡语"甲、乙双方就下列房屋的租赁达成如下协议"引出主体部分；主体部分写明双方当事人就房屋租赁商定的具体条款，详尽、具体、合法。

【例文三】

建筑安装工程承包合同

工程名称：××××　　　　　　　　合同编号：××××

工程编号：××××　　　　　　　　签订地点：××××

发包方：××××　　　　　　　　　签订时间：20××年×月×日

承包方：××××

根据《中华人民共和国合同法》和《建筑安装工程承包合同条例》及有关规定，为明确双方在施工过程中的权利、义务和经济责任，经双方协商同意签订本合同。

第一条　工程项目。

一、工程名称：××××

二、工程地点：××××

三、工程项目批准单位：××××

批准文号：（指此工程立项有权批准机关的文号）

项目主管单位：××××

四、承保范围和内容：（详见工程项目一览表）；工程建筑面积：××××（平方米）；其他：××××。

五、工程造价：××万元，其中土建××万元，安装××万元。

第二条　施工准备。

一、发包方

（一）20××年×月×日前做好建筑红外线的"三通"，负责红线外进场道路的维修。

（二）20××年×月×日前，负责接通施工现场总的施工用水源、电源、变压器（包括水表、配电板），应满足施工用水、用电量的需要。做好红线以内场地平整，拆迁清除全部障碍物（包括架空的、隐蔽的），并提供有关隐蔽障碍物的资料。

（三）本合同签订后×天内提交建筑许可证。

（四）本合同签订后×天内（以收签最后一张图纸为准）提供完整的建筑安装施工图×份，施工技术资料（包括地质及水准点坐标控制点）×份。

（五）组织承、发包双方和设计单位以及有关部门参加施工图交底会审,并做好三方签署的交底会审纪要,在×天内分送有关单位,×天内提供会审纪要和修改方案施工图×份。

二、承包方

（一）负责施工区域的临时道路、临时设施、水电管线的铺设、管理、使用和维修工作。

（二）组织施工管理人员和材料、施工机械进场。

（三）编制施工组织设计或施工方案、施工预算、施工总进度计划,材料设备、成品、半成品等进场计划（包括月计划）,用水、用电计划,送发包方。

第三条 施工期限。

一、根据国家工期定额和施工需要,商定工程总工期为××天（日历天）,自200×年×月×日开工至200×年×月×日竣工验收（附各单位工程开竣工日期,见附表一）。

二、开工前××天,承包方向发包方发出开工通知书。

三、如遇下列情况,经发包方现场代表签证后,工期相应延长:

（一）按施工准备规定,不能提供施工场地,水源、电源、道路未能接通,障碍物未能清除,影响进场施工;

（二）凡发包方负责供应的材料、设备、成品或半成品未能保证施工需要或因交验时发现缺陷需要修、配、代、换而影响进度;

（三）不属包干系数范围内的重大设计变更,提供的工程地质资料不准,致使施工设计方案改变或由于施工无法进行的原因而影响进度;

（四）在施工中,如因停电、停水8小时以上或连续间歇性停水、停电3天以上（每次连续4小时以上）,影响正常施工;

（五）非承包方原因而监理签证不及时而影响下一道工序施工;

（六）未按合同规定拨付预付款、工程进度款或代购材料差价款而影响施工;

（七）人力不可抗拒的因素而延误工期。

第四条 工程质量。

一、本工程质量经双方研究要达到:……

二、承包方必须严格按照施工图纸、说明文件和国家颁发的建筑工程规范、规程和标准施工,并接受发包方派驻代表的监督。

三、承包方在施工过程中必须遵守下列规定:

（一）由承包方提供的主要原材料、设备、构配件、半成品必须按有关规定提供质量合格证,或经检验合格后方可用于工程;

（二）由发包方提供的主要原材料、设备、构配件、半成品也必须有质量合格证,方可用于工程。对材料改变或代用必须经原设计单位同意,并发正式书面通知和发包方派驻代表签证后,方可用于工程;

（三）隐蔽工程必须经发包方派驻代表检查、验收签章后，方可进行下一道工序；

（四）承包方应按质量检评标准对工程进行分项、分布和单位工程质量进行评定，并及时将单位工程质量评定结果送发包方和质量监督站。单位工程结构完工时，应会同发包方、质量监督站进行结构中间验收；

（五）承包方在施工中发生质量事故，应及时报告发包方派驻代表和当地建筑工程质量监督站。一般质量事故的处理结果应送发包方和质量监督站备案；重大质量事故的处理方案，应经设计单位、质量监督站、发包方等单位共同研究，并经设计建设单位签证后实施。

（六）工程竣工后，承包方按规定对工程实施保修，保修时间自通过竣工验收之日算起。

第五条　建筑材料、设备的供应、验收和差价处理。

一、由发包方供应下列材料、设备的实物和指标（详见附表）。

二、除发包方供应以外的其他材料、设备由承包方采购。

三、发包方供应、承包方采购的材料、设备必须附有产品合格证才能用于工程，任何一方认为对方提供的材料需要复验的，应允许复验。经复验符合质量要求的方可用于工程，其复验费由要求复验方承担；不符合质量要求的，应按有关规定处理，其复验费由提供材料、设备方承担。

四、本工程材料和设备差价的处理办法：……

第六条　工程价款的支付与结算。

工程价款的支付与结算，应按中国建设银行制定的《基本建设工程价款结算办法》执行。

一、本合同签订后×日内，发包方支付不少于合同总价（或当年投资额）的×％备料款，计人民币××万元；临时设施费，按土建工程合同总造价的×％计算，计人民币××万元；安装工程按人工费的×％计算，计人民币××万元；材料设备差价××万元，分×次支付，每次支付时间、金额……

二、发包方收到承包方的工程进度月报后，必须在×日内按核实的工程进度支付进度款。工程进度款支付达到合同总价的×％时，开始按规定比例逐步扣回备料款。

三、工程价款支付达到合同总价款的×％时，不再按进度付款，办完交工验收后，待保修期满连本息（财政拨款不计息）一次支付给承包方。

四、如发包方拖欠工程进度款或尾款，应向承包方支付拖欠金额每日万分之×的违约金。

五、确因发包方拖欠施工款、代购材料价差款而影响工程进度，造成承包方的停、窝工损失的，应由发包方承担。

六、本合同造价结算方式：……

七、承包方在单项工程竣工验收后×天内将竣工结算文件送交发包方和经办银行审查,发包方在接到结算文件×天内审查完毕,如到期未提出书面异议,承包方可请求经办银行审定后拨款。

第七条　施工与设计改变。

一、发包方交付的设计图纸、说明和有关技术资料,系施工的有效依据,开工前由发包方组织会审作出会审纪要,作为施工的补充依据,承、发包双方均不得擅自修改。

二、施工中如发现设计有错误或严重不合理的地方,承包方应及时以书面形式通知发包方,由发包方及时会同设计等有关单位研究确定修改意见或改变设计文件,承包方按修改和变更的设计文件进行施工。若发生增加费用(包括返工损失、停工、窝工、人员或机械设备调迁、材料和构件积压的实际损失)由发包方负责,并调整合同造价。

三、承包方在保证工程质量和不降低标准的前提下,提出修改设计、修改工艺的合理化建议,经发包方、设计单位或有关技术部门同意后实施,其节约的价值按国家的规定分配。

四、发包方如需变更设计,必须由原设计单位作出正式修改通知书和修改图纸,承包方才予以实施。重大修改或增加造价时,必须另行协商,在取得投资落实证明,技术资料设计图纸齐全时,承包方才予以实施。

第八条　工程验收。

一、竣工工程验收,以国家颁发的《关于基本建设项目竣工验收暂行规定》、《工程施工及验收规范》、《建筑安装工程质量检验评定标准》和国务院有关部门制定的竣工验收规定、施工图纸及说明书等施工技术文件为依据。

二、工程施工中,地下工程、结构工程必须具有隐蔽验收签证、试压、试水、抗震等记录。工程竣工质量经当地质量监督部门检验合格后,发包方须及时办理验收签证手续。

三、工程竣工检验后,发包方可使用。

在规定的保修期内,凡因施工造成的质量事故和质量缺陷应由承包方无偿保修。其保修条件、范围和期限按城乡建设环保部(××)城建字××号通知印发的《建筑工程保修办法》执行。

第九条　违约责任。

承包方的责任:

一、工程质量不符合合同规定的,负责无偿修理或返工。由于修理或返工造成逾期交付的,偿付逾期违约金。

二、工程不能按合同规定的工期交付使用的,按合同中第九条关于建设工期提前或拖后的奖罚规定,偿付逾期罚款。

发包方的责任:

一、未能按合同的规定履行自己应负的责任,除竣工日期得以顺延外,还应赔偿承包方由此造成的实际损失。

二、工程中途停建、缓建或由于设计变更、设计错误造成的返工，应采取措施弥补以减少损失。同时，赔偿承包方由此造成的停工、窝工、返工、倒运、人员和机械设备调迁、材料和构件积压的实际损失。

三、工程未经验收，发包方提前使用或擅自动用，由此而发生的质量或其他问题，由发包方承担责任。

四、承包方验收通知书送达×日后不进行验收的，按规定偿付逾期违约金。

五、不按合同规定拨付工程款，按银行有关逾期付款办法规定的延付金额每日万分之×偿付承包方赔偿金。

第十条　纠纷解决办法。

任何一方违反合同规定，双方协商不成，按以下方式解决：

一、向合同仲裁机关申请仲裁。

二、向人民法院起诉。

第十一条　附则。

一、本合同一式×份，合同附件×份。承包方和发包方各执正本一份，其余副本由发包方报送经办银行、当地工商管理机关、建设主管部门备案，并送建筑物所在地的公证部门办理公(鉴)证。

二、本合同经双方代表签字之日起生效，工程竣工验收、结清工程款之后终止。

三、本合同签订之后，承、发包双方如需提出修改时，经双方协商一致后，可以签订补充协议。

发包方：×××(章)　　　　　　　　承包方：×××(章)

法定代表人：×××(章)　　　　　　法定代表人：×××(章)

委托代理人：×××(章)　　　　　　委托代理人：×××(章)

单位地址：××××××　　　　　　单位地址：××××××

开户银行：××××××　　　　　　开户银行：××××××

账号：×××　　　　　　　　　　　账号：×××

电挂：×××　　　　　　　　　　　电挂：×××

邮编：×××　　　　　　　　　　　邮编：×××

　　　　　　　　　　　　　　　　　　　　二〇〇×年×月×日

经办建设银行(章)

建筑管理部门(章)

鉴(公)证机关(章)

　　　　　　　　　　　　　　　　　　　　二〇〇×年×月×日

附表一：工程项目一览表(略)

附表二：发包方负责供应的设备和材料表(略)

【简析】

这也是一份条款式合同。此合同写法与前面一份合同大致相同,只是由于合同的业务性质不同,因此内容和条款也就不同。从总体上看,这份合同的内容比较复杂,条款较多。为把复杂的内容表达得更为清楚,合同的订立者先按工程本身的情况对合同的内容进行分类,然后再循序渐进地写明各项条款,明确当事人各方在合同履行的各个环节中所应承担的义务和责任及所能享有的权利。内容齐全,表述明晰,结构谨严,富有条理。

【例文四】

借款合同

货款种类:_____　　合同编号:_____

借　款　人:_____　　电　　话:_____

住　　　址:_____　　邮政编码:_____

货款银行:_____　　电　　话:_____

法定代表人:_____　　传　　真:_____

地　　　址:_____　　邮政编码:_____

借款人即抵押人(以下简称甲方):_____

贷款人即抵押权人(以下简称乙方):_____

保证人即售房单位(以下简称丙方):_____

甲方因购买或建造或翻建或大修自有自住住房,根据××市公积金管理中心和《职工住房抵押贷款办法》规定,向乙方申请借款,愿意以所购买或建修的住房作为抵押。乙方经审查同意发放贷款。在抵押住房的房地产权证交乙方收押之前,丙方愿意为甲方提供保证。为明确各自的权利和义务,甲,乙,丙三方遵照有关法律规定,经协商一致,订立本合同,共同遵守执行。

第一条　借款金额。

甲方向乙方借款人民币(大写)_____元。

第二条　借款用途。

甲方借款用于购买,建造,翻建,大修坐落于_____区(县)_____街道(镇)_____路(村)_____号_____室的住房。

第三条　借款期限。

借款合同期限从_____年____月____日至_____年____月____日止。

第四条　贷款利率。

贷款利率按签订本合同时公布的利率确定年利率为____%(月利率____%)。在借款期限内利率变更,按中国人民银行规定办理。

第五条　存入自筹资金。

甲方应在本合同签订后,在乙方开立活期储蓄存款户(储蓄卡账户),将自筹资金存入备用。如需动用甲方本人,同户成员,非同户配偶和非同户血亲公积金抵充自筹资金的,需提供当事人书面同意的证明,交乙方办理划款手续。甲方已将自筹资金支付给售房单位作首期房贷并有收据的可免存。

第六条　贷款拨付。

向售房单位购买住房或通过房地产交易市场购买私房的甲方在此不可撤销地授权乙方,在办理住房抵押登记获得认同(乙方确定)之日起的五个营业日内将贷款金额连同存入的自筹资金全数以甲方购房款的名义转入售房单位或房地产交易市场在银行开立的账户。

甲方建造,翻建,大修自住住房的,在本合同生效后自筹资金用完或将要用完时,有乙方主动将贷款资金划入甲方在乙方开立的活期储蓄存款户储蓄卡账户,按工程进度支用。

第七条　贷款偿还。

贷款本金和利息,采用按月等额还款方式。

贷款从发放的次月起按月还本付息。根据等额还款的计算公式计算每月等额还贷款本息,去零进元确定每月还本息额,最后一次本息结清。

(1) 第一期(合同签订时)每月还本息额为:人民币(大写)＿＿万＿＿仟＿＿百＿＿拾＿＿元整。

(2) 第二期至以后各期每月还本息额根据当年银行公布的个人住房公积金贷款利率计算,以乙方书面通知为准,同时变动分期每月还本息额。

甲方需动用本人,同户成员,非同住配偶和直系血亲公积金用于偿还贷款本息的,可在每年的＿＿月份办理一次,手续与本合同第五条公积金抵充自筹资金相同。

储蓄卡,信用卡还款

甲方必须办理中国建设银行××市分行储蓄卡,信用卡,委托乙方以自动转账方式还本付息的足额款项,存入储蓄卡账户或信用卡账户,保证乙方能够实施转账还款。

当因甲方原因造成用卡还款失败时,甲方必须持现金到原贷款经办行还款。

甲方提前将未到期贷款本金全部还清,乙方不计收提前还款手续费,也不退回按原合同利率收取的贷款利息。

第八条　贷款担保。

本合同项下甲方购买的住房由丙方提供阶段性保证。在未将房地产权证交乙方收押前,如发生借款人违约连续三个月拖欠贷款本息,罚息及相关费用,丙方须在接到乙方发出《履行保证责任通知书》后的十日内负责代为清偿。保证期限从贷款发生之日起,至乙方取得房地产权证收押之日为止。

保证期间,借款合同的甲,乙方协议变更借款合同内容,应事先征得丙方的书面同意。

本合同项下甲方购买,建造,翻建,大修的住房作为借款的抵押担保,由甲,乙方另行签订《住房抵押合同》。甲方购买期房的,应将购房预售合同交乙方保管。

第九条 合同公证。

甲,乙,丙三方自本合同签订之日起的十日内,向公证机关办理本合同和甲,乙方签订的住房抵押合同公证。

第十条 合同的变更和解除。

本合同生效后,任何一方不得擅自变更和解除本合同。

甲方如将本合同项下的权利,义务转让给第三方,应符合有关规定,并应事先经一方书面同意(如在保证期间应征得丙方同意),其转让行为在受让方和乙方重新签订借款合同后生效。

第十一条 甲,乙双方的权利和义务。

甲方有权要求乙方按合同约定发放贷款;

甲方应在合同约定的期限内向乙方归还全部贷款本息;

甲方必须按约定用途使用乙方贷款,未经乙方书面同意,甲方不得将乙方贷款挪作他用。

乙方应按合同规定期限及时发放贷款。

第十二条 违约责任。

甲方在执行本合同期间,未按月偿还贷款本息为逾期贷款,乙方按规定对其欠款每____天计收万分之____的罚息;并由甲方在活期储蓄或储蓄卡账户内存入一个月的贷款数,保证按时归还乙方贷款。

甲方如连续六个月未偿还贷款本息和相关费用,或被发现申请贷款时提供资料不实以及未经乙方书面同意擅自将抵押住房出租,出售,交换,赠与等方式处分抵押住房的,乙方有权提前收回贷款本息,直至处置抵押住房,如不足以偿还欠款的没有继续向甲方追偿欠款的权利。

甲方未将乙方贷款按合同约定使用而挪作他用,对挪用部分按规定每天计收万分之十二的罚金。

第十三条 本合同争议解决方式。

在履行本合同过程中发生争议时,可以通过协商解决,协商不成,可以向乙方所在的人民法院起诉。在协商或诉讼期间,本合同不涉及争议部分的条款,仍须履行。

第十四条 其他约定事项(略)。

第十五条 本合同自甲,乙,丙三方签订后生效,丙方保证责任至甲方所购商品房的《房地产权证》和《房地产其他权证证明》交乙方执管后终止。甲,乙双方承担责任至合同项下贷款本息和相关费用全部清偿完毕后终止。

第十六条　本合同正本一式五份,甲,乙,丙各执一份,公证机关,房地产登记机构各执一份,副本按需确定,其中:送城市公积金管理中心一份。

甲方:(私章)　　　　　　　　　　　　　乙方:(私章)

法定代表人(签字)　　　　　　　　　　　法定代表人(签章)

_____年___月___日　　　　　　　　　　_____年___月___日

丙方:(公章)

法定代表人(签章)

(或其授权代理人)

_____年___月___日

【简析】

本例文是一份结构完整,条款完备、标准的个人借款合同格式。

在这份合同格式的约首中,除了一般合同约首中需要填写的内容外,一些通常放在约尾的内容,如订立合同者的联系方式、住址等内容也放在了约首中。还有借款合同中一些特有的必备内容,如贷款种类、贷款银行、保证人等内容也放在约首中,所以本例文约首内容较多。

正文中,除了一般合同所具备的条款外,还有一些借款合同所必备的条款,如借款用途、贷款利率、存入自筹资金、贷款拨付、贷款偿还等条款,这些条款内容详细、具体。

约尾分甲、乙、丙三方签字、盖章。

5.3　协议书

5.3.1　协议书的概念、作用和特点

1) 概念

协议书又称协议,是当事人之间对某种经济关系或其他关系,经过协商达成一致意见后,所共同订立的一种契约性文书。

2) 作用

协议书虽然不像合同书那样有很强的法规性,但也具有较强的约束作用、凭证作用,也是确定当事人协作关系,达到议定的某一目的的有效措施。因此在经济活动中,协议书也具有重要的作用。它可以为正式签订合同做准备,将协商结果、合作意向以文本形式固定下来,也可以补充或修订合同条款,实际上起到合同书的作用。相比正规的合同书而言,协议书使用起来更灵活、更方便、更易于满足需要,因此在经济领域中被广泛使用。

3) 特点

协议书作为一种有合同性质的契约性文书,其独特之处主要表现在以下两点:

第一，广泛性。协议书的合作范围和涉及领域相当广泛，凡不宜签订合同的合作形式，只要当事人协商一致就可以签订协议书。企事业单位、群众团体、个人之间都可以订立协议书。

第二，灵活性。由于内容广泛，且没有固定统一的写作格式，因此协议书的内容安排、条款形式等都由当事人协商议定。

5.3.2　协议书的写作

1) 协议书的分类

协议书按其作用大致可分为三种：一是签订正式合同之前订立的意向式协议书；二是签订了正式合同之后，为补充、修订条款内容不足而订立的补充式协议书；三是为《合同法》中规定的 15 种合同之外的合作形式服务的合同式协议书。

协议书按适用范围可分为联营、经销、承揽加工、和解、调解、仲裁、赔偿、财产保险、经济技术合作等各种各样的协议书。

协议书按拟写形式可分为条文式、表格式和综合式。

2) 协议书的结构

协议书的结构也与合同书相似，由标题、约首、正文、约尾四部分组成。

(1) 标题。标题的写法有三种：

第一，用文种做标题，将"协议书"居中写在首页上方。

第二，用事由加文种组成标题，如"赔偿协议书"、"拆迁协议书"、"捐赠协议书"等。

第三，公文式标题，即由当事人名称、事由和文种组成标题，如《北京××公司与中国××总公司合建员工公寓楼协议书》、《中国××进出口总公司与俄罗斯××贸易公司合资经营机电产品协议书》等。

(2) 约首。在标题之下，写上协商签订协议书的当事人的单位名称，有时还写上代理人、代表人姓名。为使正文行文方便，可在其姓名上加上"甲方"、"乙方"等代称。排列顺序有三种，即左右并列、上下分列、前后连写。

(3) 正文。在正文部分要将当事人的议定事项写清楚。前面是一句话的开头，后面是协议条款。

开头简要写明签订协议的根据和目的。

协议条款部分是协议书最重要的部分，一般分条列项将当事人协商确定好的一致意见逐条写出来。具体条款内容可参考合同正文主体部分的写法。

正文最后要写明本协议一式几份，如何来保存，还要注明协议的附件、有效期限等。

(4) 约尾。约尾一般包括：署名(写明当事人的全名，法定代表人或代理人应有签名)、印章(加盖公章)、日期(写明签订协议书的年月日)。

协议书的写作要求可参考合同书的写作要求。

【例文】

图书出版协议书

甲方：（著作权人）姓名

地址：　　　　　电话：　　　　　　邮编：

乙方：（出版者）　名称

地址：　　　　　电话：　　　　　　邮编：

作品名称：×××××

甲、乙双方就上述作品的出版达成协议，并签订本协议书，现将有关事宜分列如下：

第一条　甲方将上述作品×××××××文本授权乙方在×××地区以×××版本形式独家出版并发行，期限为×年，自签订协议书之日起计算。

第二条　乙方要求上述作品符合下列条件（乙方对作品内容、数字或篇幅、体例、插图或图表、附件等方面的要求）。（略）

第三条

（一）甲方交稿日期为××××年×月×日。如因特殊情况不能按时交稿，可延至××××年×月×日。如延期后甲方还不能按期交稿，乙方可以解除协议。

（二）交付的原稿应有甲方的签字。合作作品应有全体作者或其代表（经全体合作作者授权）的签字。合作作者应确定署名顺序。

第四条　乙方应在收到原稿后××日内书面通知甲方是否决定使用或是否要求作者修改。逾期未通知甲方，视为决定使用。

第五条　在协议书有效期内，未经双方许可，任何一方不得将本协议书第一条规定的出版上述作品的权利授予第三方。如违反本条规定，擅自授权一方须向对方赔偿经济损失。受害一方有权解除本协议书。

第六条　甲方保证确有本协议书第一条规定的出版上述作品的权利，保证上述权利的行使不侵犯他人的著作权。如因上述权利的行使侵犯他人的著作权，由甲方负全部责任赔偿因此给乙方造成的损失。乙方有权解除本协议书。

第七条　乙方必须按照作者确定的署名方式出版作品。未经作者同意，乙方不得对上述作品的名称做任何改动，不得对作品内容做实质性修改，也不得附加任何序言（后记）、插图（图表）、注释、评述等。作品的封面设计也应征得作者同意。如作者已故，应征得其他著作权人同意。

第八条　甲方有权审读上述作品校样。如果甲方审读校样，应在××天内签字后退还乙方。甲方若未按期归还校样，乙方可按计划付印。如因甲方修改而造成版面改动或未能按期出版，甲方承担改版或推迟出版的责任。

第九条　乙方向甲方支付著作权使用费标准为：

（注：付酬方式多种，可由甲、乙双方商定）

第十条　乙方应在××××年×月前出版初版。首次出版一年内，乙方可自行决定重印。首次出版一年后，乙方重印时应通知甲方并征询甲方是否对上述作品进行修改。甲方应在收到通知后一个月内给予答复，否则乙方有权重印。

第十一条　乙方重印或再版时，应将印数通知甲方，并在重印或再版两个月内按标准向甲方支付重印或再版的著作权使用费。

第十二条　在协议书有效期内，如图书脱销，甲方有权要求乙方重印或再版。最后由双方根据实际需要量的大小，确定是否重印或重印时间。

第十三条　由于乙方原因而不能按协议书规定期限出版上述作品，乙方应于本协议书规定的出版期限之前××日通知甲方，双方另定出版日期。如推迟期限后乙方仍不能按时出版上述作品，甲方有权解除协议，乙方应向甲方支付不低于本协议第九条约定著作权使用费××％的费用。

第十四条　甲方未达到本协议书第二条的要求并拒绝修改，乙方有权解除协议。如甲方经反复修改未达到本协议书第二条的要求，乙方向甲方支付基本稿酬下限20％～30％的费用。

第十五条　乙方因不可抗力因素须推迟出版日期应及时通知甲方，双方另定出版日期。由于以上原因不能出版上述作品，乙方可要求终止协议。

第十六条　上述作品原稿在首次出版后一年内，由乙方交还甲方。

第十七条　上述作品首次出版后××日内，乙方向甲方赠样书××册，并以×折优惠甲方购买样书××册。此后，每次再版后××日内，乙方向甲方赠样书××册。

第十八条　双方因对协议书的履行或解释发生争议时，应协商解决。如协商不成，可请求双方同意的××××著作权仲裁委员会进行仲裁。

第十九条　发生本协议书未规定的事项或需要更改本协议书的条款，由双方另行商定。

第二十条　本协议书自××××年×月×日起生效，有效期为×年，任何一方要求延长协议期限，应在协议书期满前三个月通知对方，并另行商定延期期限及有关事宜。

第二十一条　本协议书一式两份，双方各执一份为凭。

甲方：（签字）　　　　　　　　　　　　　　乙方：（签字）

签字日期××××年×月×日　　　　　　　　签字日期××××年×月×日

【简析】

本文是一份条文式的图书出版协议书。全文由标题、约首、正文、约尾四个部分组成。标题用事由加文种组成。约首内容上下分列。正文部分将当事人议定的事项用条文形式进行叙写。约尾有署名、签字日期。此协议书结构完整，条款具体详尽。

5.4　意向书

5.4.1　意向书的概念、作用和特点

1）概念

意向书是国家、单位、企业以及经济实体与个人之间，对某项事务在正式签订合约、达成协议之前，由一方向另一方表明基本态度或提出初步设想的一种具有协商性的应用文书。意向书是一种记述初步的合作及设想的文书，是当事人经平等协商对合作事项达成初步的原则性、方向性意见后签订的备忘文书。

2）作用

意向书的主要作用是：传达"意向"，提请对方注意或供参考，可以约束双方的行动，保证双方的利益；能反映业务工作上的关系，能保证业务朝着健康有利的方向发展；可为正式签订协议或合同打下基础。

3）特点

意向书不具备法律效力，只有对立约各方的信誉约束力。它有以下几个特点。

（1）协商性。写意向书多用商量的语气，不带任何强制性。有时还用假设、询问的语气。

（2）灵活性。意向书的灵活性主要体现在两个方面：一是可以随时改变自己的主张。意向书发出后，对方如有更好的意见，可以直接采纳，部分改变或全盘改变都是可能的。二是在同一份意向书里可以提出多种方案供对方选择。或者对其中的某项某款同时提出几种意见，让对方比较和选择。

（3）临时性。意向书只是表达谈判的初步成果，为下一步签订协议书和合同做铺垫；一旦项目谈成，最终确定了当事人各自的权利与义务，意向书的使命即告结束。

（4）概略性。意向书的内容多是概略性、轮廓性的，一般是将当事人议定的共同目的、合作领域和项目、大体的规模登记下来，并不涉及具体细节。

5.4.2　意向书的写作

意向书一般包括标题、正文、落款几个部分。

1）标题

标题可以直接写"意向书"三个字，也可以在意向书前面写明合作内容、项目，如《合作兴建××加工厂意向书》；还可以在合作内容、项目前面加上当事人的名称，如《深圳××电子有限公司与××大学联合开发××产品意向书》。

2）正文

正文包括引言和主体两部分。

（1）引言。在引言开头，先写清楚签订意向书各方的名称，并在名称后加括号注明"简称甲方"、"简称乙方"等，以方便行文。然后简明扼要地说明签订意向书的缘由、目的、依据以及遵循的原则等。然后用"现达成如下意向"或"经友好协商，特就……事宜签订本意向书"等语句，过渡到主体部分。

（2）主体。主体部分一般以条文形式表述合作各方所达成的具体意向，逐条将协商一致的意见列举出来。一般还要写明未尽事宜的洽谈方式和大致的日程安排等。

最后写意向书的份数、存执情况以及必要的说明等。

意向书由于不具备按约履行的法律约束力，因此语言相对比较平和，也不写违约责任，一般也不规定有效期限。

（3）落款。落款包括签订意向书各方当事人的名称、代表人签名、加盖印章、注明签署日期和地点等。

【例文】

意 向 书

    ××厂（甲方）   ××公司（乙方）

双方于××××年×月×日在××地，对建立合资企业事宜进行了初步协商，达成意向如下：

一、甲、乙两方愿以合资或合作的形式建立合资企业，暂定名为××有限公司。建设期为×年，即从××××年至××××年全部建成。双方意向书签订后，即向各方有关上级申请批准；批准的时限为×个月，即××××年×月×日至××××年×月×日完成。然后由××厂办理合资企业开业申请。

二、总投资×万（人民币），折×万（美元）。×部分投资×万（折×万）；×部分投资×万（折×万）。甲方投资×万（以工厂现有厂房、水电设施现有设备等折款投入）；乙方投资×万（以美元投入，购买设备）。

三、利润分配：各方按投资比例或协商比例分配。

四、合资企业生产能力：……

五、合资企业自营出口或委托有关进出口公司代理出口，价格由合资企业定。

六、合资年限为×年，即×××年×月至×××年×月。

七、合资企业其他事宜按《中华人民共和国中外合资经营企业法》有关规定执行。

八、双方将在各方上级批准后，再行具体协商有关合资事宜。

本意向书一式两份。作为备忘录,各执一份备查。

××厂(甲方)　　　　　　　　　　　　××公司(乙方)

代表:　　　　　　　　　　　　　　　代表:

【简析】

本意向书传达了甲、乙双方的合作"意向",虽然不可以约束双方的行动,但却是为正式签订协议或合同打下的基础,因此,本例文中的条款并不像协议书或合同中的条款那样带有任何的强制性,而是带有许多的不定性,体现了临时性的特点。

思考与练习

1. 分析题

1) 在签订合同的数量条款时,由于有些货物受本身特性或包装工具的限制,因此交货量难以完全符合合同所规定数量的要求,如粮食、水果、砂糖等。在此情况下,为避免发生争议,怎样在数量条款上做一些相应的规定? 文字上如何表述?

2) 分析下列病文,指出其错漏,并加以修改。

借 款 合 同

为扶持和支持农村养殖户发展商品生产,县政府委托县农业服务公司(为甲方),应水湖镇水湖村农民王××同志(为乙方)申请建设养鸡项目的要求,共同签订合同协议如下:

1. 甲方自××××年8月20日提供给乙方月息为1.2‰的贷款贰仟元,乙方接受贷款后,保证用于该建设项目。

2. 贷款期限为壹年,即××××年8月20日终止。乙方必须在终止日之前还清本利,逾期不还者,除按月息7.2‰计算全贷期的利息外,并按合同法处以罚款。

3. 担保单位(或人)除负责该项贷款专款专用外,并保证按期还清本息,否则应承担经济责任。

4. 本贷款由县建设银行,根据贷款有关规定予以监督支付使用。

5. 本合同一经签字后,即具有法律效用,如有违约者,监证机关按照国家经济合同法给予经济处罚。

本合同正本二份,甲、乙双方各执一份,副本六份,分别送县政府、建行、计委、商品粮基地办公室、担保单位、监证机关各一份。

甲方:李××(盖章)

乙方:王××(盖章)

监证机关：××县工商行政管理局（盖章）
担保单位（或个人）：×××（盖章）

×××× 年 5 月 7 日

承包合同

发包方：××县××乡人民政府（简称甲方）

承包方：××市综合农场（简称乙方）

甲方于××××年建轮窑一座，因多种原因，多年停产，经长沙市乡镇企业局介绍，乙方承包甲方轮窑机砖厂，恢复生产，乙方曾多次派人进行实地勘察，双方协商议定并报请双方上级机关批准，特订如下合同：

一、厂名：综合农场××机砖厂。甲方负责办理营业执照和银行开户手续。

二、承包时间：从××××年3月起至××××年年底止。

三、人员：甲方派特派员一名，负责甲、乙双方的联络工作，协助乙方调解厂队纠纷，其工资由甲方负责。工厂管理人员、技术人员和熟练工，由乙方分派。生产人员由甲方保证基数，如不能满足，乙方有权自行招收。生产人员一律实行合同制，定额计件，多劳多得，停工不付工资。合同期内违反厂规者，乙方有权解雇。

四、××机砖厂产权属甲方所有，承包期内由乙方全权管理使用。如发生产权纠纷（包括土地纠纷由甲方负责处理，乙方应于发生纠纷的当天通知甲方），由此而造成乙方的损失归甲方赔偿。并于损失之日起柒天之内付给乙方赔偿费，每逾期壹天向乙方付违约金伍拾元。

五、其他规定：

（一）乙方每年向甲方提交总收入的2%作为管理费和贰万元固定资产折旧费。两次款项必须在当年12月底交付80%，次年元月30日全部结清。逾期壹天向甲方交付违约金壹拾元。

（二）为了恢复生产，需要基建和购置设备资金壹拾陆万元。其中乙方提供砖机壹整套，价值肆万元，其中壹拾贰万元由甲方申请贷款解决。在××××年4月前交乙方使用，贷款和利息全部由乙方免费偿还，但可抵作上交甲方的折旧费和管理费。

（三）贷款资金不得用于维修设备和工具。用贷款购置的，乙方承包期满，如甲方需要，作价移交甲方。

（四）厂区范围内的土地、树木和土建设施的征收、拆迁、补偿费均由甲方付清。并在××××年×月5日前处理完毕。如甲方未按期处理，每逾期壹天向乙方付违约金壹百贰拾元。

（五）为了恢复生产，需要将轮窑东侧扩展到壹拾肆米宽，两侧扩展到贰拾米宽，以及做砖需要占地，由甲方办理征收手续，并承担其费用，时间在3月上旬前办妥。

（六）进厂公路占地费用由甲方负责。

（七）生产、生活所需水源，由甲方负责提供，如因用水发生纠纷，由甲方负责解决。

（八）甲方负责解决电源，保证正常生产的需要（按甲方所在县县办工业同等供电），高压线及变压器、配电瓶由甲方所在地供电部门修复。

（九）基建、生产中所需的原材料、燃料由甲方所在县按县办工业的标准供应，由××县经委、农机公司下文提供指标。

（十）乙方负责全部基建和生产管理，并有自主权。因工伤事故、操作失误而造成的一切损失由乙方负责。发生偷盗案件所遭受的损失双方协商解决。

（十一）承包期红砖年销售量捌百万块全部由甲方负责，乙方按甲级砖每万块××元，乙级××元，等外砖××元收款，乙方付给甲方推销员每月工资××元，不付其他费用。生产期间每天下午六点钟为止，厂内红砖积压不得超过壹拾伍万块。超过数每天每万块罚甲方款××元。

（十二）承包期间，乙方应毫无保留地对甲方传授技术，并培训技术骨干，使之在承包期满后能独立操作和管理。否则，期满后乙方应留技术人员继续传授，其工资由甲方支付。承包期满后乙方应保持厂房、设备等完好，使甲方能正常生产。

（十三）因恢复生产花费很大，由甲方负责办理免税手续，如不能免税，甲方应负责交纳××和××××年度的税款。××××年由乙方负责纳税。

（十四）甲方的债务概由甲方负责偿还，银行和任何单位不得随意将乙方资金、财物抵付甲方债务。若扣乙方资金抵甲方之债，壹个月之后，每超过壹天甲方须向乙方付违约金1％。

（十五）砖厂达不到正常生产水平，乙方要求停办，除交还甲方原有厂地、设备外，还应赔偿壹拾贰万元贷款（用贷款添置的机械、电器设备可抵作赔偿费，其他土建工程等均应无偿移交甲方）。全部赔偿费应在乙方决定停办之日起两个月内付给甲方，否则，每逾期壹天，按拖欠款1％向甲方付违约金，但由于红砖销售不出造成亏本，经市、县乡镇企业局批准停办，乙方不负责上述赔偿。

除上述情况之外，变更和解除合同须经双方同意，否则要求解除或变更的一方应赔偿对方由此造成的全部损失。

甲方：××县××乡人民政府

代表人：罗××

乙方：××市综合农场

代表人：姜××

××××年5月31日签订

建筑工程合同

上海×××机械厂（以上简称甲方）与××省××县建筑公司（以下简称乙方），经双方商定签订协议如下：

1. 工程内容：甲方原有厂房（均系平房）4 000 平方米，现扩建 8 400 平方米，其中拆除 2 000 平方米。新厂房要求四层钢骨水泥结构（详另见图纸）。

2. 工程进度：首期工程 3 600 平方米要求在 2005 年 10 月底前完成，其余 2 800 平方米在 2006 年 8 月底前全部完成。

3. 建筑费用：全部建筑工程费用 140 万元（详另见清单），所有建筑材料均由乙方负责采办。订立合同后甲方先付给乙方工程费用 80 万元，余款在厂房建成验收后 10 天内全部付清。

4. 经济责任：厂方如不能按期付款，每超过一天应赔偿给建筑公司按工程费 1‰ 的赔偿金；建筑公司如不能按期完成施工任务，每超过一天，厂方可在工程费用中扣除 1‰ 作为赔偿。

5. 施工期间的人身安全由双方共同负责。

6. 本合同一式四份，双方各执二份。

甲方（单位盖章）　　　　　　　　乙方（单位盖章）

代表人（签章）　　　　　　　　　代表人（签章）

　　　　　　　　　　　　　　　　××××年×月×日

2. 写作训练

1）模仿例文一，拟订一份买卖合同或购销合同。

2）刚刚踏上工作岗位的大学生张某欲与同学李某合开一家水果店，请你代张某、李某拟写一份合作意向书。

3）根据下面的材料（可扩充），写一份服装加工承揽合同。

春江服装厂为天津市××中学加工 520 套中学生校服，其中男生校服为：白衬衫（长袖），蓝裤子；女生校服为：白短袖衬衣，蓝裙子。男女校服各分四种规格，分别是：小号、中号、大号、特大号。数量分别是：小号男式 48 套，女式 57 套；中号男式 189 套，女式 132 套；大号男式 51 套，女式 26 套；特大号男式 13 套，女式 4 套。每套价格平均为人民币 40 元整。厂方在签约后 20 日内设计出校服样品（三种）供校方选择。布料由厂方提供，经校方同意后使用。全部校服在合同签订后 3 个月内加工完毕并交付校方。校方在选定布料和校服样品后的 3 天内，先付全部费用的 1/4 给厂方，收到全部服装后的 10 天内付清余款，如有质量问题应在 5 天内提出，由厂家返工或另做。厂方若延期交货，每逾期 1 天，按迟交服装总价的 1‰ 计算支付违约金给校方；学校在选定面料和式样后，不得改变，否则赔偿厂方全部实际损失，另外以 1/4 的预订金作为违约金偿付厂方。

6 招标投标文书

6.1 招标投标文书概述

6.1.1 标书的概念和作用

1) 标书的概念

标书是招标书与投标书的统称,是为了适应经济活动中招标、投标的需要,按照一定格式和要求编制成的一种经济法律文书。

招标和投标是一种依法定程序进行的公开的竞争性经济行为,是国内外经济活动中常用的一种交易形式。为购买大宗商品或发包建设工程项目,公开发布标准和条件等以招标公告的形式对外公布,招人承包或承买,然后根据投标书择优,称为招标。愿意接受招标者的条件和要求,向招标单位申请承买或承包并报价,称为投标。通过招投标方式,可以在较大范围内选择到比较合适的合作伙伴,也可以签订比较理想的合同。

2) 标书的作用

第一,是鼓励公平竞争、提高经济效益的有效手段。通过招标、投标这种公开竞争的方式,可以使项目质量得到保证,使项目成本有所降低,从而使项目的经济效益得到最大限度的提高。同时,这种方式的采用也有利于破除平均主义、推行优胜劣汰的竞争机制,有利于不同的单位甚至不同的地区、国家之间加强经济协作,实现优势互补。

第二,是消除不正之风、减少违法乱纪现象的有力措施。目前,我国社会主义市场经济体制尚不够完善,法制建设还不够健全,经济活动中常有不正之风甚至违法乱纪现象存在,如行贿受贿、偷税漏税等。通过公开招标、投标可以增加经济活动的透明度,使经济活动能在社会监督之下正常、有序地进行。

招标、投标活动是离不开招标、投标文书的,招标、投标文书的作用是同招标、投标的作用联系在一起的。

6.1.2 招标投标文书的特点

1) 竞争性

招标文书是招标者利用投标者之间的竞争从而达到优选投标者的告知性文书;投标

文书作为对招标要约的一种承诺,是投标者为了中标而按照招标者的要求,向招标者表明合作意愿并提供备选方案的说明性材料,投标书的编制和提出,就是一个比实力、比信誉、比策略的竞争过程。因此,不管是招标文书还是投标文书,都应突出其竞争性。

2)公开性

招标、投标、开标、评标、决标、中标,直至签订中标合同等一系列环节,都是公开进行的,而且都要接受公证机关或其他有关机构的监督,招标、投标文书一经提出,便应当能够公开发布、公开审阅、公开评判。

3)简明性

招标、投标文书对项目的有关情况,包括数量、质量、方法、步骤、时间、地点等,都必须写得既全面、具体,又简洁、明了,既不能有任何遗漏,又不能过于繁琐。另外,表述要做到直截了当、通俗易懂。

6.1.3 招标投标文书的分类

1)招标书的种类

对招标书有各种不同的分类方法:

(1)按时间划分,有长期招标文书、短期招标文书。

(2)按范围划分,有公开招标、邀请招标或协商招标文书。公开招标是由招标单位面向社会发布招标公告,凡有投标资格的单位均可参加投标的招标方式。邀请投标是由招标单位预先选择或认定有限的几个单位参加投标的招标方式。

(3)按计价方式划分,有固定总价项目招标书、单价不变项目招标书、成本加酬金项目招标书等。

(4)按性质和内容划分,有工程项目招标书、大宗商品交易招标书、选聘人员招标书、企业承包或租赁招标书等。

(5)按作用划分,有招标申请书、招标文件、招标书、邀请函、招标公告、招标通告、招标通知书、议标书、评标(定标)结果报告、中标通知书等。

2)投标书的种类

投标和招标是相对应的,投标文书的分类也与招标文书的分类有关。

(1)按投标方人员组成情况的不同,可分为个人投标书、合伙投标书、全员投标书、企业(或企业联合体)投标书等。

(2)按性质和内容的不同,可分为工程项目投标书、大宗商品交易投标书、选聘有关人员投标书、企业承包或租赁投标书、劳务投标书、科研课题投标书、技术项目引进或转让投标书等。

(3)按作用的不同,可分为投标申请书、投标书、履约保证书等。

6.1.4　招标投标的基本程序

《中华人民共和国招标投标法》规定了招标投标的基本程序,即招标、投标、开标、评标、定标以及签订招标合同。每一程序中又包含着若干环节和步骤。

1）招标

　　（1）编制、报审招标文件。

　　（2）传递招标信息。

　　（3）报送投标申请书。

　　（4）投标人资格预审。

　　（5）介绍招标项目概况。

2）投标

　　投标是投标方投书报价阶段。投标人应当按照招标文件的规定编制投标文件,一般的投标文件应载明下列事项：投标函,投标人资格、资信证明文件,投标项目方案及说明,投标价格,投标保证金或者其他形式的担保,招标文件要求具备的其他内容。

　　投标文件应在规定的截止日期前密封送达投标地点。

3）开标

　　开标是指招标单位按照招标文件中规定的时间、地点和程序开启标函的公开行为。

　　开标由招标人或者招标投标中介机构主持。

　　投标人可以对唱标做必要的解释,但所做的解释不得超过投标文件记载的范围或改变投标文件的实质性内容。

4）评标和中标

　　评标是由专门人员组成的评选小组对所有的投标书,根据招标文件规定的评标标准和方法,以标底为依据,从技术上、标价上以及其他交易条件上进行比较和评审,最后向招标人提出书面评标报告,推荐出合格的中标候选人,也可以按照招标人的委托直接确定中标人。

5）定标

　　定标是由招标单位从评标委员会推荐的中标候选人中,综合比较预选者的标价、质量、交货期或工期及其他条件,从而确定中标人。中标人确定后,招标人或者招标投标中介机构应当向中标人发出中标通知书,同时将中标结果通知所有未中标的投标人并退回他们的保证金。

6）签订招标合同

　　定标以后,招标人与中标人必须按照招标文件的规定和中标结果签订书面合同。自中标通知书发出之日起 30 日内,招标人和中标人必须将招标合同签订完毕。

6.1.5　招标投标的特点

1）公开性

招标投标的公开性表现在两个方面：一是招标条件、投标条件的公开性；二是竞争的公开性。

2）保密性

招标投标的保密性也表现在两个方面：一是指标底在开标之前不得泄露，要严格保密。如有泄露，对责任者要严肃处理，直至追究法律责任。二是指投标书开标之前也要保密，即投标书必须密封后才能送招标单位，未密封的投标书无效。

3）择优性

招标投标活动的目的是为了择优。兴建工程、大宗商品交易等之所以采用招标投标方式，正是为了通过公开要约，比较多家投标书，寻求最佳方案，选择最优承包者。

4）竞争性

竞争性表现在投标者之间的竞标。投标者要中标，投标书就要有极强的竞争性，投标书是战胜竞争对手的有力武器。每一份投标书说到底都是投标者技术实力的载体，凝结着投标者的参与意识和竞争意识，显示着投标者的竞争能力。

6.1.6　招标投标的原则

招标投标活动应遵循的基本原则是公开、公平、公正。

"公开"原则，就是要求招标投标活动具有较高的透明度，实行招标信息、招标程序公开，即发布招标通告，公开开标，公开中标结果，使每一个投标人获得同等的信息，知晓招标的一切条件和要求。

"公平"原则，就是要求给予所有投标人平等的机会，使其享有同等的权利并履行相应的义务，不歧视任何一方。

"公正"原则即诚实信用原则，是民事活动的基本原则之一。其含义是招标投标当事人应以诚实、善意的态度行使权利，履行义务，以维持双方的利益平衡，以及自身利益与社会利益的平衡。

6.2　招标书

6.2.1　招标书概述

招标书又称招标公告、招标通告、招标启示等，是用于招标活动的书面文件。招标书主要内容包括：招标单位和招标工程、招标目的、承包方式、投标者条件、投标程序、投标报名日期、联系人和咨询时间、地点等。

招标书的发布途径主要是各种媒体，如报纸、广播、电视、专业杂志等。

招标书是招标人为招请他人投标而制作的文书，主要是用来表达招标的意思以及招标的条件、投标的要求等内容。招标文书主要包括招标书、投标邀请通知书、投标人须知、合同条件、技术条件等。

6.2.2 招标书的内容和写作

招标书一般由标题、正文、结尾三部分组成。由于它是签订招标合同的基础，甚至作为招标合同的组成部分，所以其内容必须非常明确、具体，遣词造句也必须十分规范、周密。涉及技术参数时，更应做到标准化、通用化。其表达最好采用条款形式，以便条理清晰、行文简明。

1）标题

招标书的标题应是招标书主要内容的概括和提炼，一般应包含招标单位名称、招标内容和文种名称。通常分为完整标题、不完全标题、简明标题和广告性标题四类。

（1）完整标题。完整标题包括招标人名称、招标性质和内容、文种名称等部分，如"××股份有限公司××大厦建筑工程承包招标书"。

（2）不完全标题。不完全标题一般只写明招标人名称和文种名称，或者只写招标内容和文种名称，如"××股份有限公司招标公告"，"购买机电设备招标公告"。

（3）简明标题。简明标题只需要文种名称就可以，即直接以"招标书"、"招标公告"为题。

（4）广告性标题。广告性标题没有固定的格式，它总是以灵活多变、生动醒目的词句吸引人们的注意，多适用于小型交易的招标。

2）正文

招标书的正文通常由引言和主体两部分组成。

（1）引言。引言一般叙述招标的目的、依据、招标项目名称等内容，要求文字精练，开宗明义。

（2）主体。引言之后即进入主体部分，这是招标书的核心。这一部分应详细写明招标的内容、要求及有关事项，包括招标方式、招标范围、招标人名称、购买招标文件的地点、时间、价格、投标截止日期、开标日期、地点、双方签订合同的原则、评标原则等。

3）结尾

招标书的结尾应载明招标人的地址、电话号码、邮政编码、传真等联系信息，以及招标书发布的日期。

　　在实践中,也有不少招标人第一次公开发表的招标文书只是一个简单的招标公告,又称招标启事、招标通告。公告仅向社会公开招标项目名称、招标人名称、购买招标文件的地址和日期,并对招标项目的主要内容和条件做扼要介绍。有意投标者需自行前往购买内容翔实的招标书及其他资料,然后再决定是否投标。招标公告可以视为简化的招标书,它是对招标书内容的高度浓缩。

6.2.3　招标书的写作要求

1) 招标方案应切实可行

　　撰写招标投标书时,必须认真贯彻国家的有关政策、法律和法令,维护公共利益。既要遵守国家对招标投标工作的有关规定和具体办法,又要执行国家颁布的技术规范及质量标准,必须认真考虑招标书的实际内容,方案的提出一定要建立在充分做好调查研究的基础之上,做到科学、规范、具体、可行。

2) 标准应当明确,表达必须准确

　　投标企业中标后,经最后确定为中标人时,要按招标书的合同条款和格式执行。在合同条款中,双方对于采购物资设备或工程项目的质量标准,应明确是国际标准、国家标准、部颁标准或企业标准。如果没有通用标准,应注明按图纸加工或按样品加工。因此,文字的表达必须准确、简洁。

3) 规格应当准确无误

　　招标书中关于技术规格的说明是非常重要的一部分。如果投标单位在规定的时间内提供的物资或工程项目、技术规格与其说明不符,发生质量事故,投标人或单位应承担法律责任和商务赔偿。技术规格应说明的内容主要有:第一,投标单位所提供的仪器设备在什么条件下使用;第二,投标单位所提供的设备规格与投标要求之间的差异范围;第三,规格数据若有误差,应写明误差上下幅度,不应写"近似"或"大约"等;第四,说明书应以性能要求为依据,而不应写某一设备的商标、商品目标或某一厂家生产的。因为前者利于更多的厂家参加投标,以便投标单位从中选择。

【例文一】

招 标 公 告

　　陕西九州生物医药科技园是陕西九州生物科技股份有限公司投资建设的现代化生物医药园区。园区集生物医药及中药的研发与生产、新药评价研究、成果中试与示范生产、成果转让与产业化、企业孵化及人才培养等六大功能为一体,是陕西省"十一五"规划重点建设项目。

作为园区标志性建筑的综合办公楼,是园区办公和商务活动的中心所在地,建筑面积 $8\,400\,m^2$,结构形式为六层框架,已完成土建与安装施工,现对室内装饰工程公开招标。具体要求如下:

资质要求:装饰设计乙级以上(含乙级)、装饰施工二级以上(含二级)资质。

报名时间:2006 年 5 月 18~25 日

报名地点:西安高新区科技六路 196 号陕西九州生物医药科技园园区工程建设指挥部

联系人:陈先生 杨小姐

电话:88586007 88586789(传真)

(详情请登录本公司网站 http://www.jzgroup.com)

陕西九州生物医药科技园园区工程建设指挥部
二〇〇六年五月十七日

【简析】

本文标题简明醒目。正文将建设单位名称、工程项目及重要意义、建筑地点、建筑面积、工程基础、本次招标的项目内容、招标对象的资质要求、招标起止日期、报名地点等事项逐条列出,是一份简明扼要的招标公告。

【例文二】

××市城市建设开发总公司招标通告

本公司负责组织建设的××住宅小区工程的施工任务,经××市城乡建设委员会批准,该小区的建筑安装施工实行公开招标,择优选定承包单位。现将招标有关事项通告如下:

(1) 工程名称和地址:××住宅小区,坐落于××市东城区内城东北角。

(2) 工程主要内容:总建筑面积 10.7 万平方米,其中 14~18 层大模外挂板住宅楼 7 座,计 7.85 万平方米,砖混结构 6 层住宅楼 5 座,计 2.25 万平方米,其余为配套附属建筑,也是砖混结构。工程质量要求应符合国家施工验收规范。

(3) 承包方式:全部包工包料(建设单位提供三材指标)。

(4) 投标单位资格及应提交的文件:凡持有一二级建筑安装企业营业执照的单位皆可报名参加投标。报名时应提交下列文件:

1) 投标单位概况表;

　　2) 技术等级证书(复印件);

　　3) 工商营业执照(复印件);

　　4) 外地建筑企业在本市参加投标许可证。

　　(5) 招标日程安排:

　　1) 报名及资格审查:20××年×月×日至×日,每天上午9时至下午4时,地点在××市××街31号××××住宅小区招标办公室。

　　2) 领取招标文件:20××年×月×日至20××年×月×日,每天上午9时至下午4时,地点同上。

　　3) 招标交底会:20××年×月×日上午9时在历史博物馆礼堂。

　　4) 接受标书:20××年×月×日(下午4时截止),地点同报名处。

　　5) 开标:20××年×月×日上午9时当众开标,地点在历史博物馆礼堂。

　　6) 招标文件押金:领取招标文件时须交押金人民币500元(限银行支票),开标后十日内交还招标文件,领回押金。

　　招标单位办公地点:××市××街31号

　　电话:××××××××

　　联系人:×××　　×××

　　　　　　　　　　　　　　××市城市建设开发总公司招标办公室
　　　　　　　　　　　　　　　　　　××××年×月×日

【简析】

　　招标通告一般用于公开招标之中,而且应视工程性质和规模在当地或全国性报纸及专业刊物上发布。本例"通告"的正文,运用前言加条文式写法,将招标单位和招标工程名称、招标工程项目的具体要求、承包方式,投标单位资格及应提交的文件和领取文件的地点、时间和应缴费用,招标日程安排和招标单位办公地点等内容,一一写明。整个"通告"涉及的内容和事项虽然较多,但行文简洁、明快,事项杂而不乱,脉络清晰,语言平实。

【例文三】

建筑安装工程招标书

　　为了提高建筑安装工程的建设速度,提高经济效益,经上级部门批准,我单位对建筑安装工程的全部工程进行公开招标。

　　1. 招标工程的准备条件

　　本工程已经具备以下招标条件:

(1)本工程已列入国家年度计划；

(2)已有经国家批准的设计单位出的施工图与概算；

(3)建筑用地已经征用，障碍物已全部拆迁，现场施工的水、电、路和通讯条件已经落实；

(4)(以下略去的是资金材料标的等的准备情况。)

2.工程内容、范围、工程量、工期、地质勘察单位和工程设计单位(见附表)

3.工程质量等级、技术要求、对工程材料和投标单位的特殊要求、工程验收标准(略)

4.工程供料方式和材料价格，工程价款结算方法(略)

5.组织投标单位进行工程现场勘察、说明和招标文件交底的时间、地点(略)

6.报名、投标日期、招标文件发放方式

报名时期：××××年×月×日

投标期限：××××年×月×日起至××××年×月×日止

招标文件发送方式：邮寄

7.开标、评标时间及方式，中标依据和通知

开标时间：××××年×月×日

评标结束时间：××××年×月×日

开标、评标方式：建设单位邀请建设主管部门、建设银行和公证处参加公开开标、审查证书，采取集体评议方式进行评标、定标。

中标依据及通知：依据是工程质量优良、工期适当、标价合理、社会信誉好。最低标价的投标单位不一定中标。评定结束后五日内邮寄中标通知书给中标单位，并与中标单位在一个月内签订工程承包合同。

8.其他

本招标方承诺，本招标书一经发出，不得改动招标文件内容，否则，将赔偿由此给投标单位造成的损失。投标单位应自费参加投标准备工作和投标，标函应按规定的格式填写，字迹必须清楚，须加盖单位和代表人印鉴。标函必须密封，不得逾期寄达。标函一经寄出，不得以任何理由要求收回或更改。

在招标过程中发生争议，如双方自行协商不成，由负责招标管理工作的部门调解仲裁。

地址：××××

联系人：×××

电话：××××××

招标建设单位：×××××

××××年×月×日

【简析】

这则招标书开头交代了招标目的,正文就招标工程的准备条件,工程内容、范围、工程量、工期、地质勘察单位和工程设计单位,工程质量等级、技术要求、对工程材料和投标单位的特殊要求、工程验收标准等具体内容,分八个方面进行说明。结尾载明了招标人的地址、电话号码、邮政编码、电报挂号等联系信息,以及招标书发布的日期。

【例文四】

关于大秦铁路茶坞至大石庄段
站前工程施工招标中标的通知

×××铁基[20××]1097 号

铁道部十六工程局、第三工程局、第一工程局:

在铁道部、建设银行具体指导下,经我局招标领导小组扩大会议评议并报部批准,茶坞至大石庄段(含段甲岭联络线)站前工程,由铁道部第十六、第三、第一工程局分段中标,共同承担施工。具体分段里程为:

第十六工程局:下线 DK342＋767－DK379＋500;

第一工程局:正线 DK379＋500－DK389＋700;

第三工程局:正线 DK389＋700－DK398＋000 及全部联络线。

请各中标单位按上述分段,仍以技术设计文件为准,计算出管段内的工作量,采用标书中报价单的形式,分项按各自的综合单价(临时工程费及其他费用按全线长为 60 公里计算出的公里指标)计算各局的包价,在 12 月上旬前,送我局×××基建发包组,核定包价。根据铁道部对技术设计的批复及降低大秦铁路工程造价措施所引起的变更(附铁道部批复及通知),以后另行修改包价。

特此通知

×××年×月×日(印)

抄送:国家计委重点二局、部计统局、鉴定委员会、基建总局、大秦办公室、工程指挥部、第三设计院、建行××市分行、前门支行

【简析】

此中标通知书的标题由事由加文种组成,发文字号放在标题之下,主送单位为中标单位名称。开头部分主要说明评议过程和结果,即指明中标通知书是在完成全部

评审及报批程序后发出的,从而肯定了通知的权威性和严肃性;主体部分阐述通知的具体事项,即明确告知分段中标的方位和里程,提出各中标单位的包价要求。特此通知为结尾语,落款为发包日期和单位印章,最后是需要抄送通知的相关单位或部门名称。

6.3 投标书

6.3.1 投标书概述

投标书是指投标人在收到招标邀请通知书或看到招标书之后,为参加投标而制作的各种文书。

1) 投标申请书

在许多项目招标中,公开招标与非公开招标两种方式要结合起来使用,即在发布招标公告后,招标人要对有意投标的人进行资格预审,然后再邀请合格者正式投标。为此,投标人要制作并提交投标申请书。

投标申请书一般由标题、称谓、正文、结尾、附件五个部分组成。附件一般是介绍投标人的情况及各种有利的投标条件。

2) 投标说明书

投标说明书又简称投标书,是投标人按照招标文件要求制作的,记载投标人完成招标项目的设想、措施、方案等内容的文书。投标说明书主要应明确以下问题:

(1) 表示愿按招标文件的条件和要求完成招标项目。

(2) 标价,这是投标书的核心部分。

(3) 为完成招标项目拟采取的措施。

(4) 完成招标项目的有利条件和不利因素,以及克服不利因素的办法。

(5) 完成招标项目拟达到的各项指标,如工期、质量等级、利润额等,以及实施的具体方案。

(6) 中标后能提供的履约担保。

(7) 声明本投标书对投标人有约束力,如能中标,则成为招标合同的一部分。

(8) 其他相关问题。

总之,投标书应针对招标书来拟定其基本内容。

投标书的格式并无统一要求,可以使用表格式,也可以使用文字叙述式,或者综合运用上述两种方式。标题为"投标书"或"××(投标项目)投标书",称谓为招标人名称,之后就是正文,结尾与投标申请书相同。另外,应附送投标人介绍等相关材料。投标书完成后,应密封好交给招标人。

6.3.2　投标书的结构和写作

投标书的结构由标题、主送单位、正文、落款、附件等五个部分组成。

1）标题

常见的标题由投标单位、投标项目和文种构成,如《××(单位)承包××洗衣机厂的投标书》;也有的只写明项目和文种,如《××工程项目投标书》或《×××公司投标书》、《投标书》、《投标说明书》等。

2）主送单位

主送单位是指投标书的受文单位,即招标单位名称或评标机构名称。

3）正文

正文包括导语和主体两部分。

(1)导语。导语用于说明投标的依据、目的和指导思想以及投标人在这次竞争中的态度。具有统览全篇的作用。

(2)主体。主体是投标书的核心,应根据招标书提出的目标、要求,具体介绍投标者现状,明确投标期限及投标形式,拟定标的,提供依据,阐明达到目标的办法和措施等。要如实填写标单,力求内容详尽,论证严密。有的投标方为了能顺利中标,还附上投标附件,对有关标价、承包(租赁、合作)形式、工期、质量、服务以及企业的级别、技术力量、设备状况、安全措施和业绩等做出翔实的说明。

4）落款

落款应当写明投标单位、地址、邮编、电话、电传和联系人、法人代表,签署日期,加盖公章。有的还要由上级业务主管部门和公证监督机关签名盖章。

如果是国际投标,则应将投标书译成外文,写明国别、付款方式及以何种货币付款等。

5）附件

如有必要,还应附上担保单位的担保书,有关图纸、表格等。

6.3.3　投标书的写作要求

1）实事求是

投标书的各项内容要在专家充分论证的基础上实事求是地认真填写。因为一旦中标,中标人将被告之在规定的期限内与招标人签订合同。所以,切忌为中标而毫无把握地许诺。

2）具体清晰

要写明投标的具体内容,如采用什么方法和措施,达到什么目标和要求,采用什么科学技术,获得什么经济效益等,都应该写清楚,否则就无法得到招标单位确认。

【例文】

投 标 书

致：××公司（业主名称）

一、研究了招标工程的现场以及工程的投标人须知、图纸、合同条款、技术规范和工程量清单后，我方愿意以人民币××万元的总造价，按上述图纸、合同条款、技术规范以及工程量清单的要求，承担上述全部工程的施工任务。

二、如果贵方愿意接受我方投标，于开工日前，我方要求上述金额的××％预付款，余款在工程验收合格后足额支付。

三、如果贵方接受我方投标，我方保证在接到工程开工令后，在投标书附件规定的期限内开工，并在投标书规定的期限内完成并交付合同规定的全部工程。

四、如果贵方接受我方投标，我方将按照贵方认可的条件，以投标书中规定的金额，取得履行合同担保书或保证书。

五、我方同意在从规定的递交标书之日起六个日历月内遵守本投标。在该期限期满之前，本投标对我方始终有约束力，并可随时被接受。

六、在正式合同协议制定和签署之前，本投标书连同贵方的中标通知书应成为约束贵、我双方的合同。

七、我方随同本投标书，缴纳保证金人民币××万元。如果我方在上述六个日历月内撤回投标书，或没有签署正式合同，或未能在收到上述书面中标通知书后的28天内提供履行合同保证金，贵方不负担我方的任何投标费用。

2006年×月×日

投标者（用正楷字书写）

投标者（或其法人代表）签名：×××

投标书签署日期：××××年×月×日

投标者通讯地址（用正楷字书写）：×××××××××

电话：××××××

传真：××××××

【简析】

这份投标书用文种作为标题。正文包括主送单位、投标意向、工程报价、履约保证等内容，对投标条件进行了说明。投标书最后是落款，即投标单位的名称、地址、负责人姓名和联系电话等内容。

思考与练习

1. 分析题

1）分析下面这篇邀请函的结构和内容。

京华建筑经济技术咨询服务公司邀请函

设字〔20××〕3 号

致××××（指建筑设计单位名称）：

我公司受振华投资公司委托，承办该公司计划兴建的"喜鹊大厦"设计方案竞赛事务，特邀请你单位参加竞赛。现将有关事项介绍如下。

1. 建筑场地

拟建工程场地位于西海市武阳区东三环路北段东侧，三明立交桥东南，东西长 100 米，南北宽 40 米，面积计 4 000 平方米，市政基础设施完备（见附图）。

2. 设计要求

拟兴建总建筑面积约 36 000 平方米，包括办公室、会议室、展览厅、旅馆客房和公寓以及餐厅、商店、娱乐场所和车库等服务设施的多功能综合性大厦。地下室不少于三层，主要用作车库和技术设备层；地上 25 层左右，其中约 25％为办公室、会议室、展览厅用房，45％为旅馆客房和公寓用房，15％为服务设施用房，5％为交通和公用面积，10％为后勤和管理用房。设计标准不追求豪华，但要求方便、舒适、现代化，旅馆客房单间建筑面积约 30 平方米，客房 50～60 平方米，公寓平均每套约 100 平方米。

3. 投资控制数额

包括勘察设计、建筑安装工程和设备购置费，控制投资额为人民币 8 000 万元。

4. 参加竞赛的单位请提交的文件和图纸

（1）设计机构简况表。

（2）设计营业证及设计机构等级证书的复印件。

（3）设计方案，包括总说明、总平面图、正立面图和侧立面图、剖面图标准层和非标准层平面图、旅馆客房标准间和公寓标准套的平面图、投资估算（土建、设备购置、设备安装分列）。

（4）设计费报价单，说明如果参赛方案中选后，承包设计任务要求的设计费数额、付款条件和提交设计文件的时间。

5. 设计方案的评选

评选设计方案,以符合使用功能和美学功能的要求,符合规划管理部门的有关规定,技术先进可行、造价经济合理为标准,由各方面的专家组成的评选委员会以不记名投票方式选出三个优秀方案,本公司将进一步与设计单位洽商承包设计有关事宜。

6. 竞赛的时间安排和有关费用的负担

(1) ×月×日踏勘场地和答疑,参赛单位各派代表二人参加,上午8点30分到本公司接待室集合,去现场的交通工具及工作午餐由本公司免费提供。

(2) ×月×日下午5时为竞赛收件截止时间,邮寄者以邮局投递日戳为准,逾时无效。

(3) ×月×日公布评选结果,中选与否,都以书面形式通知参赛单位。对入选的方案分别支付适当报酬;对未入选的方案也酌致薄酬。

欢迎你单位参加竞赛,并预祝成功。

此致

敬礼

本公司地址:××××

电话:××××××

联系人:×××

附件1:建筑场地平面图(略)

附件2:设计机构简况表(略)

京华建筑经济技术咨询服务公司(章)

××××年×月×日

2) 结合下文分析投标书的内容和结构。

培训楼工程施工投标书

××××××××××:

根据××铜矿兴建培训楼工程施工招标书和设计图的要求,作为建筑行业的×级企业,我公司完全具备承包施工的能力与条件,决定对此项工程投标。具体说明如下。

一、综合说明

工程简况(工程名称、面积、结构类型、跨度、高度、层数、设备):培训楼一幢,建筑面积10 700m²,主体6层,局部2层。框架结构:楼全长80m,宽40m,主楼高28m,二层部分高9m。基础系打桩水泥浇注,现浇梁柱板。外粉全部玻璃马赛克贴面,内粉混合砂浆采面涂料,个别房间贴壁纸。全部水磨石地面,教室呈阶梯形,个别房间设空调。

二、标价(略)

三、主要材料耗用指标(略)

四、总标价

总标价 3 408 395.20 元,每平方米造价 370.23 元。

五、工期

开工日期:××××年2月5日

竣工日期:××××年8月20日

施工日历天数:547 天

六、工程计划进度(略)

七、质量保证

全面加强质量管理,严格操作规程;加强各分项工程的检查验收,上道工序不验收,下道工序决不上马;加强现场领导,认真保管各种设计、施工、试验资料,确保工程质量达到全优。

八、主要施工方法和安全措施

安装塔吊一台、机吊一台,解决垂直和水平运输;采取平面流水和立体交叉施工;关键工序采取连班作业,坚持文明施工,保障施工安全。

九、对招标单位的要求

招标单位提供临时设施占地及临时设施40间,我们将合理使用。

十、坚持勤俭节约原则,尽可能杜绝浪费现象。

附件:本公司基本情况介绍

　　　　　　　　　　　投标单位:××建筑工程总公司(盖章)

　　　　　　　　　　　法定代表人或委托代理人:李××(签章)

　　　　　　　　　　　电话:×××××××

　　　　　　　　　　　传真:×××××××

　　　　　　　　　　　　　　××××年×月×日

2. 写作训练

某大学的食堂决定实行社会承包,承包期限3年。请你代这所大学拟写一份招标书;根据招标书的内容代王××拟一份投标书。

提示:先调查情况,撰写招标书;然后根据招标书,拟写投标书。

7 财会文书

7.1 财会文书概述

7.1.1 财会文书的性质和作用

财会文书是针对国家行政机关、企事业单位以及其他社会组织等机构的各种财务状况及经营活动状况的书面报告,以经济活动中的各种财务信息为基础,遵循国家有关财经政策法规,在统计、整理、审验和分析的基础上,通过文字、数据和图表相结合的方式进行说明反映的经济专用文书。

财会文书是在各种原始财务数据的整理、归纳和分析的基础上写作的,在社会主义市场经济建设和发展中,对各种经济活动财务状况进行真实反映的财会文书的写作是至关重要的。无论是对企事业单位自身的发展,还是对外部管理监督部门来说,财会文书都是不可或缺的。财会文书讲究真实与准确,它所提供的各种财务信息可成为各个主管部门或投资者进行决策的重要依据;部分财会文书具有一定的法律效力,可对各种经济活动进行监督,以规范市场行为;财会文书对各种财会数据的总结与归纳又可作为反映企事业单位某一时期经济发展状况的原始资料。

7.1.2 财会文书的种类

财会文书是专业应用文体,其内容与财务活动的各种信息密切相关,在当今的经济活动和管理中,一般包括下列几类。

(1)会计类应用文书。会计类应用文书是企事业单位及其他社会组织对自身经济活动状况进行总结和反映的报告文件,主要包括财务分析报告、会计检查报告等。

(2)审计类应用文书。审计类应用文书是由专门的审计人员在对相关单位的会计账目、财务收支情况审计、检查后所做的反映情况和意见的书面报告,以审计报告为主。

(3)资产评估类文书。资产评估类文书是对企事业单位及其他社会组织的实际资产状况进行验证、评估的报告文件,由会计师事务所、审计师事务所或资产评估机构等专业的社会中介组织实施完成,包括验资报告、资产评估报告等。

7.1.3　财会文书的写作要求

1）格式规范准确

作为对企事业单位及其他社会组织的经济活动财务收支及经营状况进行审验、评估的报告文件,国家相关主管部门对各类财会文书的写作格式和结构都有明确的规定,要注意格式和结构的完整和规范。

2）内容客观真实

客观真实在各类财务文书写作中的要求是:一是文中所用报表等资料要真实无误,不可弄虚作假;二是文中的结论和意见要客观中肯,观点明确,实事求是,所提意见和建议要具有一定的可行性;三是一定要用事实说话,有理有据。

3）语言简练平实

注意文字表述的严谨、准确,文字说明一定要与数据、图表举例相吻合。叙述问题重点突出,主次分明。

7.2　财务分析报告

7.2.1　财务分析报告的概念和作用

财务分析报告又称财务情况说明书,是在分析各项财务计划完成情况的基础上概括、提炼、编写的具有说明性和结论性的书面材料。它是一定时间内企业的各项经营活动在财务上的综合反映。

财务分析报告的作用表现在以下几方面:

第一,可检查报告期内企业的财务计划执行情况以及是否遵守财务制度,对企业的经济活动进行监督。

第二,为企业的重大财务决策提供科学依据。通过财务分析报告可及时发现问题,揭露矛盾,为企业的经营决策提供准确信息,从而有利于企业的正常运转。

第三,可以作为今后企业财务管理进行动态分析的重要历史参考资料,并且可为工商、税务、银行等主管部门积极引导企业正确进行财务活动提供重要资料。

7.2.2　财务分析报告的种类

1）按编写的时间分

按编写的时间分,可分为两种:一是定期分析报告,二是非定期分析报告。定期分析报告又可分为每日、每周、每旬、每月、每季、每年报告,具体根据公司管理要求而定,有的公司还要进行特定时点分析。

2）按编写的内容范围分

按编写的内容范围分,可分为三种:一是综合性分析报告,二是专项分析报告,三是项目分析报告。财务分析报告按其内容、范围不同,可分为综合分析报告,专题分析报告和简要分析报告。

（1）综合分析报告。综合分析报告又称全面分析报告,是企业依据会计报表、财务分析表及经营活动和财务活动所提供的丰富、重要的信息及其内在联系,运用一定的科学分析方法,对企业的经营特征,利润实现及其分配情况,资金增减变动和周转利用情况,税金缴纳情况,存货、固定资产等主要财产物资的盘盈、盘亏、毁损等变动情况及对本期或下期财务状况将发生重大影响的事项做出客观、全面、系统的分析和评价,并进行必要的科学预测而形成的书面报告。它具有内容丰富、涉及面广,对财务报告使用者做出各项决策有深远影响的特点。

（2）专题分析报告。专题分析报告又称单项分析报告,是指针对某一时期企业经营管理中的某些关键问题、重大经济措施或薄弱环节等进行专门分析后形成的书面报告。它具有不受时间限制、一事一议、易被经营管理者接受、收效快的特点。因此,专题分析报告能总结经验,引起领导和业务部门重视所分析的问题,从而提高管理水平。

专题分析的内容很多,如关于企业清理积压库存,处理逾期应收账款的经验,对资金、成本、费用、利润等方面的预测分析,处理母子公司各方面的关系等问题均可进行专题分析,从而为各级领导做出决策提供现实的依据。

（3）简要分析报。简要分析报告是对主要经济指标在一定时期内,存在的问题或比较突出的问题,进行概要的分析而形成的书面报告。

简要分析报告具有简明扼要、切中要害的特点。通过分析,能反映和说明企业在分析期内业务经营的基本情况,企业累计完成各项经济指标的情况并预测今后发展趋势。该方法主要适用于定期分析,可按月、按季进行编制。

7.2.3 财务分析的方法

财务分析的方法主要有比较分析法、趋势分析法、因素分析法和比率分析法。

1）比较分析法

比较分析法是找出财务信息之间的数量关系与数量差异,为进一步的分析指明方向。根据比较标准的不同,可以将实际数据与计划相比,本期与上期或历史最高水平相比,也可以是与同行业的其他企业相比。

2）趋势分析法

趋势分析法是根据企业连续数期的会计报表,比较各个有关项目的金额、增减方向和幅度,从而揭示当期财务状况和经营成果的增减变化及其发展趋势。用于进行趋势分析的数据既可以是绝对值,也可以是比率或百分比数据。趋势分析可以绘成统计图表,可以采用移动算术平均数、指数滑动平均法等,但通常采用比较法,即将连续几期的同一类型报表加以比较。

3) 因素分析法

因素分析法又称连锁替代法,是一种分析经济因素的影响,测定各个因素影响程度的分析方法。一般要借助于差异分析的方法分析几个相关因素对某一财务指标的影响程度。

4) 比率分析法

比率分析法是指在同一会计报表的不同项目之间,或在不同会计报表的有关项目之间进行对比,以计算出的比率反映各个项目之间的相互关系,据此评价企业的财务状况和经营成果,往往要借助于比较分析和趋势分析方法。这种方法运用得比较广泛。

7.2.4　财务分析报告的结构与写法

财务分析报告由标题、正文和落款三部分组成。

1) 标题

标题一般包括财务分析报告的企业名称、时间、分析对象或范围、文种四部分,有时可根据需要,省略其中的某一部分,如《××公司 2006 年度财务情况说明书》、《关于××厂第一季度财务情况的分析报告》等。而在专题分析报告中,有时可用提出的建议或意见作标题,如《关于降低营销成本的建议》等。

2) 正文

正文是财务分析报告的主体,主要运用资料和数据进行具体分析说明,由开头、主体、结尾三部分组成。

(1) 开头。开头又称引言,用简洁的文字概述分析对象的基本情况和财务活动情况,取得的主要成绩和存在的问题,以及对分析财务状况的基本评价,概括地反映分析企业经营的基本面貌。这部分内容以概述为主,同时要用具体的数据和指标进行说明,为下面的分析做好铺垫。

(2) 主体。主体是财务分析报告的核心部分,主要是对各项指标的完成情况及有关的其他情况的说明,并对影响指标增减变化的原因进行分析。在这一部分,要运用各种分析方法对一些数据材料进行解剖和分析,大体内容主要有:

一是对公司运营及财务现状的介绍说明。该部分要求文字表述恰当、数据引用准确。特别要关注公司当前运作上的重心,对重要事项要单独反映。公司在不同阶段、不同月份的工作重点有所不同,所需要的财务分析重点也不同。例如,公司正进行新产品的投产、市场开发,则财务分析报告需要对新产品的成本、回款、利润数据进行重点分析。

二是对公司的经营情况进行分析研究。在说明问题的同时还要分析问题的原因和症结,以达到解决问题的目的。财务分析一定要有理有据,要细化分解各项指标,因为有些报表的数据是比较含糊和笼统的,要善于运用表格、图示,突出表达分析的内容。分析问题一定要善于抓住当前要点,多反映公司经营焦点和易于忽视的问题。

三是评价和预测。做出财务说明和分析后,对于经营情况、财务状况、盈利业绩,应该从财务角度给予公正、客观的评价和预测。财务评价要从正面和负面两方面进行,评价既可以单独分段进行,也可以将评价内容穿插在说明部分和分析部分。

（3）结尾。结尾一般提出建议和措施。即财务人员在对经营运作、投资决策进行分析后形成的意见和看法,特别是对运作过程中存在的问题所提出的改进建议。需要注意的是,财务分析报告中提出的建议要具体化,最好有一套切实可行的方案。

一般来说,财务分析报告的主体均应包含以上几个方面的内容,但实际编写时要根据具体的目的和要求有所取舍和侧重。

3）落款

落款包括报告单位名称和写作日期。

合理地安排上述内容,能使综合财务分析报告条理清晰,结构严密。

简要分析报告的结构与上述综合分析报告的结构大体一致,只是内容较综合分析报告要简明扼要些。专题分析报告一般一事一议,其结构可灵活多样。

7.2.5　财务分析报告的写作要求

（1）资料翔实准确,具有较强的可靠性。各种数据是财务分析报告进行分析、说明和评价的基础,在财务分析报告中的数字使用要多一些,一定要注意各种资料尤其是数字的准确和科学。

（2）文章表达可采用文字处理与图表表达相结合的方法,写作时既要注意数字、图示的科学性和准确性,又要善于适当地辅以简约准确的文字说明,使两者形成有机的整体,使分析说明易懂、生动、形象。

（3）注意写作的时效性。为了及时了解财务状况和问题,并做出相应的处理,财务分析报告对时间有较强要求。在会计报表做出之后,应尽快写作。

【例文一】

××有限责任公司 2005 年上半年财务分析报告

今年上半年,在全体员工的共同努力下,我公司较好地完成了主要年度经济指标。但与去年同期相比还存在一定的差距。现将有关情况分析如下。

一、指标完成情况（单位：万元）

指标完成情况

金额单位：万元

项　　　目	2003 年指标	2004 年上半年实绩	去年同期实绩	完成年度指标	同比增减（％）
产值	3 000	1 675.5	1 785.5	55.85	−6.16
销售收入	3 600	1 698.2	1 795.6	47.17	−5.42
利润总额	600	22.7	9.95	3.78	163.23
销售成本率	—	51.25％	55.43％	—	＋7.54
定额流动资金占用	—	307.55	298.56	—	＋3.01
储备资金	—	508.26	230.65	—	＋24.96
生产资金	—	20.25	30.56	—	−33.74
成品资金	—	30.65	36.24	—	−15.43

二、原因分析

1. 产值销售分析

上半年产值和销售分别比去年同期下降 6.16％和 5.42％，主要原因有：原材料市场变化，主要产品（如 5♯水泥/白水泥等产品）的生产成本较去年增加，价格反而有所下降，而公司又未能准确估计市场变化，未充足储存原料。

2. 利润成本分析

（1）由于市场价格下降，在成本不变甚至有所提高的情况下，利润减少是必然的。具体产品产销量变化如下：（略）

（2）市场因素对我国公司建材产品产销影响情况主要有如下几方面。（略）

3. 资金分析

上半年定额流动资金平均占用额比去年同期上升 3.01％，资金周转周期比去年同期慢 8 天，主要原因有：

（1）储备资金上升主要原因：上年度应收货款约 68.6 万元未能到账，而今年的销售款也有近 80 万元没有到账；

（2）生产资金下降的原因除生产下降外，还因为生产工艺得到了改进，使得生产周期减少了 1.5 个工作日；

（3）成品资金下降的原因主要是产品流动加快，产成品仓储时间比以前缩短了 4 天。

三、对策和建议

（1）继续使应收账款资金回笼，加强资金的运用和管理，建立资金占用预警机制；

（2）做好原材料市场的进货渠道，在保证产品质量的基础上就地取材，减少运输成本；

（3）各部门根据自己的实际情况，逐步建立资金独立核算制度，加强成本管理。

××建材有限公司财务管理部

2005 年 7 月 28 日

【简析】

上述财务分析报告结构紧凑完整，层次条理清晰。首先采用了对比分析法，介绍了指标完成情况；然后，采用因素分析法分析了主要财务状况；最后，简明扼要地提出对策及建议，有较强的针对性。语言简练、明确，图示与文字说明相结合，对问题的分析阐述形象简约，详略得当。

【例文二】

北人印刷机械股份有限公司财务分析报告

一、经营业绩概况

北人股份 1999—2002 年上半年的主要经营业绩指标，如表 1 所示。

表 1

1999 — 2000 年上半年的主要经营业绩指标

指　　　标	2002 上半年	2001 年度	2000 年调整前
主营业务收入(百万元)	440.03	699.08	442.06
主营业务利润(百万元)	135.96	207.05	146.75
营业利润(百万元)	54.29	81.57	61.65
利润总额(百万元)	57.46	75.75	58.55
净利润(百万元)	47.68	64.28	51.42
每股收益(元)	0.119	0.161	0.129
每股净资产(元)	2.5	2.38	2.44
净资产收益率(摊薄)(%)	4.77%	6.76%	5.28%
每股净现金流量(元)	0.02	0.23	−0.19

指　　　标	2000 年调整后	1999 年调整前	1999 年调整后
主营业务收入(百万元)	442.06	459.83	459.83
主营业务利润(百万元)	146.75	158.37	158.37

(续表)

指　　　标	2000 年调整后	1999 年调整前	1999 年调整后
营业利润(百万元)	61.65	60.70	60.70
利润总额(百万元)	37.35	60.41	53.16
净利润(百万元)	30.23	48.85	41.5
每股收益(元)	0.076	0.122	0.104
每股净资产(元)	2.34	2.51	2.46
净资产收益率(摊薄)(%)	3.23	4.87	4.22
每股净现金流量(元)	−0.19	−0.03	−0.03

北人股份的主营业务收入一直呈上升趋势,除 2000 年因为公司承接的造币机年末尚未交货而导致该年主营业务收入比 1999 年略微下降 3.87% 外,最近几年一直保持着较高的增长势头。其中,2001 年较 2000 年增幅 58.14%。进入 2001 年以来,公司的主营业务收入呈现了加速增长态势。2002 年上半年完成的收入即接近 2000 年全年的销售收入,达到 2001 年全年主营业务收入的 62.94%。

在主营业务收入增长的同时,公司的主营利润也保持了加速增长态势。即使在主营业务收入略有减少的 2000 年,公司的营业利润仍能高于上一年份。2001 年度净利润较 2000 年增加 1.13 倍,2002 年上半年更完成 4 768 万元,半年时间即已经完成 2000 年全年净利润的 74.18%,与 2001 年中期相比则增加 47.37%。

更为可喜的是,公司的主营业务突出,利润的含金量高。公司的营业利润占利润总额的比重在过去 3 年一直大于 100%。公司的竞争实力正因其主营业务突出而在印刷机械行业遥遥领先于其他行业。

二、盈利能力分析

北人股份主要盈利能力指标如下。(略)

过去几年,市场竞争日趋激烈,然而,公司的毛利率、主营业务利润率、营业利润率指标一直保持稳定,而公司的销售净利率、净资产收益率等指标则逐年提高。其原因既与公司实施的正确的经营战略有关,更来自于公司管理层高水平的经营管理。

1. 资产周转能力

公司的资产周转能力指标。(略)

公司的存货周转率、应收账款周转率、总资产周转率均较高且保持稳定,说明公司的资产经营效率较高,不良资产、收益率较低的资产较少,这为未来几年公司的健康发展奠定了扎实的基础。

存货周转率 2000 年有所下降,主要是因为造币机期末未完工所致,各年指标与行业平均值相比完全正常。2001 年之后,公司的存货周转指标又有大幅度提高。2001 年存货周转率指标较 2000 年增加 43.66%。2002 年半年的存货周转率较 2001 年半年的 1.09 次增加 11.01%,显现出公司高水平的运营管理。

公司应收账款周转率在过去几年一直处于较高水平。自 2000 年开始,应收账款周转率有所下降,主要是公司改变了以现销为主的销售方式,扩大信用销售规模的结果。客观地说,以现销为主的销售方式过于保守,也导致公司的应收账款周转率奇高。而扩大信用销售规模这一重大举措对扩大销售、增加盈利无疑有着积极的影响。即便如此,公司应收账款周转率仍处于一个较高的水平,坏账的风险极小。

2. 成本费用控制水平

公司成本费用的控制水平由表 2 可见(即成本费用占收入的比重):

表2

成本费用控制水平

	2002 年上半年	2001 年度	2000 年度	1999 年度
主营业务成本	68.20%	69.69%	66.12%	64.68%
销售费用	3.37%	4.46%	5.56%	4.82%
管理费用	13.92%	13.01%	14.41%	17.34%
财务费用	1.90%	0.72%	−0.36%	−0.56%

北人股份的主营业务成本在收入中占的比重一直保持相对稳定。在市场竞争日趋激烈的情况下尚能做到销售费用、管理费用的相对降低。同时,由于公司财务政策以及严格、高效的资金管理,财务费用始终处于极低的水平。正是因为管理层有效的成本费用控制,严格的管理制度,北人股份才得以在中国印刷机械行业中遥遥领先于其他企业,并逐步成长为具有一定国际竞争力的企业。

三、偿债能力分析

北人股份主要偿债能力指标,如表 3。

表3

主要偿债能力指标

	2002 年度	2001 年上半年	2000 年度	1999 年度
流动比率	1.47	1.45	2.03	5.12
速动比率	0.7	0.65	0.68	2.38

公司的流动比率、速动比率在 1999 年处于较高的水平,表明公司的短期偿债能力很强。这两个指标在 2000、2001 年虽有所下降,但仍处于安全范围之内。这种变化说明公

司的流动资金管理在强调防范风险的同时,也注重提高资产的收益,在风险与收益的关系处理上更为成熟,表明公司短期资金调控管理水平已经有了显著的提高。当然,公司也需要认真分析这两项指标下降的原因,防范潜在的偿债风险。

四、负债能力分析

无论是与同行业还是其他行业的企业相比,公司的资产负债率都处于偏低的水平。这一方面表明,公司在过去几年一直致力于收益较稳定的主营业务,财务政策极为稳健,非常注意防范债务风险;另一方面,也为公司在今后利用债务融资来扩张经营创造了极为有利的条件。

在公司的负债结构中,流动负债占有绝对的比重,而较少依靠长期负债。2000 年年末流动负债较 1999 年有大幅度增加,主要是因收购北人四厂而加大了流动负债。我们认为,短期借款自 2001 年年末增幅较大,主要是随公司资本扩张,公司的融资策略也发生了积极的转变——积极利用财务杠杆,为股东创造更大价值。

五、现金流量分析

公司现金流量的总体情况如下。(表略)

投资活动现金净流量为负,说明公司最近几年一直在投资固定资产,加大技术改造力度,这有利于公司的长远发展;筹资活动现金净流量在 2000 年年末之前一直为负,其原因主要是公司始终坚持回报股东发放股利、归还借款,以及弥补投资活动现金不足。可贵的是,公司的经营活动现金流量始终为正,这从另一个角度说明公司的主业突出、稳定,公司的利润质量很高。

六、成长能力分析

(相关指标略)

过去几年,市场竞争日趋激烈,然而,公司主营业务收入基本保持稳定,净利润则保持上升趋势,净资产收益率、每股收益等指标也保持逐年提高的趋势。这种趋势正是公司在营销、研发、质量、品种、规模等方面具备的竞争优势的真实写照。而公司营销、研发等核心竞争力的增强以及财务管理水平的提高,必将对净资产收益率、每股收益等投资者关心的指标稳定增加,起到了决定性的作用。

七、分析结论

经营业绩良好。主营业务收入一直呈上升趋势。进入 2001 年后,主营业务收入及各项利润指标呈加速增长态势。

盈利能力较强。各项利润率指标均为正,且近期还有较大幅度的提高。存货周转率、应收账款周转率均处于较高的水平。

财务状况较好。公司的负债率非常低,债务融资空间巨大。短期偿债能力亦保持在安全水平之上。

现金流量稳定。经营活动现金流量一直为正,投资活动现金流量一直为负,既保证公司日常经营活动的正常进行,又在一定程度上保证了公司的发展后劲。

当然,也有一些问题需要引起公司管理层的注意。公司在改变销售方式的同时,必须要加强信用管理,警惕可能的坏账给公司带来的损失。应注意优化资本结构和负债结构,积极采用负债融资方式,为股东创造更大财富;注意采用长期负债的融资方式,减轻对短期借款的依赖。

北京君之创投资管理有限公司

2002 年 12 月

【简析】

这是一篇标准的上市公司财务分析报告,内容周密详尽,结构完整清晰,并结合实际情况在分析阐述时有所侧重,主次分明。文章表述清晰准确,将具体图表和文字相结合,既有理有据,有较强的说服力;又使专业而复杂的财务分析报告得到生动、形象、易懂的效果。

7.3 审计报告

7.3.1 审计报告的概念和作用

审计报告指由专门的审计人员根据国家财经工作制度和独立审计准则的要求,运用会计学理论,对被审计单位的财务状况、经营成果、经济效益以及遵守财经法纪方面实施审计后进行综合评价,发表意见的书面文件。审计报告文本应征求被审计单位意见后,方可正式发文。审计报告是审计小组或审计人员在审计工作结束后,将审计工作任务完成情况和审计工作的结果,向审计机构、委托者或有关部门提出的书面文件。它是记载审计人员实施审计的情况和表达审计意见的书面文件。撰写审计报告是审计工作的最终产品,是审计过程中极为重要的一个环节。

在当前的财经活动中,审计工作是极其重要的环节。专门的审计人员主要是指国家审计机关工作人员或会计师事务所的注册会计师等。国家审计部门只审计国家财政拨款部门,即公共资产和公共财产(国有资产)部分。会计师事务所一般审计民营、私营企业部分。

审计报告的作用主要是表现在以下方面。

1) 总结作用

审计报告是审计工作的总结,是审计人员对审计过程中获得的资料和证据进行查实,而后在分析、整理、归纳的基础上所写的有关审查结论的文书。因此,审计报告既是审计人员对审计工作的回顾与总结,又是对被审计单位在经济活动方面的权威性的评价和结论。

2）决策作用

审计报告是对被审计单位的财务状况、经营状况、领导履行职责等各方面的真实反映，可作为被审计单位的上级主管部门或金融机构、业务伙伴等做出决策的重要依据。

3）监督制约作用

审计报告中所出具的审计结论，对被审计单位领导干部的权力发挥制约作用，同时有助于对相关部门和人员的监督。

4）法律作用

审计报告及时揭露经济活动中出现的违法违纪事实，所做出的结论和决定具有法律效力，从而成为规范市场的有力工具。

7.3.2　审计报告的分类

审计报告按不同的标准划分，可有不同的类别。

1）按审计实施主体分

按照审计实施主体分，有国家机关审计报告、独立审计报告（民间审计报告）和内部审计报告。

2）按审计报告的性质分

按审计报告的性质分，可分为标准审计报告和非标准审计报告。标准审计报告指格式和措词基本统一的审计报告，一般适用于对外公布；非标准审计报告格式和措词不统一，可根据具体审计项目的问题来决定，一般适用于非对外公布。

3）按审计报告的详简程度分

按审计报告的详简程度分，可分为详式审计报告和简式审计报告。详式审计报告又称长式审计报告，是指对审计对象所有重要事项都要做详细说明和分析的审计报告。简式审计报告又称短式审计报告，是指注册会计师对应公布的会计报表进行审计后所编制的简明扼要的审计报告。

此外，按照中国注册会计师协会印发的《独立审计准则》对独立审计报告的划分，有无保留意见审计报告、保留意见审计报告、否定意见审计报告和拒绝表示意见审计报告。

7.3.3　审计报告的写作步骤

1）整理分析审计工作底稿

审计人员在完成审计任务的过程中，收集了许多能证明问题的资料证据，并集中反映在审计工作底稿中，这些都是拟定审计报告的基础。但是，这些底稿是分散的、不系统的，不可能不分轻重地全部写进审计报告。为此，审计人员要在审阅工作底稿的基础上去粗取精，选择一些符合审计目的的有价值的证据资料，并进行归类整理，作为撰写审计报告的基础。此外，审计人员还要按照审计查出的问题，查找有关的法律、法规、规章和政策依据,为问题定性和提出处理意见提供法律依据。

2）拟定审计报告提纲

审计报告编写提纲包括拟定内容（如前言、被审计单位概况、存在的问题以及评价和结论等），安排次序，采用的证据与法律、法规等。

3）撰写审计报告初稿

拟定提纲后,就可以考虑将资料用文字加以组织表述,形成审计报告初稿。审计报告可以由一个人执笔,也可以多人分工撰写。如果是分工撰写,最后必须由一人统稿,并授予修改权,以使最后形成的审计报告初稿前后呼应,浑然一体。

4）征求被审计单位意见

为了保证审计工作的客观性和公正性,审计报告定稿后,必须按审计工作程序和要求征求被审计单位的意见,并要求被审计单位在一定期限内提出书面意见,以使审计报告符合客观实际,能被其所接受。

5）审查并签发审计报告

审计机构接到审计报告后,有关领导应在审计报告上签署意见,并根据审计结果,做出审计决定,通知被审计单位和有关部门执行。

7.3.4 审计报告的结构与写法

审计报告一般由标题、收件人、正文、附件、落款几部分组成。因其分类不同,在具体写作时又有不同的格式与写法。在此,我们以标准审计报告的写作为例进行介绍。

1）国家机关审计报告的格式与写法

我国于 2004 年 4 月 1 日起试行的《审计机关审计项目质量控制办法（试行）》对审计报告的格式和内容做了明确的规定。依据第五十七条,审计报告包括以下基本要素:标题;编号,一般表述为"××××年第××号";被审计单位名称;审计项目名称,一般表述为"××××年度××审计";内容;审计机关;签发日期。

依据上述办法第五十八条,审计报告的内容包括:

（1）审计依据,即实施审计所依据的法律、法规、规章的具体规定。

（2）被审计单位的基本情况,包括被审计单位的阶级性质、管理体制、财政、财务隶属关系或国有资产监督管理关系,以及财政收支、财务收支状况等。

（3）被审计单位的会计责任,一般表述为被审计单位应对其提供的与审计相关的会计资料、其他证明材料的真实性和完整性负责。

（4）实施审计的基本情况,一般包括审计范围、审计方式和审计实施的起止时间。

审计范围应说明审计所涉及的被审计单位财政收支、财务收支所属的会计期间和有关事项。

（5）审计评价意见,即根据不同的审计目标,以审计结果为基础,对被审计单位财政收支、财务收支真实、合法和效益情况发表评价意见。审计机关只对所审计的事项发表审计评价意见。

（6）审计查出的被审计单位违反国家规定的财政收支、财务收支行为的事实和定性、处理处罚决定以及法律、法规、规章依据、有关移送处理的决定。

（7）必要时可对被审计单位提出改进财政收支、财务收支管理的意见和建议。

2）独立审计报告的格式与写法

独立审计报告是注册会计师根据独立审计准则的要求，在实施了必要的审计程序后出具的、用于对被审计单位年度会计报表发表审计意见的书面文件，是审计工作的最终成果。作为注册会计师发表审计意见的载体，具有法定证明力。

独立审计报告的格式与写法在《独立审计具体准则第7号——审计报告》中有明确的规定。

（1）标题。审计报告的标题统一规范为"审计报告"。

（2）收件人。审计报告的收件人是指注册会计师按照业务约定书的要求致送审计报告的对象，一般是指审计业务的委托人。审计报告应当载明收件人的全称，如"××股份有限公司"。

（3）正文。独立审计报告的正文由引言段、管理层对财务报表的责任段、注册会计师的责任段和意见段构成。

第一，引言段。审计报告的引言段应说明被审计单位的名称，已审计会计报表的名称、日期或涵盖的期间。

第二，管理层对财务报表的责任段。此段主要说明财务报表的编制是被审计单位管理当局的责任。

第三，注册会计师的责任段。在此，审计报告应当说明下列内容：其一，注册会计师的责任是在实施审计程序的基础上对会计报表发表意见。按照独立审计准则计划和实施审计工作，以合理确信会计报表是否不存在重大错报。其二，注册会计师执行审计工作的主要过程。其三，审计工作为注册会计师发表意见提供了合理的基础。

第四，意见段。审计报告通常用一个意见段来描述合法性、公允性、一贯性。基本内容应当说明会计报表的编制是否符合适用的会计准则和相关会计制度的规定，在所有重大方面是否公允地反映了被审计单位的财务状况、经营成果和现金流量。在意见段，一般以"我们认为"开头，并使用"在所有重大方面"、"公允反映"等术语。

上述我们讲的是标准审计报告正文的格式和内容，在非标准审计报告中可根据具体事项增加或调整相关段落和内容，如增加强调事项段、导致保留（否定）意见的事项段等。

（4）落款。落款包括注册会计师的签名和盖章，会计师事务所的名称、地址和盖章，以及审计报告日期。报告日期是指注册会计师完成审计工作的日期。审计报告日期不应早于被审计单位管理当局签署会计报表的日期。

7.3.5 写作要求

编写审计报告是一项十分严肃的工作,它要求审计人员具有较强的业务能力、政策水平和较好的理论修养。为了保证审计报告的质量,准确表达审计人员的意见,审计报告的编写应符合以下基本要求。

1) 实事求是,客观公正

审计报告是政策性很强的文件,写作时必须坚持原则,实事求是、客观公正地对被审计事项进行定性,提出处理意见。审计意见和建议要有针对性、可操作性。

2) 数字准确,证据确凿

审计报告是提供给有关单位和人员作为判断和决策用的依据,务必做到数字准确、证据确凿。一方面,审计人员对审计报告中列举的数据资料要认真计算、复核,做到准确无误;要亲自调查核实各种证据资料,确保其可靠真实。另一方面,要保证事实的充分性,以支持审计意见的形成。

3) 内容完整,突出重点

要按照规定的格式、结构编写,重点内容要突出,抓住主要的、关键性的问题来写。

4) 语言清晰简练

语言表达要准确无误,简明扼要,切忌使用模棱两可或夸张华丽的语言。文字朴实简洁,要注意事实表述清楚,意见表达准确。

【例文一】

审 计 报 告

A 有限公司:

我们审计了后附的 A 有限公司(以下简称 A 公司)财务报表,包括 2006 年 12 月 31 日的资产负债表,2006 年度的利润表,股东权益变动表和现金流量表以及财务报表附注。

一、管理层对财务报表的责任

按照企业会计准则和《××会计制度》的规定,编制财务报表是 A 公司管理层的责任。这种责任包括:(1)设计、实施和维护与财务报表编制相关的内部控制,以使财务报表不存在由于舞弊或错误而导致的重大错报;(2)选择和运用恰当的会计政策;(3)作出合理的会计估计。

二、注册会计师的责任

我们的责任是在实施审计工作的基础上对财务报表发表审计意见,我们按照中国注册会计师审计准则的规定执行了审计工作。中国注册会计师审计准则要求我们遵守职业道德规范,计划和实施审计工作以对财务报表是否不存在重大错报获取合理保证。

审计工作涉及实施审计程序,以获取有关财务报表金额和披露的审计证据。选择的审计程序取决于注册会计师的判断,包括对由于舞弊或错误导致的财务报表重大错报风险的评估。在进行风险评估时,我们考虑与财务报表编制相关的内部控制,以设计恰当的审计程序,但目的并非对内部控制的有效性发表意见,审计工作还包括评价管理层选用会计政策的恰当性和做出会计估计的合理性,以及评价财务报表的总体列报。

我们相信,我们获取的审计证据是充分、适当的,为发表审计意见提供了基础。

三、审计意见

我们认为,A公司财务报表已经按照企业会计准则和《××会计制度》的规定编制,在所有重大方面公允反映了A公司2006年12月31日的财务状况以及2006年度的经营成果和现金流量。

四、强调事项

我们提醒财务报表使用者关注,如财务报表附注××所述,A公司在2006年发生亏损××万元,在2006年12月31日,流动负债高于资产总额××万元,A公司已在财务报表附注×× 充分披露了拟采取的改善措施,但其持续经营能力仍然存在重大不确定性。本段内容不影响已发表的审计意见。

××会计师事务所有限公司	中国注册会计师：(签名并盖章)
中国××市	中国注册会计师：(签名并盖章)
	二○○七年×月×日

【简析】

这是一篇无保留意见带强调事项段的审计报告。在审计意见段之后增加了强调事项段,以对重大事项进行说明或强调。本文观点表述客观公正,注意措词,语言严谨清晰。

【例文二】

××县教育局关于对××中学
2005年1月至2007年3月财务收支情况的审计报告

××县××中学:

根据××教审通〔2007〕16号审计通知书,局审计组自2007年4月11日起,对你校2005年1月至2007年3月的财务收支和财务管理等情况进行了就地审计。现审计工作基本结束,根据教育部《教育系统内部审计准则》第四十条和第四十一条的要求,出具以下审计报告。

一、基本情况

(一)××中学现有教职工63人,离退休教师23名,在校学生班数15个,在校学生801人。2007年3月末固定资产1 720 000.00元。

(二)2005年1月至2007年3月,学校报表中反映总收入3 317 141.06元,其中教育经费拨款2 730 410.87元,事业收入303 088.36元,其他收入11 736.81元,勤工俭学收入116 255.02元,拨入专款155 650.00元,总支出3 399 160.67元,其中事业支出3 055 308.71元,上缴上级支出125 329.90元,勤工俭学支出59 182.06元,专款支出159 340.00元。

(三)根据提供的资料,经审计核实,截至2007年3月,××中学的债权总额279 930.81元。其明细情况为:××镇政府欠教师工资271 233.49元,暂付社保款8 697.32元。

(四)截至2007年3月,××中学的账上债务总额431 541.10元。其明细情况为:借入款114 700.00元(共计10人),应付及暂存款207 716.10元,代管款项109 125.00元。

二、被审计单位的会计责任

××中学对其承诺及提供的与审计相关的会计资料、其他证明材料的真实性和完整性负责。

三、审计查证情况

审计期间,审计小组按照审计方案的要求,对××中学的基本情况进行了调查和了解,对开户情况进行了核实。对报表、总账、明细账进行了检查,对资产负债表、收入支出表的金额与总账、明细账的具体内容进行了检查,对记账凭证和原始凭证进行了重点检查。

四、审计评价

(一)2005年1月至2007年3月,××中学支付设备购置费4 680.00元,支付维修经费112 742.55元。确保了学校设施设备安全,杜绝了安全责任事故发生,确保了学校教育事业的发展。

(二)2005年1月至2007年3月,学校用于教职工福利347 277.75元。其中:2005年用于教职工福利179 563.75元,人均3 741.00元,临时工工资6 991.00元;2006年用于教职工福利130 749.00元,人均2 564.00元,临时工工资、津贴1 120.00元;2007年1～3月用于教职工福利36 965.00元,人均725.00元,临时工工资、津贴2 420.00元。保障了教职工的基本福利待遇,为确保学校的稳定和发展奠定了基础。2005年用于领导干部奖金、津贴55 383.00元,人均4 615.00元,2006年用于领导干部奖金、津贴66 703.00元,人均5 559.00元,2007年1～3月用于领导干部奖金、津补贴17 271.00元,人均1 439.00

元。在教职工奖金、津贴的发放方面，学校制定了教职工工作考核和津贴、奖金分配方案，但单次人均发给个人的各种奖金、补贴超过 200 元的未全部按照〔2002〕65 号文件精神进行报批。2005 年 1 月至 2007 年 3 月在学校收入中可用于发放奖金、津贴的收入为127 991.83元，其中：其他收入11 736.81元，勤工俭学收入116 255.02元。

（三）2005 年 1 月至 2007 年 3 月支付领导干部通讯费22 380.00 元，学校根据×教发〔2002〕65 号文件精神制定了领导干部话费报销标准，并按照标准进行报销，未发现超标准报销话费情况。

（四）根据提供的会计资料，经审计认为：××中学会计账务设置和会计核算方法，基本符合《中小学校财务制度》和《中小学校会计》制度要求。

五、审计中发现的问题和处理意见

（一）生活费支出超标

2005 年 1 月至 2007 年 3 月期间，××中学生活费支出91 284.00 元，公务费支出339 470.00元，生活费支出占公务费支出的 26.89％，超过了×发〔2002〕65 号文件规定的标准。在今后学校财务管理工作中，应制定相应措施，明确生活费支出的范围和标准，控制生活费支出总额，把有限的教育资金集中用于事业发展。

（二）学生代管费核算不规范

××物价〔2003〕3 号文件第二条规定"学校要加强对课本预收款的管理，每学期期末按时结算，多退少补。结算时学校必须将课本预收款的使用情况进行公示，接受学生和学生家长的监督"。××中学外购资料及自制资料、教育局教研室资料95 442.09 元不应纳入代管款项核算。

（三）2005 年 1 月至 2007 年 3 月发生设备购置费4 680.00 元，未纳入固定资产核算。

以上存在的问题，学校应按有关规定进行整改。

二〇〇七年五月二十三日

【简析】

这篇审计报告结构完整，层次清晰。文章先简要概括被审计单位基本情况、被审计单位的会计责任及实施审计的基本情况等内容，而后依据上文内容进行审计评价并提出问题及处理意见，证据充分，观点客观公正，具有较强的针对性。

7.4　验资报告

7.4.1　验资报告的概念

验资报告是指注册会计师根据相关规定，在实施审验工作的基础上对被审验单位的股东（投资者、合伙人、主管部门等）出资情况发表审验意见的具有法律效力的书面证明文件。验资报告的真实性是非常重要的。

验资报告分两种情况出具：一是在新企业注册办理工商登记时出具；二是在企业因需要增、减实收资本时也要有验资报告。验资报告一般是没有时效性的。只有当该企业增、减实收资本时，重新进行验资时，新验资报告产生，原验资报告自动作废。

验资报告具有法定证明效力，供被审验单位申请设立登记或变更登记及据以向出资者签发出资证明时使用。

7.4.2　验资报告的结构和写法

验资报告的基本结构由标题、收件人、正文、附件和落款组成。主要包括下列要素：范围段、意见段、说明段、注册会计师的签名和盖章、会计师事务所的名称、地址及盖章、报告日期。

1）标题

验资报告的标题应当统一规范为"验资报告"。

2）收件人

验资报告的收件人是指注册会计师按照业务约定书的要求致送验资报告的对象，一般是指验资业务的委托人。验资报告应当写明收件人的全称。

对拟设立的公司，通常是以公司登记机关预先核准的名称并加"（筹）"作为收件人。

3）正文

正文主要包括范围段、意见段、说明段。

（1）范围段。验资报告的范围段应当说明审验范围、出资者和被审验单位的责任、注册会计师的责任、审验依据和已实施的主要审验程序等。

（2）意见段。验资报告的意见段应当说明已审验的被审验单位注册资本的实收情况或注册资本及实收资本的变更情况。

（3）说明段。验资报告的说明段应当说明验资报告的用途、使用责任及注册会计师认为应当说明的其他重要事项。

如果在注册资本及实收资本的确认方面与被审验单位存在异议，且无法协商一致，注册会计师应当在验资报告说明段中清晰地反映有关事项及其差异和理由。

4）附件

验资报告的附件应当包括已审验的注册资本实收情况明细表或注册资本、实收资本变更情况明细表和验资事项说明等。

5）落款

落款由署名和日期构成，验资报告应当由注册会计师签名并盖章，同时写明会计师事务所的名称和地址,并加盖会计师事务所公章。

验资报告日期是指注册会计师完成审验工作的日期。

【例文】

验资报告(适用于拟设立公司)

××公司(筹)全体股东:

我们接受委托,审验了贵公司(筹)截至××××年××月××日止申请设立登记的注册资本实收情况。按照国家相关法律、法规的规定和协议、章程的要求出资,提供真实、合法、完整的验资资料,保护资产的安全、完整是全体股东及贵公司(筹)的责任。我们的责任是对贵公司(筹)注册资本的实收情况发表审验意见。我们的审验是依据《中国注册会计师审计准则第××号——验资》进行的。在审验过程中,我们结合贵公司(筹)的实际情况,实施了检查等必要的审验程序。

根据有关协议、章程的规定,贵公司(筹)申请登记的注册资本为人民币××元,由××(以下简称甲方)、××(以下简称乙方)于××××年××月××日之前缴足。经我们审验,截至××××年××月××日止,贵公司(筹)已收到全体股东缴纳的注册资本合计人民币××元(大写)。其中以货币出资××元,实物出资××元,知识产权出资××元。知识产权出资金额占注册资本的比例为××%。

截至××××年××月××日止,以房屋和专利权出资的甲方尚未与贵公司办妥房屋所有权过户手续及专利权转让登记手续,但甲方与贵公司(筹)已承诺按照有关规定在公司成立后××月内办妥房屋所有权过户手续及专利权转让登记手续,并报公司登记机关备案。

本验资报告供贵公司(筹)申请设立登记及据以向全体股东签发出资证明时使用,不应将其视为是对贵公司(筹)验资报告日后资本保全、偿债能力和持续经营能力等的保证。因使用不当造成的后果,与执行本验资业务的注册会计师及会计师事务所无关。

附件:1. 注册资本实收情况明细表

　　　2. 验资事项说明

××会计师事务所(公章)　　　　　　　　中国注册会计师:(签名并盖章)

中国××市　　　　　　　　　　　　　　报告日期:××××年××月××日

【简析】

这是一篇拟设立公司的验资报告,收件人名称中加上"筹"字以示区别。全文内容完整,思路严密清晰,尤其是文章的语言,结合验资报告具有法律效力的性质,语言表述精练恰当,语意明确。

7.5 资产评估报告

7.5.1 资产评估报告的概念和种类

资产评估报告是指评估机构按照评估工作制度的有关规定,在完成评估工作后向委托方提交的说明评估过程及结果的书面报告,是一种具有法律责任的证明文书。

按资产评估的范围划分,资产评估报告可分为整体资产评估报告书和单项资产评估报告书。前者如《××有限公司组建股份有限公司资产评估报告》,单项资产评估是相对一台机器设备、一座建筑物、一项知识产权等单项资产价值进行的评估,如《××有限公司部分固定资产评估报告》。

7.5.2 资产评估报告书的作用

(1) 资产评估报告可证明被评估单位的资产所具有的实际价值,为被委托评估的资产提供作价意见。

(2) 资产评估报告书是反映和体现资产评估工作情况,明确委托方、受托方及有关方面责任的依据。

(3) 对资产评估报告书进行审核,是管理部门完善资产评估管理的重要手段。

7.5.3 资产评估报告的结构和写法

1) 首部

首部包括标题、报告书序号和报告送达单位(委托单位)名称。

(1) 标题。标题应简练清晰,应包含评估对象与文种,如"××××(评估项目名称)资产评估报告书"。

(2) 报告书序号。报告书序号应符合公文的要求,包括评估机构特征字、公文种类特征字(如评报、评咨、评函,评估报告书正式报告应用"评报",评估报告书预报告应用"评预报")、年份、文件序号,如××评报字(2005)第8号,位置本行居中。

(3) 委托单位名称。委托单位在此要写全称,如"××有限公司"。

2) 正文

这是资产评估报告的实质内容,大致包括以下几项。

(1) 绪言。绪言应写明该评估报告委托方的全称、受委托评估事项及评估工作整体情况,一般应采用包含下列内容的表达格式:

"××(评估机构)接受××××的委托,根据国家有关资产评估的规定,本着客观、独立、公正、科学的原则,按照公认的资产评估方法,对为××××(评估目的)而涉及的全部资产和负债进行了评估工作。本所评估人员按照必要的评估程序对委托评估的资产和负债实施了实地查勘、市场调查与询证,对委估资产和负债在××××年××月××日所表现的市场价值做出了公允反映。现将资产评估情况及评估结果报告如下:"

(2) 委托方与资产占有方简介。委托方与资产占有方简介需要较为详细地介绍委托方、资产占有方(两者合一的可作为资产占有方介绍)的基本情况,主要包括:名称、注册地址及主要经营场所地址、法定代表人、历史情况简介,企业资产、财务、经营状况,行业、地域的特点与地位,以及相关的国家产业政策。

(3) 评估目的。此项内容应包括两个方面:一是应写明本次资产评估是为了满足委托方的何种需要,及其所对应的经济行为类型;二是须简要、准确说明该经济行为的发生是否经过批准,如已获批准,则应写明已获得的相关经济行为批准文件,含批件名称、批准单位名称、确立日期及文号。

(4) 评估范围和对象。简要写明纳入评估范围的资产在评估前的账面金额及资产类型。如纳入评估的资产为多家占有,应说明各自的份额及对应的主要资产类型。

(5) 评估基准日。① 写明评估基准日的具体日期,式样为:本项目资产评估基准日是××××年×月×日。② 写明确定评估基准日的理由或成立的条件。③ 须对确定评估基准日对评估结果影响程度做出明确揭示。④ 申明评估中所采用的价格是否是评估基准日的标准,如不是则说明原因。⑤ 评估基准日的确定应由评估机构根据经济行为的性质会商委托方确立,并尽可能与评估目的实现日接近。

(6) 评估原则。写明本次资产评估遵循国家及行业规定的公认原则。

(7) 评估依据。评估依据主要包括评估的行为依据、法规依据、产权依据和取价依据等。

(8) 评估方法。简要说明评估人员在评估过程中所选择并使用的评估方法及依据或原因。

(9) 评估过程。评估过程应反映评估机构自接受评估项目委托起至提交评估报告的工作过程,包括接受委托、资产清查、评定结算、评估汇总和提交报告等过程。

(10) 评估结论。使用表述性文字和统一规定的格式列表揭示评估结果。

(11) 特别事项说明。

(12) 评估报告评估基准日期后重大事项。揭示评估基准日之后发生的重要事项及对评估结论的影响。

(13) 评估报告法律效力。具体写明评估报告成立的前提条件和假设条件、法律效力和评估结论的有效使用期限等。

(14) 评估报告提出日期。写明评估报告提交委托方的具体时间。

3）结尾

尾部的署名包括出具评估报告的评估机构名称和评估机构法定代表人姓名，并盖章，以及至少两名注册资产评估师的盖章并签名。

7.5.4 写作注意事项

作为具有法律责任的证明文书，资产评估报告写作时应遵循以下要求：

（1）内容客观真实，准确无误。

（2）内容详尽，重点突出。

（3）评估意见和说明一定表述确切，不得含糊其辞。同时要以政策、法规为依据，保证评估报告的科学、合理与公正。

【例文一】

内蒙古富祥发电有限责任公司资产评估报告

德威评报字（2006）第 101 号

北京德威评估有限责任公司接受北京京能热电股份有限公司的委托，根据国家有关资产评估的规定，本着客观、独立、公正、科学的原则，按照公认的资产评估方法，对内蒙古富祥发电有限责任公司的资产、负债进行了评估。本次评估主要采用成本法。

本次评估是为内蒙古富祥发电有限责任公司的股东转让其股权所涉及的内蒙古富祥发电有限责任公司的资产和负债提供价值参考意见。本公司评估人员按照必要的评估程序对委托评估的资产实施了实地查勘、市场调查与征询，对委估资产在 2006 年 9 月 30 日所表现的市场价值做出了公允的反映。现将资产评估情况及评估结果报告如下。

一、委托方与资产占有方简介

1. 委托方：北京京能热电股份有限公司

注册地址：北京市石景山区广宁路 10 号

注册资本：47 336 万元

经济性质：股份有限公司

法定代表人：刘海峡

经营范围：生产、销售电力、热力产品；电力设备运行；发电设备检测、修理。

2. 资产占有方：内蒙古富祥发电有限责任公司

简称：富祥发电

注册地址：内蒙古科右中旗查顺花

注册资本：15 002 万元

经济性质：有限责任公司

法定代表人：王永和

经营范围：发电、电力设备检修、电力上网销售。

企业历史沿革：富祥发电于 2003 年 12 月 10 日成立，注册资金为 1.5 亿元，股东为内蒙古蒙祥电力工程建设有限责任公司和自然人王帅，出资比例分别为 0.67% 和 99.33%。2005 年 2 月 24 日，公司进行了股东和股权比例的调整，调整后的股东为内蒙古蒙祥电力工程建设有限责任公司、北京大雄华行置业有限公司和自然人王帅，出资比例分别为 54.33%、45% 和 0.67%，但北京大雄华行置业有限公司的投资款尚未到位。

二、评估目的

富祥发电股东拟转让股权，本次对该行为所涉及的富祥发电的资产和负债进行评估，为委托方提供价值参考意见。

三、评估范围

本次清查核实范围是指富祥发电在评估基准日审计后资产负债表中列示的全部资产及负债，其中总资产 33 933 641.07 元，总负债 32 933 641.07 元，净资产 1 000 000.00 元，具体列示如下：

流动资产 827 209.65 元，货币资金 1 800.94 元，预付账款 220 000.00 元，其他应收款 605 408.71 元；

固定资产原值 2 211 660.00 元，净值 2 211 660.00 元，全部为设备；

在建工程 27 647 543.60 元；

无形资产——土地使用权 194 900.00 元；

长期待摊费用 3 052 327.82 元；

流动负债 32 933 641.07 元，包括其他应付款 32 885 199.37 元，应交税费 48 441.70 元。

四、评估基准日

资产评估基准日是 2006 年 9 月 30 日。

该基准日是由委托方和资产占有方协商确定的。

五、评估原则

工作原则：以国家有关评估及管理的法律、法规为依据，遵循独立、客观、公正、科学的评估原则。

经济原则：企业持续经营、替代原则、公开市场。

公认原则：本次资产评估遵循国家及行业规定的公认原则。

六、评估依据

1. 行为依据

资产评估业务约定书；

2. 法规依据

《中华人民共和国城市房地产管理法》；

《中华人民共和国土地管理法》……

3. 产权依据

内蒙古自治区人民政府建设用地审批件复印件；车辆行驶证复印件。

4. 取价依据

《内蒙古自治区建筑工程综合预算定额》；

科右中旗政府公告基准地价；

……

七、评估方法

遵循国家有关资产评估的规定，对评估范围内的资产，依照规范的评估程序，在实施了对富祥发电提供的法律性文件以及相关资料的验证审核、实地察看，必要的市场调查和交易价格的比较的基础上，区别不同的资产，分别采用适当的评估方法进行评估。

流动资产：本次评估以流动资产委估清单及账面价值为依据，对银行存款通过对银行对账单和调节表进行核实核对……

机器设备：本次评估采用成本法……

成新率的确定：成新率主要依据设备和车辆的现时技术状态、已使用年限、利用率、工作环境、经济寿命以及管理和维修等情况，采用观察法和年限法综合确定。

在建工程：在建工程分为临建设施和前期费用。对临建设施，本次评估采用重置成本法做出评定估算……

……

八、评估过程

本次评估工作共分以下四个阶段实施：

1. 项目的前期调查……

2. 资料的准备及项目申报……

3. 评估项目的现场调查实施……

4. 评估整理及报告阶段……

九、评估结果

总资产 4 315.53 万元，总负债 1 336.91 元，净资产 2 978.62 万元。

评估结论详细情况见评估明细表。（略）

十、特别说明

本评估结果仅作为我公司对委估资产、负债的价值参考意见，不能替代企业进行某项经济行为按国家有关规定所需要的申请报批程序，如企业在按照本评估结果进行账务调整和做相关处理时，须按相关财务制度规定报有关主管部门审批。

……

若委托方在上述情形发生情况下,建议重新进行评估。

十一、重大事项说明

富祥发电 2005 年度没有进行工商年检。

本次评估的土地已取得内蒙古自治区人民政府建设用地审批件,土地使用权证尚在办理之中,经审核企业在取得土地时支付的成本情况,资产占有方仅支付了出让金,按资产占有方确认本次评估土地价格为"三通一平"条件下的熟地地价,其中包括土地使用权出让金和征地安置补偿费用、宗地的土地开发费用(即"三通一平"费已按照实际发生的工程费用记入企业"在建工程"科目),若未来发生与此相关的欠付款项由原以土地出资的股东方承担。

本次对在建工程的估价,因没有得到相关工程的概预算、工程承包合同等资料,因此对工程的付款进度无法核实,对是否有欠付工程款无法做出判断,本次评估的在建工程账面金额仅以会计师事务所出具的审计结论作为账面依据。本次在建工程的评估结论,应作为委托方投资的组成部分,除在本评估报告中列示的负债以外,不再考虑上述资产可能存在的或有负债,若未来发生与此相关的负债由股权转让方承担,在此特提请报告使用各方关注。

固定资产中的车辆均未办理过户手续,且未年检。本次评估以富祥发电出具的证明材料确定产权归富祥发电,并且未考虑将来车辆过户所需的相关费用。若委估车辆无法过户,需新老股东协商解决。

本报告所列固定资产及在建工程以经盘点确认项目为准,若日后发现丢失、拆除而导致资产损失,我公司不承担由此产生的责任。

富祥发电自 2005 年 9 月以来,由于资金原因,目前处于停建状态,本次委估资产中涉及建设前期部分合理摊销费用支出,本次评估以该项目按现有设计方案继续建设为前提对此部分支出予以确认,若日后该项目变更设计方案甚至取消,将对该部分资产价值产生重大影响。

以上重大事项提请报告使用者注意。

十二、评估报告评估基准日期后重大事项

……

十三、评估报告法律效力

评估结论系评估专业人员依据国家有关规定出具的意见,具有法律规定的效力,评估报告的作用依照法律、法规的有关规定发生法律效力。

评估结论有效期自评估基准日起 1 年。

评估结论仅供委托方为评估目的使用和送交财产评估主管机关审查使用。评估报告书的使用权归委托方所有,未经委托方许可评估机构不得随意向他人提供或公开。

十四、评估报告提出日期

2006 年 11 月 28 日。

项目负责人：中国注册资产评估师　赵海青

项目复核人：中国注册资产评估师　刘燕坤

北京德威评估有限责任公司

二〇〇六年十一月二十八日

【简析】

这篇评估报告篇章合理，内容详尽。正文内容基本按照标准的写作格式安排，涵盖了必要的信息，同时根据评估目的，有重点地进行陈述，层次清晰。对于关键性内容如评估方法、重大事项说明等进行较为详尽的阐述，思路严密。数字列举与事实阐述相结合，选词用语恰当，语言简练，表述明确。

【例文二】

S 公司改制为 股份有限公司项目的资产评估报告书

K 整评报字（01）第××号

K 评估公司接受 S 公司的委托，根据国家有关资产评估的规定，本着客观、独立、公正、科学的原则，按照公认的资产评估方法，对 S 公司改制为股份有限公司所涉及的整体资产进行了评估。本公司评估人员按照必要的评估程序对委估企业的经营状况、财务状况、投资环境、整体资产的使用效果、获利能力和企业的发展进行了客观、全面、科学的预测、核算，对该整体资产截至 2001 年 8 月 31 日所表现的市场价值作出了公允反映。现将资产评估情况及评估结果报告如下。

一、委托方及资产占有方概况

委托方、资产占有方：S 公司

注册地址：K 市经济开发区

法定代表人：×××

注册资本：贰仟捌佰伍拾万美元

企业类型：外商独资经营

经营范围：开发、生产、销售电子等高科技产品；生产销售陶瓷制品、美术陶瓷、精密陶瓷。

S公司成立于1994年10月,投资总额3 000万美元,注册资本2 200万美元,后增资至2 850万美元。1998年5月产品正式开始生产。公司经营范围为生产销售陶瓷制品、美术陶瓷、精密陶瓷。现行业务范围以生产及销售各种内外墙砖及通体砖为主,产品包括:外墙砖、通体外墙砖、地砖、壁砖、广场砖、多管布料通体砖等。公司先后通过ISO9001和ISO14001认证,并被有关评估公司评定为AAA级企业。

长期以来,S公司秉持公司一贯的经营方针及经营理念,积极深入和开发中国大陆市场。公司成立以来,公司经营规模、资产规模逐年增大,盈利总额也逐年增加,保持资产利润双增长的局面。2001年,公司被授予"2000年度K市最佳外商投资企业"荣誉称号。

二、评估目的

根据S公司董事会决议,拟改制为股份有限公司。

本次评估目的即为S公司改制为股份有限公司所涉及的整体资产提供价值参考依据,不用于企业调账等其他用途。

三、评估范围和对象

本次资产评估范围系截至2001年8月31日S公司所拥有的该公司整体资产,其中包括流动资产32 720.63万元、固定资产28 040.51万元、无形资产3 931.87万元、其他资产1 063.54万元、总资产共计65 756.55万元,流动负债34 126.33万元、长期负债1 200.00万元、负债总计35 326.33万元,净资产30 430.22万元。以上均为经营性资产,评估对象为企业的整体资产。

纳入评估范围的资产与委托评估时申报的资产范围一致。

四、评估基准日

本次评估基准日为2001年8月31日。

确定评估基准日的理由为:

1. 月末会计报表完整准确

2. 尽可能接近评估目的的实现日期

评估基准日的价格是本次评估中一切取价的唯一有效的价格标准。

五、评估原则

根据国家国有资产管理及评估的有关法规,我们遵循的工作原则是独立性原则、科学性原则、客观性原则、专业性原则。评估适用的经济原则是贡献原则、替代原则、预期原则、持续经营原则以及最佳使用原则。

六、评估依据

(一)法规依据

1. 中华人民共和国国务院1991年第91号令发布的《国有资产评估管理办法》
......

（二）经济行为依据

《S公司董事会决议》。

（三）产权依据

1. 外观设计专利证书34件

……

（四）评估预测参数及选取依据

1. S公司1998—2000年度财务报表；

……

七、评估方法

本次评估采用收益现值法。

（一）评估技术思路和程序的理论基础

……

八、评估过程

我们根据资产评估的有关原则和规定，对评估范围内的资产进行了评估和权利鉴定，具体步骤如下。（略）

九、评估结论

S公司账面资产总额为657 565 495.68元，账面负债总额为353 263 253.82元，账面净值304 302 241.86元，经评估S公司整体资产价值为495 630 000.00元（大写：肆亿玖仟伍佰陆拾叁万元整），增值191 327 758.14元，增值率为62.87%。

评估结果汇总表。（略）

十、特别事项说明

（一）由于地方城市规划的需要，公司生产经营场所在未来1年内极大可能面临搬迁，这将对公司的生产经营活动产生一定的不利影响。本次评估中对此事项已进行了审慎的考虑，并假定公司搬迁产生的损失可由地方政府予以补贴。

（二）对企业存在的可能影响资产评估值的瑕疵事项，在企业委托时未做特殊说明而评估人员根据专业经验一般不能获悉的情况下，评估机构及评估人员不承担相关责任。

（三）本公司不对委托方提供的有关经济行为批文、营业执照、权证、会计凭证等证据资料的真实性负责。

（四）本公司声明现在及将来与贵公司委托评估的资产或其评估价值概无利益关系。

（五）本公司对所采用的信息资料来源的真实性，可靠性负责。

十一、评估报告基准日后重大事项

（一）评估基准日后至出具评估报告日，S公司一切经营活动正常，不存在需披露而未披露的重大事项。

（二）评估基准日后至报告有效期内，资产数量和作价标准发生明显变化时，或委托方发生期后事项并对委估价值产生显著影响时,不能直接使用本评估结论。

十二、评估报告的法律效力

(一)评估报告成立的前提条件和假设条件:

1. 本报告所称"评估价值",是指所评估的资产在现有用途不变并继续经营以及在评估基准日的外部经济环境前提下,根据公开市场原则确定的现行公允价,没有考虑将来可能承担的抵押担保事宜,以及特殊的交易方式可能追加付出的价格等对评估价值的影响。

2. 国家宏观经济、政治政策变化对企业预期情况的影响,除已经出台尚未实施政策除外,假定其将不会对企业预期情况构成重大影响。

3. 不可抗拒的自然灾害或其他无法预测的突发事件,不作为预期企业未来情况的相关因素考虑。

4. 企业持续经营,仍按原先设计使用、保持原有要素资产、保持原有正常的经营方式;并假定企业在工商登记经营期期满后,仍继续经营无期限。

5. 企业经营管理者的某些个人的行为未在预测企业未来情况时考虑。

6. 预期收益的测算是以企业评估基准日的资产正常经营管理为前提,假定搬迁不会对企业的生产经营造成影响,并假定企业按照原定投资计划进行追加投资。

7. 收益的计算以会计年度为准,假定收支均发生在年末。

当上述条件发生变化时,评估结果将会失效。

……

十三、评估报告提出日期

本评估报告提出日期为 2001 年 10 月 16 日。

> K 评估公司　　法人代表:
>
> 总评估师:
>
> 项目负责人:
>
> 注册评估师:
>
> 中国 上海 2001 年 10 月 16 日

【简析】

这篇资产评估报告篇章完整,语言简练,重点突出。作为具有法律责任的证明文书,此文在写作中注意词语的选择与运用,语气合理,交代严密。

思 考 与 练 习

1. 简答题

1) 财务分析报告中常用的分析方法有哪些?

2) 资产评估报告的正文由哪些内容构成? 在写作时应注意什么问题?

2. 分析题

某注册会计师在对一公司上一年度财务报表审计之后,编写了一份审计报告如下:

××公司:

我们根据贵公司同意的(06)字 13 号委托书的要求,对贵公司的会计报表进行了审计。在检查验证中,我们根据有关法律、法规和财务会计制度的规定,结合贵公司的具体情况,实施了包括抽查会计记录等我们认为必要的审计程序。

在审计中,我们发现贵公司本期变更了存货计价方法,由先进先出法改为先进后出法。虽然未报有关部门批准,但符合企业的具体情况。

我们认为,贵公司会计报表符合《企业会计准则》的规定,恰当地反映了贵公司本年度财务状况及本年度经营成果和资金变动情况。

注册会计师(签章)

会计师事务所(印章)

2007 年×月×日

要求:指出上述审计报告存在的问题,并加以改正。

8 商务文书

8.1 商务文书概述

8.1.1 商务文书的概念

商务文书是公司企业在经营运作、贸易往来、开拓发展等一系列商务活动中使用的各种文书的总称,是公司企业从事商务活动必不可少的办事工具之一。

8.1.2 商务文书的特点

商务文书是应用文书中的一大类。因此,一般应用文书所具有的特点,商务文书同时具备。但是,与其他应用文书相比,商务文书还具有三个显著特点。

1) 记录性

商务文书是公司企业制定商务决策的客观依据,是科学预测的表达手段,因此,其内容必须真实、确凿,要实事求是、准确无误地反映客观实际情况,否则,哪怕有丝毫的失误和偏差,都会影响商务活动的有效进行。

2) 评析性

商务文书不仅要获取各种信息材料,还必须对获取的事实、数据、现象等进行深入研究、分析、比较、综合和评估,不能仅仅是事实的表述、数据的罗列和现象的堆砌。只有在充分占有材料的基础上做出评析和判断,商务文书才能发挥其应有的价值和功用。

3) 时效性

制作商务文书的目的,在于依据客观情况找出正确对策,指导商务活动的有效进行。因此,商务文书必须注重时效性,做到迅速、及时、适时,否则就会失去其应有的价值和作用。

8.1.3 商务文书的作用

1) 是制定决策的客观依据

制定科学决策,是有效进行商务活动的关键环节,也是商务工作者的首要任务。准确、及时、可靠的经贸信息和市场情报是制定科学决策的前提和基础。商务文书通过对信息资料的有效获取、深入分析、精确评估,揭示当前经济活动变化的特点和原因,预测其发展趋势,为领导机构提供决策的客观依据,使领导者能在多变的现代商务活动中高瞻远瞩,统揽全局,取得良好效益。

2)是科学预测的表达手段

商务文书的基本任务是收集、研究有关经济信息,并在此基础上预测经济发展动向和市场变化趋势。科学预测显然是商业文书的主要目的和着力点。商务文书正是通过相应的文字载体进行表达,以使预测的内容不断条理化、精确化、科学化,减少预测中的盲目性,获得最佳经济效益。

3)直接为公司企业的经营活动服务

商务文书具有突出的实用性,即直接为公司企业的经营活动服务。每份文书都是因事而发,言之有物,目的明确,基本不涉及政治理论、原则是非和思想认识问题,更不做政策法规的规定,写作目的与用途相对单纯,即一切服从和服务于经营活动的需要,以为公司企业赢得最大的经济利益为根本目标。这与公务文书重点为机关管理服务的功能特点有根本区别。

4)直接反映公司企业的形象

商务文书是公司企业商务活动信息的主要载体。文书的内容、形式以及文书的形成过程,能够客观地表明公司企业管理者和员工的敬业状态、基本素质以及企业长期以来形成的办事风格,反映公司企业的经营管理质量及其诚信指标,甚至在一定程度上成为现代企业"CI"战略(企业形象识别系统)的组成部分。因此可以形象地说,商务文书就是企业发出的促销信,它们都在推销一样东西——公司企业形象。

5)是商务活动的原始记录

商务文书反映了公司企业及其领导者的各种商务活动,记录了公司企业与商业伙伴的合同事项、买卖交易、客户联络、商务洽谈、商业谈判的过程和结果。它是考察公司企业发展历程的原始凭证。

8.1.4 商务文书的格式

商务文书并非国家法定公文,因此在格式规范上,国家没有统一的规定。但是这并不意味着拟写商务文书在格式方面可以无拘无束,任意为之。

其实,许多国家的商务活动都遵循一些共同的行业规范,商务文书格式有其约定俗成的要求。拟写商务文书要知晓并执行通行的格式要求。

即便某些文书没有严格的行业规范,秘书人员在拟写商务文书、商务函电时,也要依据本企业长期以来的行事风格,设定符合本企业风格的文书格式,并且制作成标准的样本,避免由于个人原因而对商务文书、商务函电随意处置,确保本企业的有关商务人员始终如一地采用一种文书格式,保持文书和函电的统一性。

8.2　商务信函

8.2.1　商务信函的概念和作用

　　信函是人们在日常生活和工作中商洽事务、交流思想、传递信息时使用的一种书面文件。商务信函简称为商函，是指在商务活动中，以公务信函的方式，通过邮政系统传递商贸事务信息的一种书面文件。

　　商务信函的基本用途就是处理各种具体经贸业务，其涉及的范围非常广泛，凡企业之间的业务往来与联系，建立贸易关系，询价、推销、报价、还价、订购、装运与保险，付款、索赔与申诉等，都需要用到商务信函。

　　通过商务信函可以使企业、营销商和用户之间保持密切的联系，彼此传达合作的意愿，把业务细节具体表述出来，且能留存备查。商务信函还对发函方当事人具有一定的约束力。另外，商务信函也是签订协议书或合同书的依据。

8.2.2　商务信函的特点

1）商务性

　　商务性主要指其内容单一，一般都是集中在商贸活动的洽谈，用于业务上。

2）联络性

　　联络性主要指商务活动的各方从建立贸易关系开始，到业务活动的开展，基本上通过这些商务信函来联络和沟通感情，保持合作。

3）凭证性

　　商务信函发出前，都有当事人的签署，这可作为办理具体商贸事务的凭证，还可备查。一旦当事人之间发生争执或纠纷，它便可成为重要凭证之一。

8.2.3　商务信函的分类

　　按不同的标准，商务信函可分为不同的类型。

　　（1）按形态分，可分为公函式商务信函和普通商务信函（便函）。

　　（2）按行文关系分，可分为致函（发函）和复函。

　　（3）按发函内容分，可分为建立关系函、推销订购函、商务邀请函、商务确认函、询价报告函、推销订购函、信用调查函、发货催货函、付款索款函和索赔理赔函等。其中商品交易信函比例最大。

8.2.4　商务信函的基本内容和写法

　　商务信函一般具有告知性质，因此由谁告知、向谁告知、告知什么是商务信函的基本内容，必须予以明确。其结构包含信头、标题、函号、称谓、正文和信尾等部分。

1）信头

商务信函一般用本企业特制的信笺，在其正文首页上部预先印好信头。一般在右上方或居中位置印好本企业的单位名称、地址、电话、传真、电子邮件地址和邮政编码等。目前国内许多企业的中文商务信函没有印信头的也很多。

2）标题

标题要概括商务信函的中心内容，在居中位置。有两种形式：一种是由事由和文种构成，如"关于要求支付货款的函"；一种是先写"事由"两字，后跟冒号，然后用精练的文字概括该函件的中心内容，如"事由：要求支付货款"，"事由：装船通知"等。

3）函号

函号即发函字号或发函编号。一般多仿照公文发文字号的形式，如"浙粮财函〔2004〕××号"等。函号通常写在标题的右下方，但有的尤其是便函，一般不编号。

4）称谓

称谓指发函对象，是对收函者的称呼。写在标题左下方，顶格写，后跟冒号，如"××公司××经理："。若收信人是单位，应写全称，如"××贸易公司："；若收信者是个人，一般在名字后带上职务头衔，以示尊重，如"李××经理："。也可在称呼后加上"台鉴、台览"等文言敬语，如"张先生台鉴："等。

5）正文

正文一般包含发函缘由，发函事项，希望要求等内容。

（1）发函缘由：即简明扼要说明发函意图、目的、原因或理由。若是复函则要引述对方来函的日期、事由。

（2）发函事项：要详细说明需要对方了解的具体事项，阐明自己的意见。若复函一定要针对来函的内容做出明确答复。如内容事项多，可分条列项。

（3）希望要求：函的内容是根据目的而定，所以表达希望要求是顺理成章的。执笔者应表明自己对收文方的具体希望和要求，如"特请贵方惠顾并来函询问"、"希望上述答复能令贵方满意"等。也可用"特此函达"或"此复"等惯用结束语收束全文。

6）信尾

信尾包括落款、附件、附言等。

（1）落款：发函单位名称（盖公章）或发信人姓名（盖章），在其下一行写明年月日（甚至时）。

（2）附件：附在商务信函之后的有关材料，如"商品目录"、"商品价格表"、"订货单"等。在落款后另起一行的写明名称和数目。

（3）附言：指正文部分的内容有遗漏需补叙时说的话，可在商务信函末页左下方写上附言。根据需要使用附言，它不是必备项目。

商务信函的写作要求主旨鲜明、内容完整、谦恭有礼、格式规范。

8.2.5　几种常用商务信函的写法

1）建立关系函

　　建立关系的函一般应包括的内容是：首先，说明知道对方及其产品的途径；接着，表明己方的希望和要求；然后，介绍本公司的经营范围和经营能力；最后，向对方提供可供资信调查的有关单位，如银行或其他单位。一般在最初与某商家或公司建立关系的信函后，常附上一份内容完整、装帧精美的本公司对外进行全面宣传的资料。

2）资信调查函

　　为避免在商务交往中遭遇意外，在与建立新的贸易关系单位进行交易之前，必须先对其资信情况进行调查，主要了解其资金情况、经营能力、商业信誉、履行合同等情况。资信调查函的内容，主要是：首先，说明调查对象和调查缘由；然后，请求介绍调查对象的资信情况（指明具体在哪方面）并征求对方意见；最后，表明对提供的资料定会严守秘密的态度和希望协助之意。

3）交易磋商函

　　交易磋商是商务活动中最主要的业务活动，它可以面对面磋商，也可以通过函电协商，还可以通过信函对商务活动中一系列复杂的环节进行磋商，如询价、报价、还价、接受、发订单等直到交易最后完成的全过程均可用信函作为沟通方式。

【例文一】

事由：建立贸易

××字〔2004〕59 号

××市丝绸经销公司：

　　在不久前的一次纺织新产品交易会上，发现贵公司经销的仿古式柞丝绸女衬衫，款式很新。

　　如蒙贵方能提供最新仿古式柞丝绸女衬衫的图文目录及最惠报价，将不胜感激。

　　我公司地处××市，经营着本地区规模最大的商贸大厦，主营服装、鞋帽及各类日用百货。

　　关于我公司资信情况，请与××市工商银行××路分理处接洽。

　　期望很快能与贵公司建立良好的贸易关系。

　　　　　　　　　　　　　　　　　　　××市××贸易公司

　　　　　　　　　　　　　　　　　　　二〇〇四年××月××日

附件：本公司简介资料一份。

【简析】

这是一份与生产厂家建立联系的函。本函首先说明了"贵公司经销的仿古式柞丝绸女衬衫，款式很新"的信息，接着表明己方希望联系的愿望，然后介绍了本公司的经营范围和经营能力，最后向对方提供可供资信调查的银行并附上公司的简介资料。主题鲜明、文字简练、谦恭有礼、格式规范。

【例文二】

事由：了解客户资信情况

××银行××路分理处：

最近××贸易公司与我厂联系，欲在××地区独家代理我厂生产的××系列塑料外壳式断路器。

如蒙贵方提供××贸易公司的信用和财力情况，我们将不胜感激。

敬请贵行放心，对信函内容，我们将严守秘密。

望予以协助。

××电器制造厂（公章）

二〇〇四年××月××日

【简析】

本函旨在了解客户资信情况。首先，说明调查对象和调查缘由；然后，请求银行提供调查对象的信用和财力情况；最后，表明对提供的资料定会严守秘密的态度和希望协助之意。

【例文三】

事 由： 询 价

××岫玉厂：

我公司对贵厂生产的岫岩玉"十二生肖"制品很感兴趣，需订购××套，质量：××；规格：××。望贵厂能就下列方面的内容报价：

1. 单价
2. 交货日期
3. 结算方式

　　如果贵厂报价合理,且能予以最惠折扣,我公司将考虑大批量订货。
　　望速见复。

××贸易公司(公章)
二〇〇四年×月×日

【简析】

　　本函主旨是询价。首先,表示"对贵厂生产的岫岩玉'十二生肖'制品很感兴趣,需订购××套";然后,阐明希望得到的报价内容;最后,表明大批量订货和能够得到迅速答复的愿望。

8.3　商务电函

8.3.1　商务电函的概念、作用及特点

　　商务电函是指在商务活动中,通过电子通讯设备传递商务信息的函件。

　　商务电函和商务信函在作用、特点及写作要求等方面基本相同,只是电函更强调简洁明了,要言不烦。电函与信函的主要区别在于传递信息的手段不同。

　　商务电函的特点体现在以下几方面。

1)快捷性

　　这是电函最突出的特点。它在商务活动中能为商家赢得宝贵的时间,以利在竞争中获得好的经济效益。

2)凭证性

　　电函与信函都具有这一特性。电函除了在商务活动中快速传递信息外,在发生经济纠纷时,它还可以作为处理纠纷的依据。从这个意义上讲,电函实际上也具有法律效力,能够保证交易双方的合法权益,这就是电函的凭证性。

8.3.2　商务电函的分类

　　商务电函按通讯手段,可分为电报、电传、传真和电子邮件。

1)电报

　　电报是在紧急情况下,通过电信局用电信号迅速传递简短信息时最常用的通讯方式。

2)电传

　　电传又称用户电报,是用户之间利用电传机通过电信部门交换机转接,进行直接通信的一种通讯手段。

3)传真

　　传真是传真通讯的简称,是一种借助电话传真机高速传递书信、文件、手稿、图表和照片等静止图文的一种现代化通讯手段。它以速度快、效率高、准确性强、真实完整、不受自

然条件影响、可以每天 24 小时服务(无人值班时也可收录)等优点而赢得了人们的青睐,被广泛用于商务活动中。

4) 电子邮件

电子邮件是 E-mail(Electronic Mail)的中文名称,简称电邮,即人们直接通过电脑网络来接收和发送邮件,来实现双向通讯功能,不仅能传递文字,还可传送图片和其他文件。

电子邮件作为一种全球范围的快速、方便、廉价、可靠的通讯手段,已经开始逐步取代一些传统的通讯手段。在商务活动中,人们越来越多地采取了网上交易的方式。

8.3.3　商务电函的基本内容和写法

1) 电报

电报纸有固定格式,发报人按约定俗成的格式填写即可。主要包括四部分内容,即电报头,由电信局工作人员填写;收报人、电文和发报人,由发报人填写。

(1) 收报人:包括地址、姓名。

(2) 电文:电报内容和署名,即电报正文,用最简洁的词语准确表达所传信息,不使用标点符号,如"急需原煤速发",无须更多文字,收报人一看就懂。

(3) 发报人:包括姓名、地址。

电报须到电信局拍发。

2) 电传

电传文稿的结构由收报人、正文和发报人三部分组成。

(1) 收报人:包括地址、姓名,地址可写电传号码。

(2) 正文:包括简洁明了说明事由、陈述具体事项、说明要求。

例如,询价电传:"我公司欲购××牌计算机,请告最惠单价和最早交货日期。"

又如,报价电传:"×月×日函悉。××牌计算机最低单价××元,最早可于××月××日前交货。"

(3) 发报人:包括地址、姓名,地址可写电传号码。

电传在办公室即可发送电文,避免了到电信局拍发的麻烦。但电传只能传递文字,不能传递图像。

3) 传真

由于传真文稿是使用电缆作为通讯媒体的缘故,所以人们一般将其归入电函类,从其写作的角度讲,其格式、内容、写作要求都与信函相同。在商务活动中,即可按信函,也可按电函拟写传真文稿。其结构一般由传真头、标题、称谓、正文和信尾组成。

(1) 传真头:与商函的"信头"写法一样。一般在文稿首页上方居中处标明本公司的名称、地址(多数单位是预先印好的,有的还印有企业标志和英文名);然后,在左下方写明收件公司名称、所在地、传真号及收件人姓名;最后,是发件方的公司名称、发件人姓名(或部门)、电话及传真号码等。

　　(2)标题:传真文稿的标题可有可无。如写标题,其写法与商务信函的标题相同。

　　(3)称谓:对收函者的称呼,与信函写法相同。

　　(4)正文:与信函正文写法相同。

　　(5)信尾:与信函的信尾写法相同,也可只写单位名称与日期。

4)电子邮件

　　与一般邮件一样,电子邮件的内容也非常广泛,学习、工作、生产、生活以及社会上的方方面面都可以涉及。下面介绍两类常用的电子邮件。

　　(1)公务类。公务类电子邮件主要是指单位、部门对内、对外发表相关信息,布置、检查工作,回复、反馈相关意见,通知会议、活动,邀请、联谊,祝贺、慰问等。其中,通知的比例最大。

　　公务类电子邮件具有告知性、发布性、简报性和礼仪性的特点,快捷、精准、实用,已经成为单位、部门进行公务活动不可或缺的工具。

　　(2)商务类。商务类电子邮件主要是指企业、公司、各种服务行业等发表的相关商务信息、广告信息等。商务类电子邮件强调新颖性、可读性和吸引性等,具有短小精悍、迅速及时的特点,有着良好的宣传、广告效应,因此是企业、公司、各种服务行业等开展商务活动的重要手段和工具。

8.3.4　商务电函与商务信函的异同点

　　商务电函与商务信函的作用一致,都是用来处理各种具体经贸业务,而且写作要求也基本相同,只是商务电函更强调简洁明了,要言不烦。

　　商务电函是以电子通讯工具为载体,通过电信网络系统传递经贸事务往来信息;商务信函是指主要通过邮政系统递送有关商贸事务的信件。两者只是传递方式的不同,比起信函来,电函更快捷、更方便,使用也更为普遍。社会的快速发展,经济全球化的大趋势,电函这种迅速快捷的现代通讯工具将会成为人们商务活动中的主要联系方式,并成为未来商务信息传递的发展方向。

【例文一】

公务类电子邮件

各位学术委员:

　　大家好!

　　定于 2006 年 3 月 5 日下午 14 时至 18 时 30 分,在院会议室举行职称评定预备会议。

请带上相关文件,并就参评资格和一般学术刊物、核心学术刊物、权威核心学术刊物的界定准备发言。

文学院学术委员会

2006 年 2 月 28 日

【简析】

这是一件告知性的公务类电子邮件。对"职称评定预备会议"的时间、地点、与会人员、会议内容和需随带的材料都做了简要的交代。

【例文二】

商务类电子邮件

尊贵的客户朋友:

值此春节即将到来之际,谨致问候!

本公司自即日起举办"2006 嘉卉年宵花芬芳荟萃"网上订购活动。

春石斛(C33)300 元/盆

树形蝴蝶兰(H300)20 元/盆

大花惠兰(D01)548 元/盆

凤梨三星高照(J101)396 元/盆

鸿运连连(Z05)228 元/盆

锦上添花(Z11)518 元/盆

电话:010-××××××

传真:010-××××××

E-mail:jiahui@gjik.com

Http://www.jiahui.cn

没有比花更美的语言!

××××嘉惠公司

2006 年 1 月 25 日

【简析】

这是一件商务类电子邮件。其主要内容是告知举办"2006 嘉卉年宵花芬芳荟萃"网上订购活动的信息,并提供了联系方式。

8.4　商业广告

8.4.1　商业广告的概念和作用

"广告"一词源于拉丁语"Advertere",有引起人们"注意"和起"诱导"作用的意思。广告有广义和狭义之分。广义的广告有"广而告之"的意思,它包括不以营利为目的的广告,如公告、启事、声明等。狭义的广告一般是指商业广告或经济广告。

商业广告是工商企业为推销商品或提供服务,以付费方式通过一定的媒介(如广播、电视、报刊、路牌等)向消费者传播商品、劳务等信息的一种经济宣传手段。它以扩大销售为基本出发点,以营利为目的,是商品经济的产物。随着市场经济的日益发展,它越来越被人们所重视。

商品广告有以下几点作用。

1) 传播信息,指导消费

商业广告向消费者介绍优质产品、新产品,宣传产品的使用及保养方法和知识,为消费者选择自己适合的商品提供了指导作用。

2) 沟通产销,促进销售

广告主(即企业)将产品信息通过广告传递到市场,传递到消费领域,让消费者了解商品知识,从而做出购买决策,采取购买行动,形成产销相互促进与发展的良性循环。

3) 促进竞争,繁荣经济

企业要想成功,就必须让消费者了解自己的优质产品和优质服务,因此,行业之间也都为实现这一目标而运用广告进行宣传,从而形成和促进竞争,使经济得到繁荣。

4) 美化环境,陶冶情操

好的广告既可以取得良好的宣传效果,同时也可以美化市容,改善环境。成功的广告不仅仅是竞争的工具,它同时也是一件令人回味无穷的艺术品,让人受到美的熏陶和艺术的感染。

8.4.2　商业广告的内容与制作

商业广告种类繁多,形式多样,没有统一的结构形式,也没有固定的写法。但各类广告一般都离不开语言文字和声像色彩这两个方面。这里,我们主要学习广告文稿。广告文稿一般由标题、正文和结尾三部分组成。

1) 标题

标题是广告文稿主题的准确概括。主题是广告的灵魂,标题则是广告的眼睛。一则好的广告标题要求简明扼要、生动有趣、新颖别致、引人注目,它不仅能引发公众的情趣和好奇心,还能给公众留下深刻的印象。广告标题种类繁多,文字表达也千姿百态,依照内容和表达形式划分,可分为直接标题、间接标题和复合标题三类。

(1) 直接标题。即标题直接体现广告的主要内容,或一语点明广告的主题,使人一看就明白广告的意思。最简单的直接标题是以商品品牌或厂家名称命名的,如"小霸王学习机"、"中美合资康普电脑"、"胡美玉蚕豆酱,巴拿马博览会金奖"、"××商厦名士达娱乐城明日开业"等。

(2) 间接标题。不直接揭示广告的内容和主题,而是用间接的方法委婉地吸引人们饶有兴趣地阅读广告正文。例如:

你只需按一下快门,余下的由我来做!

(柯达照相机广告)

神仙都要补

(香港经销乌鸡白凤丸广告)

滴滴香浓,意犹未尽

(麦氏咖啡公司广告)

(3) 复合标题。将直接式与间接式两种写法结合起来,既点出商品或厂家名称,又能刺激消费者的购买欲望,增强吸引力。复合标题包括引题、正题和副题等形式。例如:

洗去人体外部垃圾用毛巾肥皂

洗去人体内部垃圾靠"昂立1号"

(中美合资上海交大天王生物制品有限公司广告)

中意冰箱

人人中意

(中意冰箱厂广告)

2) 正文

商业广告的正文一般包括开头(引子)和主体两部分。开头紧承标题,用过渡性语言回答标题所提出的问题,以便引出后文。开头一般用一句话或一段话表述。主体是广告文稿的核心,要用具有说服力的语句来证明事实,说明问题,充分阐明商品或服务的特点和优势。如果开头的任务已由标题完成,也可没有开头,直接进入主体部分。广告正文的写法多种多样,常见的体式有以下几种。

(1) 陈述体。即用朴实的语言,简明扼要地说出产品的名称、规格、用途、效果和价目等。陈述体适用于新产品的宣传。

(2) 证书体。在广告正文中,用获奖证书或权威结果、知名人士的评价来证明产品品质优良,信誉度高。此类体裁多用于名牌产品、高级精密仪器和药品等方面。

(3) 问答体。问答体又称对话体,即通过相互问答来介绍商品或服务。这种广告平易近人,形式活泼,解说明白,给人一种亲切感。问答体通常用于知识性、技术性较强的广告。

　　（4）文艺体。有的商业广告用诗歌、顺口溜、快板等形式表现，还有的请文艺工作者、电影明星在广告中担任一定的角色。例如，对某一特定情节的演播，配以音乐，以增强效果，达到宣传介绍商品的目的（如燕舞牌收录机广告词："燕舞，燕舞，一片歌来一片情"）。

　　（5）幽默体。用风趣幽默的语言在谈笑风生中宣传介绍商品。这种体式的广告引人入胜，使人经久不忘。例如，有某理发店以"虽然毫末技艺，却是顶上工夫"为广告语，一语双关耐人寻味。

　　（6）新闻体。用类似新闻报道的形式来宣传新产品。例如，河北艺术挂毯的广告词是"中国奥林匹克运动委员会赠给国际奥林匹克运动会的大型艺术挂毯，由河北省畜产品进出口公司监制"。

　　此外，还有书信体、散文体和布告体等体裁形式。

3）结尾

　　商业广告的结尾一般包括广告标语和随文。广告标语又称广告口号，是在一定时期内反复使用的特定的宣传语句，如娃哈哈营养液的广告标语是"喝了娃哈哈，吃饭就是香"。广告随文又称广告附文或落款，是广告尾部的必要说明。主要写明商业广告刊户的厂商名称、地址、电话、电挂、账号等，起导购作用。

8.4.3　商业广告的制作要求

　　商业广告文稿的制作必须依据《广告法》，法律、法规禁止，以及贬低同行或同类产品信誉和有损他人利益的内容不得写入广告文稿。此外，还应注意以下几方面内容。

1）内容真实可信

　　广告的内容要真实可信。实事求是地介绍商品和服务是对消费者负责的表现，也是良好职业道德的体现。商业广告的生命在于真实，只有货真价实，讲究信誉，才能取得消费者的信任，树立起产品品牌和企业的良好形象，广告内容虚假，向公众说谎，不仅违背了职业道德，而且会失去声誉，砸了自己的牌子。

2）富有独特创意

　　商业广告在突出主题时，创意要新颖独特。优秀的广告总是集独创性、知识性、趣味性和艺术性于一身，富于意境和魅力，令人耳目一新，从而产生购买欲望。例如美国柯达胶卷公司的广告词是："大自然有多少色彩，'柯达'就有多少"；浙江义乌味精厂的一则广告，标题是"蜜蜂牌味精"，正文只有一个字"鲜"；春兰空调广告词："拥有春兰牌空调，春天永远陪伴着你。"这些广告词突出了商品的最大特征，可谓构思精巧，匠心独具，富有独特创意。

3）语言形象生动

　　制作广告文稿主要使用文艺语体，在遣词造句、语法修辞等方面都具有鲜明的特色。广告强调利用富有艺术表现力的词语来激发消费者对商品或服务的兴趣，以增强广告的劝导性；广告常用公众可以意会的无主语、省略句，言简意赅，能增强表达效果；常用比喻、拟人、对偶、排比等修辞手法,形象生动,活泼有趣,悦耳上口,感染力强。

【例文】

一分钟文件装成书

当阁下在对外交往中遇到外交交换,由于文件装订简陋、外形粗糙而倍感尴尬时,请使用康德 GBC 文件装订机。

康德 GBC 文件装订机,引进美国先进技术,可以在一分钟内将散页文件装订成一本华美、高档的精装书。那种高雅、庄重、整齐划一的外观,会使你的文件身价百倍,给人以美好的印象。

＊设计独特、美观耐用、操作简便

＊规格齐全、形式多样、装订厚度可达 50mm

＊快捷方便、仅一分钟即可装订成册

随文:(略)

【简析】

这是一则北京康德 GBC 装订机广告文案,采用单行间接标题。前言直陈广告目的和商品名称,并有承启作用。主体对康德……装订机的功能做了详细的介绍,并且用三个小标题分列该产品最突出的特点,比较成功地突出了广告的主题。

8.5 商品说明书

8.5.1 商品说明书的概念和作用

商品说明书是商品生产者为了指导消费,提高商品的使用价值,向人们介绍商品的性能、特点、规格、用途及使用与保养方法的一种经济文书。随着市场经济的发展,市场竞争日趋激烈,人们的消费水平日益提高,商品说明书的使用范围越来越广泛,与人们的关系更加密切。

商品说明书对于生产者、经营者和消费者都有着重要的作用。

1)指导消费

现代科学技术日新月异,企业总是力求以最新的技术,生产出美观耐用、设计精密、低耗高效的先进优质商品,以满足市场需要。大量现代化的新商品投放市场,进入千家万户,商品说明书能让消费者了解商品的性能和特点,帮助消费者正确使用和保养维护,使商品发挥最大效益,防止发生事故。特别是对一些缺乏科技知识和商品知识的消费者来说,商品说明书更是不可或缺的良师益友。

2)促进销售

　　商品说明书重在介绍、说明商品知识,从某种角度上说,具有一定的宣传促销作用,它既能提高消费者的购买欲望,也可以加深用户对商品的印象,扩大商品的宣传效果,从而打开商品销路。所以,商品的生产者、经营者,都十分重视说明书的制作,不仅要写得精练实用,而且印制要精致美观。

8.5.2　商品说明书的内容与写法

　　商品说明书种类繁多,样式不一,内容有繁有简,篇幅有长有短,格式与写法不尽相同。有的强调功能和用途,有的强调性能和特点、操作过程和维修保养,有的强调规格和型号。比较简单的商品说明书类似一篇短文;复杂的则要印制成册,图文并茂。其写法一般包括标题、正文和落款三个部分。

1)标题

　　商品说明书的标题应写在第一行居中位置,字体较大。常见的有三种形式:一是标明文种的标题,即由事物名称和文种组成,如"荣事达洗衣机使用说明书"。二是名称式标题,这种标题只写商品名称,或在名称前加上商标名称,如"健民咽喉片"、"西湖绸伞"、"六神特效沐浴露"等。三是散文式标题,如"徽茶清醇享誉古今"等。如果是内容比较复杂,印制成册的商品说明书,标题则用彩色印制在封面上,并往往配有高贵文辞,如"全国著名商标——美菱阿里斯顿电冰箱使用说明书"。

2)正文

　　商品说明书正文的开头一般简要介绍商品的概况,如名称、产地、主要性能和特点等,也可在开头介绍商品生产厂家的历史、规模、技术力量和商品信誉等,也有的不写开头,落笔就写主体内容。主体详细地介绍商品的规格、构造、用途、使用与保养和注意事项等,结尾就可指明商品的发展趋势,提醒消费者注意某些事项,也可用"欢迎选购"之类的话作结。商品说明书的正文根据说明对象、说明内容和难易程度不同,可相应采取不同的写法。

　　(1)概述式。概述式就是用简明的文字,对商品的性能、成分、规格和用途等做综合说明。这实际上是一篇重点突出、结构完整的短文,能给人以明晰、完整的印象。

　　(2)条款式。条款式就是分条列项地说明商品的性能、规格和用途等,有的还用小标题标明项目。这种条款式说明书漂亮有序,每一条款说明一项内容,具有文字简明、条理清楚、要点明确的特点。

　　(3)表格式。表格式就是按表格逐项填写要说明的内容,也可以表格为主,加上适当的文字说明。

　　(4)复合式。复合式就是商品说明书多种写法的综合。既有概述式的总体说明,又有条文式的分项说明;既可先总后分,也可先分后总;有的还适当插入图表,图文并茂。这种写法运用比较普遍,不少高技术商品说明书采用这种写法。

3)落款

商品说明书一般都有落款,在正文右下方写明生产厂家名称、厂址、电话、邮政编码和电传等内容,以便用户联系。

有些商品说明书是向用户全面详细地介绍产品,这类说明书内容、结构比较复杂,装订成册,制作精美,图文并茂,多用于对科技含量较高的电子类产品和家电产品的说明,如电视机、电冰箱、计算机、洗衣机等。这类复杂的商品说明书一般包括以下内容:一是封面,印有商品名称、实物图片、商标、规格、型号以及"说明书"字样和生产厂家名称。二是目录,将说明书的全部条目编列在一起,以便用户查阅。三是前言,概述产品的设计目的,介绍产品的原理、性能特点、使用范围等。四是正文,这是说明书的主要内容,产品的属性不同,内容也有所不同。详细介绍产品的性能指标和主要技术参数、工作原理、使用方法、保养与维修以及附图等。五是封底,注明厂址、电话号码、电报挂号等,以便用户联系。

8.5.3 商品说明书的写作要求

1)坚持实事求是的原则

介绍商品要坚持实事求是的原则,本着对消费者负责的态度,客观真实地反映商品的本来面目,正确地指导消费和使用,绝不能夸大其词,欺骗消费者。否则,不但砸了自己的牌子,甚至还要负法律责任。

2)抓住特征,突出重点

不同商品有不同的特点,即使是同类商品由于生产厂家不同,也有其不同的特性。因此,商品说明书不能千篇一律,在写作时应抓住商品的个性特征,突出内容重点,尤其是关键问题,更要详细说明。例如,食品应重点介绍其成分及食用方法;药品应重点说明其功能和服用方法;而电器则应着重说明其性能、使用和保养方法,对于一些危险品则应特别强调安全使用的注意事项。

3)内容简明具体,文字通俗易懂

商品说明书是为了让消费者了解商品的功用和使用方法,应重在实用。因此,内容要简明具体,文字要通俗易懂,把要说明的内容明白地表达出来,尽量少用概念、专业术语和技术符号,使广大消费者一目了然,容易看懂弄通。

【例文】

说 明 书

哈尔滨洗衣机厂是轻工业部最早定点的洗衣机厂。XPB20-SI 型蓝天牌洗衣机是我厂广泛吸取了国内外同类产品的先进技术研制而成的。本机具有洗涤、脱水双重功能。外形美观、结构合理、操作方便、安全可靠、用电经济、噪音小、洗涤效果好、磨损率低,适宜洗涤棉、毛、丝、合成纤维及其他衣物。主要性能参数,如表1所示。

表1

主要性能参数

外形尺寸	额定容量	电机功率输入/输出	标准水量	电源	波轮转速	脱水桶转速
76×687×425	洗涤2千克 脱水2千克	洗涤240/120瓦 脱水115/25瓦	36升	220伏 50赫	550转/分	1 500转/分

使 用 方 法

一、洗衣

1. 把洗涤排水管挂置牢固,按标准水量(约为洗桶总容积的2/3),将清水(水温低于60℃)注入洗桶。选择适量洗涤剂投入水中,将待洗衣物口袋清洗干净放入洗桶浸泡几分钟。

2. 根据衣物脏污程度选择洗涤时间,顺时针拨动洗涤定时器旋钮,参照表2定时。

表2

衣物洗涤时间

织物种类	时　　　间(分钟)	织物种类	时　　　间(分钟)
棉织品	4~10	被单	10~15
毛织品	4~8	大件较脏织物	15
化纤丝绸	5~8		

3. 为节约洗涤剂,可将衣物按脏污程度及颜色深浅分批洗涤。

二、脱水

1. 把脱水排水管摘下置于下水道口。

2. 打开上盖将待脱水衣物一件一件均匀地压实放平在脱水桶内,盖好上盖。

3. 按脱水开关,视衣物种类及重量,脱水时间为1~3分钟。

4. 提起上盖脱水电机可自行断电制动,但由于机械惯性作用,脱水桶仍在旋转,此时切勿将手接触甩干桶,以免将手碰伤。

保 养 维 修

1. 本机备有接地线,使用时必须接地。

2. 本机必须放在平稳、干燥通风处。

3. 洗桶内无水时不允许长时间开机空转以免损坏水封。

4. 发现故障应立即切断电源,停机检查。

......

简单故障及排除方法

故 障 现 象	故 障 原 因	检查步骤及维修方法
电机不转	无电,插头插座接触不良 保险丝熔断 虽有电源但电压过低 电机电容器、定时器损坏	接通电源 更换保险丝 待电压恢复正常 修理更换电机及电器元件
电机过热	洗衣量过大,电机过载	减少洗衣量
洗衣机噪声过大	安放不当、零件松动、传动系统润滑不良	放置平稳紧固各零件加润滑剂
脱水电机噪声过大	洗衣机放置不平稳,脱水桶内衣物放置不平衡	将机轮垫平,将衣物自桶底一层一层填满
脱水桶不转	盖控开关动静触点熔焊或制动	修理动静熔点或更换刹车皮
开盖后不停转	刹车皮磨损失效	

注:一般汤勺装满普通洗衣粉约为 10 克。

厂址:哈尔滨南岗取学府三道街 26 号

电话(略)

电挂(略)

【简析】

这是一篇复杂的商品说明书,采用复合式写法。前言概述蓝天牌洗衣机的功能和特点,主体部分详细介绍了主要性能参数、使用方法、保养维修、简单故障及排除方法等项内容,落款写明厂址及联系方式。正文以条款为主,适当插入表格,条理清晰,层次分明,内容全面,说明详尽,语言深入浅出,通俗易懂。

8.6 广告、营销策划

8.6.1 广告策划

1) 广告策划的概念

广告对加速商品流通、传播信息、促进企业竞争起到积极的作用。广告策划是广告经营单位受广告主的委托,为实现广告促销目的,对企业广告传播活动的战略和策略进行的整体运筹规划的活动。

2）广告策划的特征

（1）指导性。广告策划是对广告整体活动的策划,策划的结果就成为广告活动的蓝图。所以,广告策划对整体广告活动具有指导性,它指导广告活动中各个环节的工作以及各个环节的关系处理。

（2）系统性。广告策划是对整个广告活动的运筹规划,因此具有系统性。广告策划是由若干相互联系和相互作用的要素所构成的有机系统,策划时要考虑周到。

（3）创造性。广告策划活动是一项创造性思维活动,一个成功的广告策划是建立在策划者创意能力和非常想象基础上的。

3）广告策划的内容与结构

广告策划一般应包括以下内容。

（1）前言。简要说明制定本策划的缘由,企业的情况,企业的处境或面临的问题,希望通过策划解决的问题。或者简单提示策划的总体构想,使客户未深入审阅策划方案之前,能有个概括了解。

（2）市场分析。市场分析主要包括三个方面的内容:

第一,背景资料,即与被策划企业的产品有关的市场情况。

第二,目前同类产品情况,即目前国内市场中进口、国产的同类产品的几种主要牌号,这几种主要牌号的知名度与美誉度如何。

第三,同类产品的竞争状况,可分为国内市场与国际市场分析。

（3）产品分析。被策划产品有哪些优越性及其不利因素。

第一,产品特点,具体分析产品的工艺、成分、用途、性能、生命周期状况。

第二,产品优劣比较,同国内及进口产品进行比较。

（4）销售分析。销售是市场营销的重要组成部分,透彻地了解同类产品的销售状况,将为广告促销工作提供重要的依据。销售状况分析有下列内容:

第一,地域分析,即分析同类产品销售的地域分布与地点。

第二,竞争对手销售状况,即分析主要竞争对手销售的手法与策略。

第三,优劣比较,即通过分析比较,找好本策划产品最有利的销售网络与销售的重点地区。

（5）企业目标。企业目标分为短期和长期两种。短期目标以 1 年为度,可具体定出增加销售或提高知名度的百分比。长期目标是 3～5 年,广告策划中提到企业目标,可以说明广告策划是怎样支持市场销售计划,并帮助达到销售和赢利的目标。

（6）企业市场战略。为了实现企业的经营目标,企业在总市场战略上必须采取全方位的策略,这包括:

第一,战略诉求点,即如何提高产品知名度和市场占有率;产品宣传中是以事实诉求为主还是以情感诉求为主。

第二,产品定位,可以选择高档、中档、低档定位中的一种。例如,柯达彩色胶卷定位为高质量、低价格,国际流行的产品;福达彩色胶卷定位为厦门制造的国产高档彩色胶卷。

第三,销售对象,分析产品的主要购买对象,越具体越好。销售对象包括人口因素各方面,如年龄、性别、收入、文化程度、职业和家庭结构等,说明他们的需求特征和心理特征,以及生活方式和消费方式等。

第四,包装策略,包括包装的基调、标准色和包装材料的质量。

第五,包装物的传播,如设计重点(文字、标志、色彩)等。

第六,零销点战略,零销网点的设立与分布是促销的重要手段,广告应配合零销网点策略扩大宣传影响。

(7) 阻碍分析。根据上面对市场、产品、销售、企业目标、市场战略等的研究分析,可以顺理成章地找出本企业产品在市场销售中的“难点”。排除这些阻碍,就是下一步广告战略与策略的主要目的。

(8) 广告战略。广告战略包括:

第一,竞争广告宣传分析,分析主要竞争对手的广告诉求点、广告表现形式、广告口号和广告攻势的强弱等。

第二,广告目标,依据前面企业经营目标,确定广告在提高知名度、美誉度和市场占有率方面应达到的目标。

第三,广告对象,依据销售分析和定位研究,可大略计算出广告对象的人数或户数,并根据数量、人口因素和心理因素等说明这一部分人为什么是广告的最好对象。

第四,广告创意,确定广告总体的表现构想,如广告口号,使用的模特或象征物,广告的诉求点或突出表现某种观点、倾向等。

第五,广告创作策略,即向目标市场传播什么内容,按照电视、报刊、广播、POP 等不同媒介的情况,分别提出有特色的、能准确传递信息的创作意图。

(9) 公关战略。公关活动旨在树立良好的企业形象和声誉,沟通企业与公众的关系,增进消费者对企业的好感。公关战略要与广告的战略密切配合,通过举办一系列具有社会影响力的活动达到上述目的。

(10) 媒介战略。根据广告的目标与对象,选择效果最佳的媒介来作为广告对象。媒介战略包括:

第一,以哪种媒介为主,哪种媒介为辅。

第二,区分产品营销的重点地区与非重点地区。

第三,每种媒介每周或每月使用的次数安排。

第四,媒介的位置、版面、电台、电视台的播出时间。

第五,媒介预算分配:组合媒介所需的费用进行预算。

(11) 广告预算及分配。必须把年度内的所有广告费用列入,包括:

第一,调研、策划费。

第二,广告制作费。

第三,媒介使用费。

第四,促销费。

第五,机动费等。

(12) 广告统一设计。根据上述各项综合要求,分别设计出报纸、杂志、电视、POP 广告的设计稿或脚本,以供年度内广告制作的统一设计作为参考或依据。

(13) 广告效果预测。预计广告策划可以达到的目标或效果反馈、检测的方法。

8.6.2　营销策划

1) 营销策划的概念

营销策划的任务是如何使企业在市场营销中获得利润,能否成功地进行营销策划,是企业经营成败的关键。而在市场营销中,把策划过程用文字完整地书写出来,就是营销策划方案。

2) 营销策划的内容与结构

营销策划一般包括以下几方面的内容。

(1) 前言。策划方案的开头部分,包括策划的缘起、背景材料、问题点与机会点、创意的关键等。

(2) 市场状况分析。市场状况分析包括如下内容:

整个产品的市场状况。

各竞争品牌的销售量与销售值及市场占有量的比较分析。

消费者年龄、性别、籍贯、职业、学历、收入和家庭结构分析。

各竞争品牌市场区隔与产品定位的比较分析。

各竞争品牌广告费用与广告表现的比较分析。

各竞争品牌公关活动的比较分析。

公司的利润结构分析。

公司过去 5 年的损益分析。

(3) 产品策略。产品策略包括:

第一,新产品开发策略。新产品开发策略是产品策略的一个重要环节。

第二,产品生命周期策略。产品在市场上的销售情况及获利能力随着时间的推移而变化。产品也符合新陈代谢的规律,从诞生、成长到成熟,最后走向衰亡。完整的产品寿命周期包括四个不同的阶段,即导入期、成长期、成熟期和衰亡期。

导入期经营的主要目的,是为了让更多的顾客知道和试用这种商品,从而在市场上站稳脚跟。这个阶段在营销策略上应体现出一个"快"字,尽可能在短期内迅速进入并占领市场。营销手段应集中在促销和定价上。

成长期经营的主要目的,是让更多的顾客购买,扩大市场占有率。这个阶段在营销策略上应根据客户需求,不断改善产品的性能,提高产品质量,增加花色品种;在广告宣传上,从介绍产品转向为本企业产品熟练良好的形象,力争创名牌;发展中间商的作用,广泛分销,并注重销售服务,开辟新市场;采取适当的价格策略,在高市场占有率和高利润之间做出选择。

成熟期经营的主要目的,是为了尽可能地吸引和稳定顾客,维持市场占有率,同时寻求新的发展。成熟期的营销,一般不宜仅仅采取防守策略。因为安于现状,市场难以得到巩固和发展,必须采取进攻与防御并举的策略。成熟期的营销策略要突出一个"改"字,有三种策略可供选择:一是产品改进策略,如普通电视机改为平面直角、大尺寸、高清晰度、高保真画面等;二是市场改进策略,如将产品的目标市场转向另一细分市场;三是营销组合改进策略,如降价、增设销售网点,变间接销售为直销等。

进入衰亡期的产品,针对各种企业实力及资金、人员等状况均有所不同,应采取不同的策略,如集中策略、持续策略和撤退策略。要特别注意,判断一种产品是否确实已进入衰退期,需要认真调查研究。有时,由于宏观市场环境好转,或因调整原来的经营计划,又可使该产品复苏。有时,由于众多的竞争者退出市场,而坚持留下来的企业反而可以维持原来的销售量甚至有所增加。因而,当产品进入衰退期时,企业应审时度势,选择最有利的策略。

第三,产品组合策略。所谓产品组合,是指企业向市场提供的所有产品,通常由若干产品线或产品品目组成。产品线是指相互关联,以类似的方式发挥功能,售给同一类顾客群,主要是规格、款式有所不同的一组产品。产品品目是指产品线内不同品种、质量和价格的特定产品。产品组合策略主要是从产品组合的长度、深度、广度和相关性四个方面加以组合。

产品组合的长度是指企业产品组合中产品品目总数的多少。多则长,少则短。

产品组合的深度是指产品线中每一产品品目有多少规格、口味或花色,如某一牌子的牙膏有四种规格、五种口味,则其深度为 $4 \times 5 = 20$。

产品组合的广度是指一个企业经营多少种不同的大类商品,多则广,少则窄。

产品组合的相关性是指各产品线在最终用途、生产条件和所需技术、分销渠道或其他方面相互关联的程度。

企业的产品组合策略就是从以上四个方面进行拓展与收缩。一般认为,增加产品组合的广度,扩大经营范围,可发挥企业各方面的潜力,获得差异化、多角化经营的优势,以分散经营风险;增加产品组合的长度和产品组合的深度,可扩充每一产品线中的产品品目,增加产品的变化,满足更多消费者有差异的需求。占领同类产品更多的细分市场,吸引更多的消费者;加强产品组合的相关性,则可以相对简化经营过程,从而降低费用,并提高企业在相关领域内的声誉和地位。

第四,产品包装策略。产品包装作为产品的附加物,在现代企业经营中所占的地位越来越突出。包装作为加强市场竞争和提高商品附加值的手段,已成为营销战略的重要组成部分。包装是企业形象的直接传播者,成功的企业就必须有成功的包装,成功的包装才能显示后面有一个成功的企业。

常用的包装策略有以下几种:

第一,创新包装策略。产品的包装不仿制、不雷同,而是采用新材料、新工艺、新图案和新形状,给消费者以耳目一新的感觉,如"礼盒包装"。

第二,方便包装策略。产品的包装要周密考虑消费者购买、携带、使用和保管等方面的方便性,如手提式包装。

第三,廉价包装策略。使用成本低廉、构造简单的包装,尤其销售量大的日常用品,如衣服、鞋袜的包装。

第四,系列包装策略。选择几种相关的同类产品,配置在同一包装箱内,如将几种名酒放在一起包装。

第五,变换包装策略。以新的包装代替原有的包装。

第六,特定包装策略。根据消费者的不同性别、年龄,制作不同的产品包装,如女性化包装、少年儿童用品包装等。

另外,还有成套包装策略、类似包装策略、华贵包装策略、回收包装策略、纪念包装策略、复用包装策略等。

(4)价格策略。价格策略对企业的作用是多方面的,既要促进销售,又要取得利润;既要抑制或应付竞争,又要力争增加市场份额……然而,价格是一把双刃剑,用得好,可以刺激需求;用不好,则会失去市场。因此,价格成为市场营销组合中的重要因素,它决定着产品能否畅销,决定着产品销售的数量与利润,企业都应重视价格问题。

第一,定价标准:① 苟延残喘、苦撑待变。② 以利润最大化为标准。③ 以市场占有上的领先地位为标准。居于市场垄断地位的厂商,还拥有自由确定市场价格的权利。④ 以追求高品质产品为主,来制定价格标准。⑤ 对于某些非营利性或社会公共组织来说,价格的标准制定是以服务为目的,如医院、学校。

第二,制约定价的基本因素。企业在定价中必须考虑的基本因素有生产成本、流通费用、税金、利润、供求状况、竞争状况、政治和法律。

第三,定价的程序。企业定价的因素十分复杂,定价必须有一个基本程序:一要确定目标市场;二要研究消费特点,判断不同价格下的需求量;三要明确竞争态势;四要考虑企业其他营销要素的协调配合关系;五要估计成本;六要选择有利于实现企业目标的定价策略。

第四,定价的基本方法。企业常用的定价方法有成本导向定价法、需求导向定价法和竞争导向定价法。

(5)营销渠道策略。营销渠道是连接企业与市场的桥梁,沟通产品与顾客的桥梁。产品只有通过这个桥梁,才能走进市场,走进消费领域。因此,合理制定销售渠道策略是企业市场营销的一项重要任务。

第一,营销渠道的选择策略。

营销渠道长度的决策。在产品流通的过程中,经过的中间环节越多,分销渠道越长;反之,渠道越短。

营销渠道宽度的选择。营销渠道的宽度取决于渠道的每个层次中使用中间商数目的多少。多者为宽渠道,意味销售窗口多,市场覆盖面大;少者则为窄渠道,市场覆盖面相应较小。

中间商的选择。中间商包括批发商、零售商和代理商等。

第二,中间批发商的营销策略。

中间批发商的营销策略有选择目标市场,选择供货品种批发确定售价,促销策略、地点选择。

(6)促销策略。促销是指企业在开拓产品市场、扩大产品销路时所进行的向目标顾客传递产品信息、激发顾客购买欲望和促进顾客购买行为的全部活动的总称。

促销活动实质是一种沟通和激励活动,具有传递信息、创造需求、突出特点和稳定销售等四大功能。

第一,促销手段的选择。促销手段主要有人员推销、广告和公关等方式。

第二,营业推广。营业推广是指为了刺激需求、扩大销售,而在销售过程中采取激励购买的各种短暂性措施,如赠送、打折等。

【例文一】

××彩色胶卷广告策划书

一、概述

××有限公司是××国际发展有限公司、××投资公司合资经营的大型感光材料工业企业。公司从美国伊斯曼·柯达公司引进彩色感光材料整套生产线。公司追求卓越,以"质量第一,效益第一,服务第一"为宗旨。

公司生产的××牌彩色胶卷,质量达到20世纪国际同类产品的先进水平。此产品色彩平衡好,影像清晰,颗粒细腻,曝光宽度大,物理机械性能好等特点。××彩色胶卷属国内优质产品。

随着人们的生活水平提高,我国相机的社会拥有量已达 3 852 万架。目前,我国平均每人每年消费彩卷 0.23 卷。但同时,进口胶卷的市场占有率很高,使国内产品的生产和销售受到严重冲击。

我广告公司受东方感光材料有限公司的委托,全权代理其公司福达彩色胶卷广告宣传。

本广告公司通过对目前彩色胶卷市场、产品、销售诸方面的深入细致的调查、分析、研究,为××彩色胶卷制定为期 1 年的市场战略、公关战略和广告、媒体战略,以此帮助东方公司开拓市场,打开国内外销路,以实现企业短期、长期目标。

策划书流程图如下。(略)

二、市场分析

1. 同类产品情况分析

综观国内彩色胶卷市场,从整体上可分为国产和进口两大部分。现就已投入市场的主要产品福达、中光、乐凯等几个品牌的产地、知名度、美誉度进行分析比较。(上述各胶卷情况介绍,广告策划的特点)(略)

2. 竞争状况

国内市场。(国内市场产品竞争状况分析,不利因素有哪些,有利条件是什么)(略)

国际市场。(当今国际彩色胶卷市场分析,××彩色胶卷在国际市场上的位置,现在应该做的是什么)(略)

三、产品分析

1. 产品特点。(略)

2. 产品优劣比较。(略)

四、销售分析

1. 地域状况分析。(对该产品不同城市的销售量分析,得出结论)(略)

2. 竞争对手销售状况。(略)

3. 优劣比较。(打开销路,本产品所面临的各种优劣因素分析)(略)

五、企业目标

企业的着重点是提高产品的知名度和美誉度,尤以美誉度为重要。只有让产品得到消费者的认同,得到消费者的称赞,才能使消费者产生购买意图,从而使产品的销售额上升。

六、市场战略

1. 战略重点

鉴于现阶段××彩色胶卷在市场中美誉度不高的情况,因而把重点放到以情感诉求为主。告诉消费者,使用本产品将使他得到更多欢乐,使消费者的家庭、爱情留下美好甜蜜的回忆,记录人生最美好的瞬间,力争使消费者对本产品有好感,提高产品的美誉度。

2. 产品定位

××彩色胶卷是由美国柯达公司提供专利,××生产,具有色彩还原真实,分辨率高,清晰度好,曝光宽容度大,包装精美等特点。因而,在国内同类产品中的定位应该比较高,属高档品。

3. 销售对象

××彩色胶卷的主要消费者定为20~50岁的成年人,全国约有4亿人,这个目标市场是广阔的,也是粗线条的。我们还可以加以细分:

(1) 青年:这类消费者的购买态度不外有两种。(略)

(2) 家庭户主和主妇:这类消费者很有社会阅历,经验也比较丰富,其购买态度也有两种。(略)

(3) 专业摄影人员:这类消费者主要凭借经验和习惯,比较注重商品的牌号,不易受他人或广告宣传的影响。

4. 包装战略

××彩色胶卷的包装以富有时代感、高贵典雅为主要传递目标。因为只有这样才能起到保护商品,提高商品的外观质量的作用。

5. 具体包装设计(略)

6. 定价战略

竞争对手价格表及其定价分析。(略)

鉴于以上竞争对手的定价策略的分析,我们认为××彩色胶卷,比较适合的价格应定在13元。

定价的原因如下。(略)

七、阻碍分析

××彩色胶卷的销售阻碍可从其产品的市场营销的诸方面来加以分析:

(1) 经济环境。(略)

(2) 人口环境。(略)

(3) 科技环境。(略)

(4) 竞争环境。(略)

(5) 文化环境。(略)

八、公关战略

1. 公关目标

为配合广告宣传,树立企业形象,从而促进销售。本次制定为期1年的公关战略,以改变公众态度为目标,力求通过1年的努力,把产品的知名度提高30%,公众喜爱度提高20％。

2. 公共关系活动方式

一季度举办"××彩色胶卷投产四周年新闻发布会"；二三季度举办"××为您添欢笑活动"。具体日程安排如下表。(略)

九、广告战略

1. 竞争者广告宣传分析(略)

2. 广告目标对象(略)

(1) ××彩色胶卷的主要目标对象是20～50岁的消费者，国内仍有4亿人。

(2) 以家庭为主的目标对象，主要通过对"欢乐家庭，温馨永驻"的广告诉求，来选择此一对象。

(3) 以未建立家庭的青年男女为目标对象，广告语主要以"美好年华，无悔人生"来诉求。

十、广告创意(略)

【简析】

这是一篇设计比较规范的广告策划书。它首先说明了×××有限公司的概况、企业生产的产品的质量，简单提示了策划的总体构想。然后，对市场、产品、销售等方面进行比较周到的分析，并对××彩色胶卷的广告传播活动的战略、策略进行了整体运筹策划。最后，提出广告创意。本文内容全面，材料充实，条理清晰，语言表述简洁明了，表现出一定的想象力。

【例文二】

彩电营销策划

××公司是我国500家最大工业企业之一，其产品以内销为主，外销为辅。根据外向型企业的特点，为进一步促进产品的销售，制定了这份营销方案。

(一) 背景分析

1. 市场分析

(1) 竞争状况

分析表明产品的主要竞争对手是声宝。

(2) 市场预测(略)

2. 产品分析

(1) 产品特点(略)

(2) 优劣分析

产品曾获省优、国优,获得英、美、加、德、澳、新等国的有关质量标准认可,但该产品在研制和初期投产时,有时会出现质量控制上的失误。

3. 销售分析

(1) 地域状况

彩电是当前的家庭必需品,而中国人口众多,因此国内销售市场广阔。彩电的生产基地海、空交通发达,连通世界各地。发达的旅游业,使港澳台等海外的商业往来相当频繁。同时,由于地处三角黄金地带,因此可以说,彩电具备"广迎五洲之朋"的良好经济环境。

(2) 竞争对手的销售状况

美国、日本等进口彩电,深受城市消费者的欢迎,但在农村市场中比重不大。

××地处深圳,流行于两广,并向两湖、华中、西南渗透。该产品的直接竞争对手是品牌彩电。

(3) 优劣比较(略)

4. 阻碍分析

国际市场上,老牌优质产品占据着主要市场,该产品只能见缝插针。在国内,进口产品控制国内市场,国产彩电又分割了大部分国内市场。国内消费者偏好外国产品,国内老牌产品拥有一批较稳定的推销伙伴。

彩电还存在以下问题:彩电在生产过程中,检验中偶有失误,导致一小批不合格产品进入市场,一定程度上影响了声誉,维修网点的技术力量不足;××在各地的销售伙伴还不稳定,产品的包装尚须改进完善。

(二)营销战略

1. 市场战略

(1) 战略技术要点

① 继续产品的开发。迅速生产适应国际潮流新款式、新功能的产品。

② 保持原有的销售渠道,开创新的销售渠道。

③ 推出种类繁多的产品,以满足不同层次消费者的不同需要。

④ 把企业各类型产品进行分档排列,组合成系列,以适应消费者最广泛的需要。

⑤ 突出该产品的"优点"。

⑥ 针对偶尔出现的质量问题,运用承诺性策略内容试拟如下:

本公司自××××年12月起实行如下规定:

无论商业部门还是用户,若遇客观存在的质量问题,一律包退包换(在保修期限内),由此造成的经济损失均由本公司负责。

商业部门如进货过多、库存量过大,一时难以销售,可暂时退货,已签订的合同,商业部门可单方提出暂缓执行。

凡属商业部门自身责任造成的××彩电质量问题,可与本公司联系,协商折价,由本公司回收残次品。

这几项措施可消除顾客、客商的后顾之忧,失小利而得大利。

(2) 产品定位

产品在人们心目中,是有个性的。因此,把该彩电定位为:机型新颖、低成本、高质量、国际流行性彩电。

(3) 销售对象

销售对象分析与确定(略)

(4) 市场目标

××××年销售比××××年增长 40%。

在同类产品中建立巩固、突出的领导地位。

(5) 包装战略

在整个包装形式中,要统一包装色彩。

包装材料采用坚固平滑的化纤板。

(6) 定价战略

针对大多数消费者,采取高质低价的策略。

(7) 零售点策略

建立系统的 POP 系统,让零售点宣传形成统一的风格。与他们签订专卖合同,并给予一定的承诺保证。一是货源保证;二是质量保证;三是回收滞销的保证。

2. 公关战略

(1) 顾客关系

要坚持以顾客为导向的战略。

(2) 经销商关系

培植经销商的信心。

随时调整销售策略。

接受他们的投诉,并负责解决。

举办销售培训,开展销售竞赛。

(3) 供应商关系

追求互相了解和信任,以求长期合作。建立供求双方的共同利益。

建议供应商如何改进生产方法以增加纯利润收入。

3. 广告战略

(1) 竞争对手广告宣传特点(略)

(2) 广告的目的和目标(略)

(3) 预计广告指标

与企业目标相配合,到××××年,把知名度提高到90%,市场占有率提高到55%。

(4) 广告目标对象

参照销售对象,把广告目标对象定为以下几类:

来华游玩、探亲、访友、置业、长期经商的港澳台同胞和国外友人;都市新兴的独身者群体及上班族和中青年夫妇。

(5) 创作战略(略)

【简析】

这篇营销策划方案在前言部分简要地介绍了该企业的地位及产品目前的销售方向。然后从"市场分析"和"营销战略"两大方面进行分析、研究、策划,为企业扩大销售,开拓市场,获得更大的利润做了细致完整的营销策划。

8.7 商务谈判方案

8.7.1 商务谈判方案的概念

商务谈判方案又称商务谈判计划,是指在商务谈判之前,根据谈判的目的、要求和预先拟订谈判的内容、项目、步骤、方式、策略、预期目的、让步限度以及谈判中可能出现的问题、应变的措施等,做出具体安排的书面材料。

商务谈判方案是商务谈判前的周密策划和具体准备,谈判方案设计得好坏,直接关系到谈判能否顺利进行,能否达到预期的目的,它是谈判的重要保证。

8.7.2 商务谈判方案的特征

商务谈判方案的特征,表现在以下几方面:

第一,商务谈判方案属于计划类的文体范畴,具有计划应当具有的基本要素,即谈什么、怎么谈、什么时间谈、谁来谈、根据什么谈五个基本要素,应当具有一定的预见性和指导性。但是,它又不同于一般的工作计划。一般的工作计划是自己对自己工作的单方面的规划、设想。谈判方案则是与谈判对手进行谈判的"作战"方案。它要充分考虑到谈判对手的情况,做好"作战"的准备。而且,它又不同于一般的"作战",一般的"作战"是以消灭敌人获得我方的胜利为目的。谈判方案是以主张、说明、争取、让步、磋商、交易,最后达成一致为目的,是以"双赢"为特征的。为此,商务谈判方案的宗旨和内容都是以综合双方或多方的意愿、情况为出发点的。

第二,商务谈判方案的内容具有多样性。商务谈判方案的内容是以分析设想谈判对手——"假想敌"的意图和目标,预测我方可能达到的几种目标,以及我方如何争取达到最高目标和取得谈判的主动权为核心的。

8.7.3 商务谈判方案的种类

1) 按谈判的内容分

按谈判的内容分,可分为商品贸易谈判方案、经济合作谈判方案和技术引进谈判方案。

2) 按双方采取的态度与方针分

按双方采取的态度与方针分,可分为让步型谈判、立场型谈判和原则型谈判,由此产生三种类型谈判方案。

(1) 让步型谈判又称软性谈判,此谈判中,谈判者希望避免冲突,随时准备为达成协议而让步,努力通过谈判签订一个皆大欢喜的协议。

(2) 立场型谈判又称硬性谈判,此谈判中,谈判者在谈判开始时表明立场,在谈判中始终坚持,只在谈判难以为继而迫不得已的情况下才做出极小的让步。

(3) 原则型谈判又称价值谈判,此谈判中,要求双方尊重对方的基本需要,寻求利益的共同点;发生冲突时,则坚持根据公平原则来做出决定。

3) 按利益主体数量分

按利益主体数量分,可分为双方谈判方案和多方谈判方案。

8.7.4 商务谈判方案的结构与写法

由于谈判方案因谈判的指向不同,写作内容也不尽相同,但从结构上看,写作格式大体由以下三部分组成。

1) 标题

标题由事由及文种名称构成,有时还可以加上谈判对手名称,如《关于引进××压缩机生产线的谈判方案》、《与日本××商社纸张部代表就××商品洽谈的谈判方案》。

2) 正文

方案正文的基本内容一般以"三分式"安排。

(1) 前言。前言写明谈判的总体构想和原则,说明谈判内容或谈判对象的情况。

(2) 主旨和目标。

谈判主旨,即谈判的基本目标和宗旨,是谈判的灵魂,整个谈判应紧紧围绕主旨来进行。例如:"以适当价格谈成 29 台矿用汽车及有关部件的生产技术引进。"

谈判目标,即谈判要达到的具体结果,也就是将要签订协议的主要条款,如明确技术、价格等方面所要达到的目标。谈判目标是谈判的重点,谈判目标一般要有上、中、下三种考虑,争取达到最高目标,最低不能低于最低目标。目标在定性的基础上要做到量化,这是商务谈判的一个重要特点。

（3）措施、步骤及有关事宜。

① 谈判程序。即谈判桌上议案讨论的过程，即先谈什么、后谈什么、何时休息等。它是决定谈判效率的重要一环，是掌握谈判主动权的手段。谈判程序包括时间、地点、谈判方法、步骤、策略和日程安排。

② 谈判组织。包括谈判人数、主谈人、助手、有关专业技术人员、翻译等，还应介绍一下对手的有关情况和谈判习惯。

③ 谈判焦点、难点。要有预见性地找出谈判双方的焦点、难点问题，要对对手的意向、意图、心理做出预测分析，并制定相应的对策，对可能出现的问题，找出应变措施，如果争执不下，要事先定出让步限度。例如：

小组成员在心理上要做好充分准备，争取价格下限成交，不急于求成；与此同时，在非常困难的情况下，也要坚持不能超过上限达成协议。

3）落款

在全文右下方空白处写上执行方案的单位或主管部门的名称，名称下写年、月、日，用印。有的谈判方案，还应标明方案呈报单位即负责审批单位的名称，其格式与信函的"称呼"相同；另外，凡对方案内容有补充说明意义的材料，应作为附件随主文一并标出。

8.7.5 写作要点提示

1）要充分了解谈判对手的情况

制订方案必须以所掌握的实际情况和可靠的数据为决策依据，除了要熟知国际市场行情及国际贸易惯例，能运用适当的技术手段进行市场预测与行情分析外，还要对我方和对方的有关情况做到了如指掌，正所谓"知己知彼，百战不殆"，尤其是对对方的一些情况（如对方的国情，对方近期的市场占有情况，对方的经营规模、经济技术实力、近期资金、信誉情况，对方谈判人员的基本情况、基本立场、动机和目的，甚至可能采取的策略），只有在充分了解，并进行对策性研究之后，才能有的放矢、占据主动，达到预期目的。

2）要精心设计谈判议程

谈判前应先设计好议程，因为它是决定谈判效率的重要一环，是掌握主动权的一个机会。议程设计包括：选定谈判时间、地点、参加人员和座位座次，确定谈判主题进行各项条款商谈的方法和步骤，预测在商谈中可能出现不顺利的情况及其对策，请不请仲裁人，怎样处理善后事项，安排食宿、娱乐、休息、交通等。

3）对策与策略设计要周密

对策设计是指在谈判进行中对付对手的策略和方法。对策设计一般包括：要预先安排好说话的顺序；规定所要使用的证据的文件；应在何时提出问题，由谁来提出问题；事先安排好打岔的机会；如何暂停讨论；利用权威来解决某些事项；适时更换组员；选定所要征询的专家；列出上述内容的程序。策略设计常见的有：休息策略、软硬兼施策略、佯攻策略、试探策略、权力有限策略等。

【例文一】

关于引进×××公司矿用汽车的谈判方案

（一）5 年前，我公司曾经经手×××公司的矿用汽车，经试用性能良好，为适应我矿山技术改造的需要，打算通过谈判再次引进×××公司矿用汽车及有关部件的生产技术。×××公司代表于 4 月 3 日应邀来京洽谈。

（二）具体内容：

1. 谈判主题

以适当价格谈成 29 台矿用汽车及有关部件生产的技术引进。

2. 目标设定

（1）技术要求

① 矿用汽车车架运押 15 000h 不准开裂。

② 在气温为 40 摄氏度条件下，矿用汽车发动机停止运转 8h 以上在接入 220V 的电源后，发动机能在 30min 内启动。

③ 矿用汽车的出动率在 85％以上。

（2）试用期考核指标

① 一台矿用汽车试用 10 个月（包括一个严寒的冬天）。

② 出动率达 85％以上。

③ 车辆运行 375h，行程 3 125m。

④ 车辆运行达 312 500 立方米。

（3）技术转让内容和技术转让深度

① 利用购 29 台车为筹码，×××公司免偿（不作价）地转让车架、厢斗、举升缸、转向缸、总装调试等技术。

② 技术文件包括：图纸、工艺卡片、技术标准、零件目录手册、专用工具、专用工装、维修手册等。

（4）价格

① ××××年购买×××公司矿用汽车，每台 FOB 单价为 23 万美元；5 年后的今天如果仍能以每台 23 万美元成交，那么定为价格下限。

② 5 年时间按国际市场价格浮动 10％计算，今年成交的可能性价格为 25 万美元，此价格为上限。小组成员在心理上要做好充分准备，争取价格下限成交，不急于求成；与此同时，在非常困难的情况下，也要坚持不能超过上限达成协议。

3. 谈判程序

第一阶段：就车架、厢斗、举升缸、总装调试等技术附件展开洽谈。

第二阶段：商定合同条文。

第三阶段：价格洽谈。

4. 日程安排(进度)

4月5日上午9：00—12：00，下午3：00—6：00为第一阶段。

4月6日上午9：00—12：00为第二阶段。

4月6日晚7：00—9：00为第三阶段。

5. 谈判地点

第一、第二阶段的谈判安排在公司十三楼洽谈室。第三阶段的谈判安排在×××饭店二楼咖啡厅。

6. 谈判小组分工

主谈：张××为我谈判小组总代表，为主谈判。

副主谈：李××为主谈判提供建议，或见机而谈。

翻译：叶××随时为主谈、副主谈担任翻译，还要留心对方的反应情况。

成员A：负责谈判记录的技术方面的条款。

成员B：负责分行动向、意图，负责财务及法律方面的条款。

矿用汽车引进小组
××××年4月1日

【简析】

这篇谈判方案，首先肯定了×××公司产品的性能，并提出了谈判的目的，明确了谈判的总体构想，接着就开门见山地阐述了谈判的具体内容，从谈判主题、目标设定、谈判程序、日程安排、谈判地点和谈判小组分工，甚至小组成员在谈判时的心理准备、谈判对策等，都做了较为精心的设计。

【例文二】

谈 判 方 案

会议时间：2006年12月15日

会议地点：××国际会议中心2号会议

主方：××有限公司	客方：××科技有限公司
总经理：×××	销售总监：×××
财务总监：×××	财务部经理：×××

总监：×× 　　　　　　公关部经理：×××

法律总监：×××　　　　　法律顾问：××××

谈判具体方案

一、谈判双方公司背景

1. 甲方公司分析：

××电子有限公司成立于 1997 年年底。本公司主要从事系统集成方案设计与实施、网络综合布线、工程建设、软件开发、技术培训、设备维修等。公司拥有设备齐全的办公条件及优越的工作环境，办公面积近 400 平方米。现有员工 56 人，管理层由富有经验的 IT 精英与专业管理人才组成，技术骨干队伍毕业于国内各名牌院校，80% 的员工具有大专、本科以上学历。公司下设市场部、商务部、系统集成部、监控事业部、技术服务部、工程部、财务部、行政办公室业务经营、管理部，拥有一批计算机专业、通信专业技术人员，已形成一支素质优良的队伍。公司自成立以来一直运用高技术及良好的本地服务为各计算机行业的同仁及各行业直接用户提供全面的解决方案及完善的技术支持。公司为业界各用户提供全面的触摸系统解决方案、软件的编程及触摸技术支持已取得了良好的口碑，使公司在广西的触摸市场占有率达到 85% 以上……

2. 乙方公司分析：

××电子科技有限公司，成立于 2003 年 3 月，是一家以研发和生产高品质的 MP3 系列随身听为主的高新企业，是目前国内屈指可数的有自主研发能力的 MP3 企业之一。经过一年多的高速发展，魅族 MP3 正在为越来越多的消费者了解、接受、认可和喜爱，产品已远销日本、瑞典、我国香港等国家和地区。在 2004 年度《微型计算机》MP3 产品评选中，魅族 E2 获得 MP3 播放器三个编辑推荐奖之一，也是获奖的唯一国产专业 MP3。……

二、谈判的主题及内容

1. 经销 MP3、MP4 两种数码电子产品，不用型号的价格、数量，主要是价格的折扣情况。

2. 货物的结算时间及方式。

3. 定金的支付，违约的赔偿问题。

4. 促销措施及奖励。

三、谈判目标

1. 以对我公司最有利的条件代理经销 MP3、MP4 两种数码电子产品：价格合理，所经销的 MP3、MP4 两种数码电子产品型号符合消费者使用需求。

2. 奖励办法及促销活动方案：

A. E3 和 X3 型号的 MP3（不论内存）月销售量达 200～300 台的，超出部分每台返

3%的现金。达 300~350 台的,超出部分每台返 5%的现金。月销售量超过 400 台的,超出部分每台返 8%的现金。

B、Mini Player 月销售量达 150~250 台的,超出部分每台返 5%的现金,月销售量达 250 台以上的,超出部分每台返 8%的现金。

C、月销售量持续 3 个月达 200 台以上的,除被评为魅族 4S 形象店之一,还将受到本公司的额外奖励:现金 5 000 元。

3. 厂家支持:

(1) 旺季:1~3 月,7~9 月,9 折优惠,送耳机(充电套装+精美水杯+时尚 T 恤)。

(2) 国庆、元旦、春节 88 折,送耳机+充电套装/(精美水杯+时尚 T 恤)。

(3) 淡季:送充电套装+精美水杯+时尚 T 恤。

(4) 各种型号的 E3、X3 及 Mini Player 送原装耳机及线控。

四、谈判形式分析

(一) 我方优势分析

1. 全国 75 家有名代理经销商排名第 37 名,2004 年度,广西南宁信誉联保金牌单位前 11 名,广西守合同重信用企业,信誉好,实力强,公司产品对消费者具有很大吸引力,消费者需求市场大。

2. 作为代理经销商,自由选择权大。我公司作为多家数码电子产品代理经销商,代理经销谁的产品,选择权在我们手中。

(二) 我方劣势分析

我方作为数码电子产品代理经销商,在南宁市场中,有多家实力雄厚的公司与我公司进行竞争,……

(三) 我方人员分析

×××:洞察力强,看问题比较冷静,擅长沟通谈判艺术,本次谈判的主对手。

×××:办事认真负责,有较强的逻辑分析能力,具备较高的管理财务素质。

××:心思细腻,熟悉国内外相关法律程序,有利于双方合同的规范签署。

××:综合能力强,性格外向,处事冷静,公关能力强。

(四) 客方优势分析

1. ××电子科技有限公司,成立于 2003 年 3 月,是一家以研发和生产高品质的 MP3 系列随身听为主的高新企业,是目前国内屈指可数的有自主研发能力的 MP3 企业之一……

2. ……

3. ……

(五) 客方劣势分析

1. 国内外 MP3、MP4 品牌竞争激烈。纽曼、苹果、蓝魔、海尔、飞利浦等知名国内品牌都在与之竞争。中国作为一个拥有 13 亿人口的大国,最终消费者和潜在的消费者具有强大的吸引力,国内外知名品牌纷纷依托自己产品的优势抢占中国市场,有望在中国市场占有自己的一席之位。

2. 作为国内知名企业,产品的售后服务体系与其他国外知名企业差距大,有待加强,产品维修一般都要到特许或指定维修点。

（六）客方人员分析

×××:统筹全局能力强,思维严密,亲和力强,头脑灵活,是一位合格的将才。

×××:熟悉 MP3 行业,市场经验丰富,看问题善于抓住本质。

××:性格友好,在气氛紧张的时候缓解紧张局面,遇事冷静。

×××:办事果断干练,言辞犀利,雷厉风行,典型的女强人风格,遇事不冷静。

×××:了解同类产品竞争对手现状,可以为总经理提供适当的建议,合格的副手,谈判成功的关键人物之一。

五、相关产品的资料收集

1. 公司介绍:

(1) 北京市纽曼电子公司成立于 1993 年,是一家专门从事计算机网络系统、科学仪器和通信产品的开发、研制、生产及通信工程组网的高科技企业。并于 2002 年 7 月通过了 ISO9001:2000 国际质量管理体系认证。公司自行开发、研制及生产的主要产品有:高、低速寻呼发射机、发射机有线和无线监控系统、寻呼编码卡、寻呼软件、GSM 移动通信直放站、CDMA 移动通信直放站及微波扩频通信系统等系列产品。所生产的系列寻呼发射机 1997 年获"国家无委"和"全军无委"的产品型号核准认证,GSM 移动通信直放机 2000 年已通过"国家无委"检测,获得入网核准证书;CDMA 直放站于 2002 年 5 月通过"国家无委"检测,获得信息产业部的入网核准证,同时通过信息产业部的进网检测,并获得进网证书。

(2) 蓝魔(RAmos Tech)创建于 2001 年 6 月,是一家由优秀半导体专业人才发起的风险企业。RAmos Tech 拥有大量优秀的人力资源和雄厚的技术力量,在此基础上正积极抢占及引领新型半导体及新兴的消费数码市场……

2. 上述公司相关产品介绍。（略）

3. 对方公司产品介绍。（略）

六、谈判的方法及策略

1. 谈判方法:把横向谈判和原则型谈判相结合。在谈判过程中,在确定谈判所设计的主要问题后,把拟谈判的议题全部横向展开,多项议题同时讨论。在立场上可以软硬兼施。

2. 谈判策略:

(1) 突出优势。对对方立场、观点都有初步的认知后,再将自己在此次谈判事项中所占有的优、劣势及对方的优、劣势,进行严密周详的列举,尤其要将己方优势,不管大小新旧,应全盘列出,以作为谈判人员的谈判筹码。而己方劣势,当然也要注意,以免仓促迎敌,被对方攻得体无完肤。

(2) 模拟演习。就是将各种可能发生的状况,预先模拟,以免实际遭遇时兵荒马乱,难以主控战局。在了解优、劣后,就要假想各种可能发生的状况,预做策划行动方案。小至谈判座位的摆放都要详加模拟。

(3) 底线界清。通常,在谈判时,双方都带攻击性,磨刀霍霍,跃跃欲试。双方只想到可以"获得多少",却常常忽略要"付出多少",忽略了谈判过程中己方要让步多少,方可皆大欢喜。所以,在谈判前,务必要把己方的底线界清:可让什么? 要让多少? 如何让? 何时让? 为何要让? 先行理清,心中有数。否则,若对方咄咄逼人,己方束手无策任由对方宰割,那就失去了谈判的本意。

(4) 了解对手。孙子兵法的"知己知彼,百战不殆"众所皆知。谈判前,了解对方的可能策略及谈判对手的个性特质,对谈判的圆满完成将有莫大助益。如果谈判对手喜欢打球,不妨在会谈前寒暄,着意提及,将对方的戒备敌意先行缓和,若有时间,更可邀约一起运动,以培养宽松的谈判气氛。须知在这时球场就是另一张谈判桌,有助谈判达成。

(5) 随机应变。战场状况,瞬息万变,谈判桌上需随机应变。虽说诸葛亮神机妙算,但人算不如天算,总有考虑欠周、失算之处。谈判时,出现对手突有神来一笔,超出己方假设状况,己方人员一定要会随机应变,见招拆招。实在无法招架,手忙脚乱时,先施缓兵之计,再图谋对策,以免当机立"断"——断了自己的后路。

(6) 埋下契机。双方若不能达成相当程度的圆满结果,谈判面临破裂之际,也无需逞一时口舌之快,伤了双方和气。双方若是撕破脸,以后要达成再谈判的境界,虽非不可能,但也要颇费周折,好事多磨了。买卖不成仁义在,双方好聚好散,好为下回谈判圆满,埋下契机。

七、谈判的风险及效果预测

谈判风险:

1. 对方可能会在谈判中凭其优势地位不肯在价格上让步,我方必须发挥自身优势和经销商的身份迫使其做出让步。

2. 谈判中对手可能会对我方采取各种手段和策略,让我方陷入困境,对此我方必须保持头脑清醒,发挥好耐心的优势,冷静而灵活地调整谈判策略、谈判效果预测:双方以合理的条件取得谈判的成功,实现双赢,双方能够友好地结束谈判,获得成功,实现长期友好合作。

八、谈判预算费用(元)

A. 车费:200   B. 住宿费:1 000   C. 饮食费:1 000

D. 电话费:200   E. 旅游礼品费用:1 000   合计:3 400

九、谈判议程

1. 双方进场。

2. 介绍本次会议安排与与会人员。

3. 正式进入谈判。

A. 介绍本次谈判的商品型号,数量等情况。

B. 递交并讨论代理销售协议。

C. 协商一致货物的结算时间及方式。

D. 协商一致定金的支付,违约的赔偿办法及法律责任。

4. 达成协议。

5. 签订协议。

6. 预付定金。

7. 握手祝贺谈判成功,拍照留念。

8. 设宴招待,谈判圆满完成。

【简析】

这篇谈判方案,无论是谈判的总体构想、原则,谈判内容、谈判对象的情况,还是谈判主题、谈判目标、谈判程序、谈判组织等条款,都体现了方案设计者策划上的精心、周密。不失为一篇设计比较成功的谈判方案。

思 考 与 练 习

1. 简答题

1) 试论述商品说明书的重要性。

2) 简述商品说明书的写作形式。

3) 简述广告策划中市场分析应包括哪些内容。

2. 写作题

1) 实地采访一家企业的产品,为该产品写一份广告策划书。要求结构完整,语言简洁,条理清楚,操作性强。

2) 根据下列内容,写一篇商品说明书。

××牌电蚊香片

这种电蚊香片应在室内 15 平方米的范围内使用。每片时效 8~10 小时。使用过程中药片逐渐由蓝变白。完全呈白色时效力就用完了。药片如果只需用 2~3 小时,应切断电源,下次用时再接通电源即可。更换新的药片时,一定先切断电源。可将药片放在电热器的金属板上,再接上电源。这种电蚊香片没有臭味,没有烟,没有灰粉,没有刺激,也很安全,对人的身体没有害处。并且不污染食品、衣物及家什。

　　厂址:××省××市阳沟头　　　　电话:×××××××

　　3)用文艺体广告为你所熟悉的产品写一则广告。

　　4)分析并改写下面这封求职信,然后用电子邮件将这份作业传送给你的授课老师。

尊敬的公司负责人:

　　我是即将毕业走向工作岗位的应届工科大学生,在我四处奔波好几个月而找不到一份称心如意的工作时,忽然从《今日晚报》上看到贵公司的招聘启事,不禁欣喜万分。决定毛遂自荐,应聘你公司的技术部经理或公关部经理一职。

　　我应聘你公司的职务,主要是想干一番事业,并不计较福利待遇和个人得失。我研究过你们的背景材料,发现贵公司有一套独特的经营管理之道,在施行过程中,虽然难免有不完善之处,但只要不断总结经验教训,定能形成全公司的经营管理特色。我在学校辅修经济管理专业,在这方面有自己的一些不成熟的思路,盼望能有一个实践的机会,而贵公司的招聘,正好能给我一个展示自我价值的天地。如能如愿以偿,我会努力勤奋地工作,在本职岗位上创造出骄人的业绩。我坚信您是不会失望的。恳请您在×月×日前给予答复。

　　　　　　　　　　　　　　　　　　　　　　××大学××系　×××
　　　　　　　　　　　　　　　　　　　　　　2005 年 5 月 18 日

　　5)就下面的材料,替瑞福箱包公司销售部写封回复对方的还价信。

　　太原购物中心收到瑞福箱包公司的报价信后,认为瑞福箱包公司提供的旅行箱品质、规格等条件都令人满意,只是价格过高,给瑞福箱包公司发出了还价信,要求将单价降低5%。瑞福箱包公司收到还价信后,又立即给太原购物中心以答复,表示对方的还价难以接受,只同意将原报价降低 1%。

　　3. 简析题

　　阅读下列广告,分析其成败原因。

　　1)×国有一个旅游中心,老板别出心裁地在洞外竖起个广告牌:"洞内情况复杂,胆怯者请留步",结果游客如云。

　　2)××"泰山牌"糖精在国外做广告时,重点宣传它全部根除了糖精内部可能产生诱癌的异物体。结果名声大振,每年向美、日、德等国销售上百吨。×国的"孟山都"公司因不能根除糖精内部的诱癌物质而被迫停产。

　　3)第二次世界大战时期,美国有家火柴厂发明了一种名叫"火烧希特勒"的火柴。火柴盒上贴着希特勒的漫画像,磷片涂在他的臀部。因此,"火烧希特勒"火柴便成为当时的热门货。

　　4)×国有一家小酒家为招徕顾客,竟在广告中声称"敝店吃饭不用算账,凭您的良心付钱",果然食客慕名前往。×国有一家旅馆打出了"本旅馆按人的体重收房租",结果也是顾客盈门。

　　5)被列入贵州四大名酒之一的"阳关大曲"在成名之前,最初打出的广告是:"阳关大曲,物美价廉,请君品尝,每瓶 0.80 元"。结果产品滞销,积压严重。后来该厂把"阳关大曲"更名为"劝君酒",并更改广告词:"劝君酒,劝君酒,劝君长饮阳关酒,西出阳关无故人"。一时间,该酒销势劲猛,不仅在省内和邻近几个省市被抢购一空,并且还打入了北京、山东、河南和福建等地的市场。

　　4. 阅读下面一段文字,回答文后的问题

　　日本一家著名汽车公司刚刚在美国"登陆",急需找一个美国代理商来为其推销产品,以弥补他们不了解美国市场的缺陷。当日本公司准备同一家美国公司谈判时,日本谈判代表因为堵车迟到了,美国谈判代表抓住这件事紧紧不放,想以此为手段获取更多的优惠条件,日本代表发现无路可退,于是站起来说:"我们十分抱歉耽误了您的时间,但是这绝非我们的本意,我们对美国的交通状况了解不足,导致了这个不愉快的结果,我希望我们不要再因为这个无所谓的问题耽误宝贵的时间了,如果因为这件事怀疑我们合作的诚意,那么我们只好结束这次谈判,我认为,我们所提出的优惠条件是不会在美国找不到合作伙伴的。"日本代表一席话让美国代表哑口无言,美国人也不想失去一次赚钱的机会,于是谈判顺利进行下去。

　　1)美国公司的谈判代表在谈判开始时试图营造何种开局气氛?

　　2)日本公司谈判代表采取了哪一种谈判开局策略?

　　3)如果你是美方谈判代表,应该如何扳回劣势?

9 经 济 论 文

9.1 经济论文概述

9.1.1 经济论文的概念和作用

1) 经济论文的概念

经济论文是对经济领域的一些现象、观念进行理论研究并表述研究成果的学术性文章。经济论文又称经济学术论文或经济科研论文,是学术论文中的一种。

经济论文具有三方面的含义:其一,经济论文研究和描述的对象是经济领域内的学术问题;其二,经济论文是探讨经济理论问题,进行经济科学研究的一种手段;其三,经济论文是描述经济科研成果,进行学术交流的一种工具。

2) 经济论文的作用

经济论文的作用主要表现在以下几个方面。

(1) 经济论文是研究者认识、反映、研究经济理论问题,进行经济科学研究的手段。研究者是通过对经济现象进行分析、研究,从而认识其实质、特征、运动规律的,这种研究过程,就是撰写论文的过程,撰写论文是对研究对象认识、反映的手段。

(2) 经济论文是表述和传播经济理论研究成果的载体。经济理论的研究成果最终以论文的形式表现出来,人们只有通过阅读经济论文,才能知道研究者做了哪些研究,取得了哪些成果;并且,研究者的研究成果,也只有通过经济论文的形式才能传播出去,与别人交流。

(3) 经济论文是研究者研究能力的标志。研究者的研究能力如何,其理论水平怎样,人们主要是通过对其论文的阅读分析进行鉴定,离开了论文,对研究者的能力评价就失去了依据。

9.1.2 经济论文的特点和种类

1) 经济论文的特点

(1) 科学性。经济论文的科学性是指论文的观点应是对客观规律的反映,对研究对象的判断应当正确,论文的观点要经过严密的逻辑推理得出,从内容到形式都体现出"求是"和严肃、严谨的特征。在立论上,它要求作者不得带有个人好恶的偏见,不得主观臆造,而要切实从客观实际出发,从中引出符合实际的结论;在论据上,它要求作者尽可能地占有资料,经过周密的观察、调查、实验,以最充分、确实、有力的论据作为立论的背景;在论证上,它要求作者经过周密的思考,严密而又符合逻辑的论证;在表述上,它要求严谨、清晰,符合思维的一般规律。

（2）创新性。经济论文体现着作者的科研能力,因此,独创性是经济论文的生命。独创性具体表现为经济论文的观点是对一个新问题的发现,或是对一个老问题重新认识,或是对一个旧观点的否定,或是对前人旧说的补充、完善。总之,要有自己的、新的东西。它是作者通过一系列的创造性劳动研究得出的在科学理论、方法或实践上人们尚未探知的新认识或新发现;或是对前人研究成果的发展。

（3）理论性。理论性是指经济论文的内容具有系统性、抽象性的特征。它一般都运用科学的原理和方法去阐明新问题;侧重于把感性认识上升到理论的高度进行科学的论证和分析。它所体现的不是客观事物的外部直观形态和过程,而是事物发展的内在本质和变化规律。

（4）平易性。经济论文的内容虽是专业性很强的理论问题,但要以通俗易懂的语言表达出来,让人易于理解,便于交流。

2）经济论文的种类

经济论文按照不同的标准有不同的分类法。

（1）按研究对象的性质,可分为经济基础理论论文和经济应用理论论文。

经济基础理论论文主要是研究生产力与生产关系原理、经济形态与经济规律、经济法规与经济制度等基础性、理论性的问题。在掌握大量材料的基础上,通过抽象和升华,揭示客观事物的发展规律,用以指导社会经济发展。

经济应用理论论文主要是运用基础经济理论来分析各种经济现象,提出解决经济问题的办法和措施,用以指导与推动经济工作。

（2）按论证的方式,可分为立论文和驳论文两种。立论文是在论文中直接树立自己的观点,并以大量论据证明自己论点的正确。驳论文是运用大量证据反驳对方的论点、论据、论证过程,以证明对方论点是错误的,从而树立起自己的论点。

（3）按作者和写作目的,可分为交流性学术论文和学位论文两种。交流性学术论文是指经济科研工作者向科技部门提交或供各专业杂志发表用以交流的经济论文。学位论文是指学位申请者为申请学位而提交给考核部门的论文。依据学位的高低,学位论文又可分为学士论文、硕士论文和博士论文三种。

9.2　经济论文的选题

9.2.1　经济论文选题的重要性

经济论文的选题关系到课题研究的方向,研究的价值和成果,甚至是整个论文的成败,因此十分重要。写经济论文,首先要明确写什么,然后才考虑怎么写。有人说,选好一个研究课题,经济论文就成功了一半。这话非常有道理。

9.2.2 经济论文选题的原则

1)选择在客观上有科学价值的课题

首先,选择经济领域亟待解决的问题。

经济领域亟待解决的问题,有的关系到国计民生,有的涉及经济领域科学的发展。这些问题不一定都重大,却急需解决。如果选择这样的问题作为我们研究的课题,通过精心研究,取得突破性进展,其价值是不言而喻的。经济科研的目的,就是要推动社会经济发展,造福人类,所以经济论文的选题,应密切联系社会经济发展的实际,以解决实际问题、特别是解决亟待解决的经济问题,作为撰写论文选题的出发点和归宿点。

其次,选取在经济学术上有探讨价值的课题。

经济学术论文的选题,除考虑其直接应用性外,还必须全面考虑其经济学术价值。这种价值体现在以下三个方面:

(1)创新。即敢于涉及前人未曾涉及过的领域,填补空白,或前人虽涉足却尚未解决的课题。

(2)纠正、完善。即过去已有的研究成果不正确,或不完全正确,现在予以否定和纠正,或者予以补充和完善。

(3)质疑。所谓质疑,就是对一些经济现象的现成说法不一定科学之处提出疑问。虽然还不能有新的科学的理论代替它,但这已经是不小的成绩了。特别是当这种质疑动摇其立论根基引起更多人研究,并用新的科学认识取代它时,这已经是十分有价值的事。

2)选择主观上利于展开的课题

主观条件大体上要考虑如下几个问题:

一是作者是否有兴趣。兴趣是作者写作动力的源泉,对一个感兴趣的经济课题进行研究才更有可能成功。

二是作者的专业优势。专业优势是作者取得科研成果的重要条件,也是研究课题得以展开的重要保证,因此在写作经济论文的选题上应当根据社会的需要和自己的专业特长,量力而行,切不可"一时冲动"。

三是作者的研究能力。包括各种思维能力,诸如逻辑思维能力、形象思维能力和创造性思维能力等。课题选择大小要适当,难度要适中。当然,除了上述三个问题外,还要从客观上考虑是否有足够的时间、充分的研究资料、得力的导师等因素。

9.3 经济论文的写作结构及正文的写作

9.3.1 经济论文的写作结构

经济论文在形式上,主要由标题、作者署名、摘要、关键词、正文、参考文献、注释等部分构成。

1) 标题

标题要明确具体地揭示论文的主要内容,要做到题文相符、题文一致。既能表明文章的内容,又不能过于笼统。论文题目有两种:一种是论题式,即用标题揭示课题,只点明文章所研究的问题,而不涉及作者对问题的看法;另一种是论点式,即标题就是文章的论点,鲜明地表现出作者的观点。

标题应居中书写,根据篇幅的大小,上下空出一格或更多一些位置,有时甚至可以专门用一页纸写标题。如果标题较长,可以分行居中写,但应注意,最好不要为了形式的匀称而破坏了语言的结构,尤其不能将一个词语拆开分写到两行中。

2) 作者署名

经济论文的作者署名不像某些文章那样可以写在文末右下方,一律在标题之下居中或稍偏右的位置。为了美观、醒目,与标题之间空一行,如果是两个字的姓名,两字之间一般空一格。

3) 摘要

摘要又称内容提要,是对论文的内容不加诠释和评论的概括性陈述。它是经济论文结构中重要的组成部分。其作用在于帮助读者尽快地了解论文的主要内容和结论,帮助读者判断是否有必要阅读全文。另外,随着科技情报事业的发展,它还可以满足二次文献工作的需要,供编制文摘刊物时引用。

摘要的内容是对全文内容的高度概括。它一般包括:介绍研究工作的对象、范围和缘由;简介研究的内容和过程;介绍成果、结论及其价值、意义等。

根据标准化要求,论文除了要写中文摘要以外,用于国际交流的经济论文还要写外文摘要。由于英语是世界上最流行的语种,实际上要写的外文摘要多为英文摘要。外文摘要一般写在中文摘要的后面,也有附在正文后面的。它要包括文题、作者和工作单位、内容摘要等项。

一般说来,摘要的写作,要求准确、精练、具体、完整。既要能准确地概括论文的主要内容,还要能简明扼要独立成文。其字数不宜过多,一般在 150～300 字之间为宜。

4) 关键词

关键词是为了检索的需要,从论文中选出来的最能代表论文中心内容特征的词或词组。关键词一般来源于论文标题,也可以从论文内容中抽出。

一篇论文可选 3～5 个,也可以多到 7～8 个关键词。关键词另起一行排在摘要之下。选取关键词,可以不考虑语法上的结构,也不一定要表达一个完整的意思。

5) 正文

正文是作者对研究成果的全面具体的表述。正文的结构形式有三种:一种是常见的按"提出论题、分析论证、得出结论"的程序,把结论放在最后,即"序论、本论、结论"的结构形式;一种是先提出结论,然后再分析论证;还有一种是先提出论题,再分析论证并得出结论,然后再由结论引发"怎么办"的设想和建议,或由结论得到启示。其中结论和分析论证是最重要的、必不可少的内容。

6) 参考文献

参考文献是经济论文正文后的一项内容,把写作论文过程中参照过的文献资料一一罗列出来。经济论文的独创性要求作者能提出新的问题、新的发现和新的见解,但实际上,这些新的东西并非作者凭空想出来的,常常是在学习、比较、研究别人的研究成果的基础上得来的,在写论文时,总免不了要参考、借鉴、引用别人的论文或其他文献资料。把这些文献资料在论文后面列出,既表示对原作者的尊重,也显示作者的治学严谨、言之有据,并方便读者查阅,借以了解文章内容的形成,或对文章进行比较、研究、评价。

列参考文献时应尽量详细,应列的内容包括文献题目、作者、出版单位、年代、版次等。

参考文献的排列一般按照对论文形成的作用从大到小排列,也可以按照时间顺序或作者、姓氏顺序等方法排列。

以上是一篇经济论文必备的几个内容,还有一些,如目录、注释、致谢、附录等内容也经常会用到,因而也应当有所了解。

(1) 目录。目录是论文中各级标题的依次排列。一些篇幅很长的论文,为了便于读者在读前从整体上对文章的逻辑体系有所把握,或为了便于读者查阅或选读,常常在正文前面附一张目录。目录一般用不同的字号、字体、排列位置或不同的序数来显示各级标题间的逻辑关系。

(2) 注释。注释是正文之外的对文中某些内容的解释。按照注释形式的不同,分为三种:

其一,夹注,又称段中注,即紧接在需要注释的正文之后的注释方式,写在括号内,以与正文区别。一般用于注释文字较少的注释。

其二,脚注,即将正文的注释内容顺序列在本页下端的注释方式。使用脚注的优点在于既不破坏正文的连续性,又方便读者及时查阅。

其三,尾注,即把对正文的注释集中到文末的注释方式。方法与脚注相同,优点是保证正文的连续性和视觉上的完整性、美观性。

按注释的功能不同,可分为解释正文内容的注释和注明资料出处的注释。

解释正文的注释就是对读者不易理解的概念、不易接受的事实做必要的说明。常用于不能在正文中说明却有必要让读者了解的地方。

注明资料出处的注释是对所引用的内容的来源加以说明。注释的内容包括作者姓名、作品名、出版者、出版时间、版次和页号等内容。

第三,致谢。致谢是作者对在写作过程中给予重要帮助的或指导的非作者所表示的感谢。可以附在正文之后,也可以作为一项内容单独列出。

第四,附录。附录是附在论文之后的、正文中不便安排或难以安排的资料性内容。如全文中几个部分都需要使用的图表、难以微缩至书页中的大型图表等,都可以放到附录中去。

9.3.2　经济论文正文的写作

下面以"序论、本论、结论"的结构形式为例说明正文的写作方法。

1) 序论

序论是经济论文正文的开头部分,又称绪论、引论等,它对经济论文至关重要。这一部分的作用就是提出论题。具体写作中,通常有如下写法:

一是对选题的缘由、背景、意义等加以介绍,使读者对论文的价值加以注意。例如,《试论市场经济条件下的残疾人就业保障》一文的序论:

《中国残疾人法》的颁布实施,使残疾人的就业问题从根本上得到了保证。但是,随着改革开放的深入,特别是在当前市场经济条件下,残疾人的劳动就业保障出现了一些新情况、新问题,影响社会稳定。本文就这方面的问题,谈点粗浅的看法。

二是提出问题和中心论点。这是序论的核心内容,目的在于使下文的论述有的放矢。不论是提出问题还是摆出中心论点,都应当具体,准确。例如,《国有企业人才外流的原因及对策》一文的序论:

当今世界,商品竞争,科技竞争,国力竞争,正在突破地域、意识形态的界限而日趋激烈。而在这股竞争大潮中,人才的竞争则是关键。当人们为改革开放中人才大流动的出现而欢呼时,国有企业却频频告急。人才大多是从国有企业流向非国有企业,使国有企业的不少厂长(经理)深感"留人乏术"。为什么在人才竞争中,国有企业会处于被动地位?怎样才能吸引人才? 本文就此做一探讨。

三是阐释基本概念。词语和概念的不一致性常常容易给读者造成理解上的混乱。为了保证论题的确定性和一致性,对一些构成研究课题和论文基本观点的核心概念,在序论中加以阐释是很必要的。对于那些首次提出并且表明论题的概念,就更应该加以阐释。例如,《国有商业企业潜亏现象初探》的序论:

潜亏是企业亏损在报告期已形成,而未在报表上反映的潜伏亏损额。它一般以物亏、价亏、呆账和坏账等形式潜伏于企业内部,随时都可转化为明亏。潜亏造成企业虚盈,财政虚收,资产不定,信息失真,掩盖了经营状况的真相,助长了经营的短期行为,危及企业的生存与发展;潜亏侵蚀了国有资产的完整,将不该分配的收益予以分配,形成国民收入超分配,既危害企业,又贻害国家,必须加以解决。

另外,还有其他一些内容也常在序论中出现,如对研究方法的说明、对研究范围的划定,在批驳式论文中对对方论点的简单介绍和评价等。

总之,序论的写法自由灵活,多种多样,想要把序论写好,关键在于找到合适的角度。但无论采用哪种写法,都应当符合以下几点要求:

第一,序论要开门见山,迅速入题。一开头就能让读者接触到文章的中心,了解文章的基本内容是什么,而不能带着读者在文章中心以外绕圈子。

第二,序论要引人入胜,能抓住读者。开头要让读者对文章产生良好的初始印象,产生阅读的兴趣。因此,序论要有实质性内容和易于吸引读者的词句。

第三,序论要简洁、有力。开头的文字不宜过长,以免显得头重脚轻,结构不匀称。

2)本论

本论是经济论文的主题、核心部分,是作者运用占有的材料和各种论证方法对所提出的论题展开分析,揭示事物的性质、特点、规律等,并通过论证确立自己的观点。论文的中心论点能否确立,科研成果表述得如何,经济学术论文的特点体现得怎样,论文的价值大小和质量的高低,都要通过本论部分体现出来,所以经济论文的写作应该在这一部分下工夫。

经济论文一般会论及事物在若干方面的表象、实质、成因以及各方面之间的联系。所以,内容较多、篇幅较长,要做到论述有条理,就要合理安排结构。

本论部分的结构一般有三种,即横式结构、纵式结构和混合式结构。

横式结构又称并列式结构,是指将借以证明论点的各个方面列为分论点,然后把各个分论点并列起来,逐一论证的结构形式。每个分论点论证成立,全文的观点也就成立了。分论点与总论点之间的关系是组成关系,各分论点的顺序即使调换一下,对文章的条理也没有太大的影响。

纵式结构又称递进式结构,是指借以证明论点的各分论点之间有一种基础和前提关系,某一分论点的论述依赖于另一分论点的成立;而只有将某一分论点论证成立,才可能进行下一分论点的论证,最终导出全文论点,将各分论点按照这种依赖关系顺序排列的结构形式。如果将各分论点的顺序调换一下,文章就会失去条理性。

混合式结构就是把横式结构和纵式结构结合起来的一种结构形式。或者在横式结构中的分论点论述中使用纵式结构,或者在纵式结构中的分论点论述中使用横式结构。经济论文的内容有时是很复杂的,与复杂的内容表述相适应,论文的结构也会复杂。混合式结构就是适应这种复杂内容的一种结构形式。

本论部分主要是对中心论点展开论证,因此,围绕着中心论点从各个方面、各个角度

建立的若干个分论点,也要用以证明中心论点的正确性。本论部分对分论点的要求是:

首先,分论点必须论证中心论点。分论点必须为论证中心论点服务,不允许游离于中心论点之外,更不能与中心论点相对立。

其次,建立分论点必须具备论点、论据、论证"三要素"。分论点除了必须为论证中心论点服务之外,每一个分论点必须论点明确、论据充分、论证有力。

再次,必须按照一定的逻辑关系排列分论点。排列分论点要按照一定的结构形式,使本论形成一个完整的统一的整体,具有内在的逻辑力量。

最后,本论层次的外在标识大体有三种情况:一是用一等、二等、三等序码表示;二是用小标题表示;三是用序码加小标题表示。

3) 结论

结论是经济论文的收束部分,篇幅一般比较简短。结论的内容一般有两方面:

一是表述论证得到的结果。这一部分要对主体中分析、论证的问题加以综合概括,得出结论意见。应该注意,结论必须与主体部分的立论相一致,它是立论得到证明之后的自然归结。另外,结论要对主体部分的主要观点做科学的概括,而不应当重复。

二是对课题研究的展望。可以展望本课题研究的今后发展方向,可以提出需要进一步研究的问题以及可能解决的途径,还可以写一些应该说明或交代的问题。结论部分是每篇论文必不可少的,而展望则可写可不写。

应当注意,结论和结尾是两个不同的概念。结论是内容方面的,其作用是明确作者观点;结尾是形式方面的,其作用是收束全文。结论可能是结尾,结尾不一定是结论。

9.3.3　经济论文写作注意事项

1) 选好研究课题是关键

选题是经济论文写作的第一步。选题的重要性和选题的原则我们已有论述,在此不再赘述。

2) 占有资料是研究工作的基础

撰写经济论文的材料应真实、典型、充足、有说服力。因此,围绕课题占有翔实的资料就成为必需。科学研究从本质上讲,就是要发现事物的内在规律,揭示其蕴含的真理,而"规律"、"真理"总是存在于大量的现象中,蕴含在丰富的材料之内的。因而就要求写作者占有大量真实、典型、充足、有说服力的材料,这样才能从这些材料中"引出"其固有的而不是主观臆造的结论。

当然,在科学研究中,资料浩如烟海,我们很难占有某一方面的所有资料,但我们至少应该拥有那些重要的、有代表性的材料。否则,我们随便翻两三篇东西,占有一星半点材料,就动手去写论文、发议论的做法,只能是对他人、对自己、对科学不负责任的做法。

撰写论文收集材料的途径有三条:一是充分利用图书馆收集材料。即从书籍、文献、报纸、杂志及其他文字记载中收集所需资料,这些一般都是"第二手资料"。二是通过社会调查收集资料。许多新鲜的、有价值的材料,存在于丰富的社会生活当中,需要我们通过社会调查去占有。撰写经济论文,尤其需要这些活的"第一手资料"。三是在思考、分析、研究上述两种资料的基础上,作者通过联想、推理、判断和生发,而得到一种更高层次的资料,这也是应该及时记录和整理的资料。它是产生新创见的基础,尤其不应忽视。

收集到的资料,通过阅读,经过筛选,往往要把那些有用的资料记录下来,以备研究和写作之用。记录的方式多种多样,可以记笔记,可以剪贴,也可以复印,或是做成卡片保存。

3）掌握分析和综合的研究方法

写经济论文,在研究过程中最常使用的方法就是分析和综合。分析就是把整体分散为局部,把复杂的事物分解为简单的要素,把完整的过程分解为组成它的阶段或环节来分别研究的一种思维方法。它可以把认识引向深入细致,为从整体上把握事物积累材料。分析并不是认识的目的,而只是一种手段,要完成认识,还必须在分析的基础上进行综合。综合就是在思维中把分析的结果联结起来,把分析中得到的关于研究对象各个部分、单元、要素和环节的认识复原为对于对象整体的认识。在一篇论文里,分析是结论的基础;结论就是在分析的基础上所做出的科学综合。所谓论文的逻辑性,就来自分析的周密、条理和精辟。但是,没有科学的综合,就没有判断,就没有认识的飞跃,也就没有任何观点、结论可言。

4）制定写作计划

对于一些重大的、复杂的、涉及面广的,研究人员较多、耗时较长的经济论文的写作,应当制定一个周密的写作计划,以保证研究的顺利进行和及时完成。计划应当制定得完备、合理、可行。写作计划一般有如下内容:

（1）提出课题的背景以及研究课题的内容。

（2）研究的目的是什么,具体要求有哪些。

（3）研究工作有哪些具体步骤、措施。工作步骤和措施是保证研究工作完成的关键,因而这一部分内容是计划的主体部分。对收集材料的范围、途径、形式和方法,对资料的研究、整理、汇总,对论文写作过程中的讨论、撰写、修改,以及出现意外情况的对策、有关研究的重大事项的决定方式、程序等等,都要做出具体的安排。

（4）完成各阶段任务或各步骤进行所需时间的安排。

（5）人力的分工,物力的分配和使用,资金的预算、来源、保障和分配等。

5）拟定写作提纲

写作前要拟定一个提纲。拟定写作提纲是作者整理思路并将整理好的思路以文字形式固定下来的一种过程和结果,是对文章内容之间的逻辑关系的确定。在写作内容复杂、篇幅较长的论文时,提纲对论文的思路清晰、重点突出、详略得当、逻辑关系正确有重要的保障作用,是论文写作的"图纸"。

提纲一般由以下内容组成：标题；主题句，即概括全篇文章基本观点的语句；内容纲要，即论文的正文部分的内容及构成形式。

6）注意思维方法

正确、科学的思维方法是得出科学结论的保证。因此，研究者要善于进行创造性思维，需具备敏锐的感知力，要反应迅速，避免从众和思维定式。

【例文一】

我国税制结构分析及选择

中南财经政法大学财政学专业硕士研究生　孙婷

摘要　我国税制结构经过新中国成立以来的历次改革，在适应国情、遵循国际惯例方面有了很大改善，但仍有许多需要改进。本文从税制结构类型比较入手，分析一国税制结构构成的因素，提出我国目前应适合的税制结构及税制改革。

关键词　税制结构　税制改革　结构现状　税收征管

税制结构是指税收制度中税种的构成及各税种在其中所占的地位。税制结构是否合理，是税收制度是否健全与完善、税收作用能否充分发挥的前提。

一、税制结构的类型及其比较

主体税种是一个国家税制结构中占据主要地位，起主导作用的税种。根据主体税种的不同，当今世界各国主要存在两大税制结构模式，一个是以所得税为主体，另一个是以商品税为主体。

（一）以所得税为主体的税制结构

在以所得税为主体的税制结构中，个人所得税和社会保障税普遍征收并占据主导地位，企业所得税也是重要税种，同时辅之以选择性商品税、关税和财产税等，以起到弥补所得税功能欠缺的作用。

首先，所得税作为对人税，属直接税，税负不易转嫁；并且可采用累进税率，实现对高收入者多课税、对低收入者少课税原则，体现纵向和横向公平。其次，以所得税为主体的税制结构在促进宏观经济稳定方面可以发挥重要的作用。累进制的所得税制度富有弹性，对宏观经济具有自动稳定的功能。再次，所得税为主体的税制结构在获得财政收入方面是稳定可靠的。辅之以其他的选择性商品税，如特种消费税，可进一步增强这一结构的聚财功能。

（二）以商品税为主体的税制结构

在以商品税为主体的税制结构中，增值税、一般营业税、销售税、货物税、消费税、关税等税种作为国家税收收入的主要筹集方式,其税额占税收收入总额比重大,并对社会经济生活起主要调节作用。所得税、财产税、行为税作为辅助税起到弥补商品税功能欠缺的作用。

以商品税为主体的税制结构的突出优点首先体现在筹集财政收入上。在促进经济效益的提高上,商品税也可以发挥重要的作用。商品税是转嫁税,但只有其产品被社会所承认,税负才能转嫁出去。因此,商品课税对商品经营者具有一种激励机制。从税收本身效率来看,商品税征管容易,征收费用低。

二、影响税制结构选择的因素分析

当今,大多数经济发达国家明显地表现为所得税为主体的税制结构,即所得税占总税收收入的比重最大;而发展中国家的现行税制结构明显地表现为以商品税为主体的税制结构。

(一)经济发展水平是影响一个国家主体税种选择的决定性因素(略)

(二)对税收政策目标侧重点的差异也是税制结构选择因素之一(略)

(三)税收征管水平也是制约一个国家主体税种选择的重要因素(略)

三、当前阶段我国税制结构调整和选择

(一)我国现行税制结构存在的问题

1. 税种功能结构不健全。从我国现有的税种看,筹集财政收入的税种主要有增值税、营业税、所得税等,能够体现出调控功能的税种主要包括消费税、土地增值税等,但现行税种中缺少对社会能够体现稳定作用的税种,如具有特殊的稳定社会性质的社会保障税尚未开征。

2. “双主体”模式没有真正建立,主体税种结构失衡。现行税制结构中,流转税比重偏高,所得税比重过小。主体税种结构失衡,既不利于主体税种的互相配合,更不利于发挥所得税的调控作用。

3. 就流转税本身结构而言,消费税比重过小,增值税比重过大。我国消费税征税范围较窄,且征收环节单一,不但调节消费的功能较弱,而且组织收入也明显不足。

另外,地方税制结构也存在诸多问题,地方税种严重老化,农业税、屠宰税、印花税、车船税等多是20世纪50年代出台的。

(二)选择合适税制结构的原则分析

在短期内,一国的经济发展水平不可能得到飞速发展,政府的税收征管能力也是有限的。因此,税制结构的选择与调整不能超越这些限度。税制模式只有与国情相适应时,才具有实际应用价值。

1. 经济发展水平与税制结构相适应原则。我国经济发展水平较低,长期粗放型经济增长方式导致了经济效率低下,造成了所得税税基过窄,限制了所得税类收入比重的上升;我国长期奉行的经济体制中计划色彩浓厚,政府对经济的直接控制造成了作为价格附加的流转税的畸形发展,间接税与直接税比例失调,流转税在税收收入总额中比重过高;我国大规模经济建设的状况决定了税收聚财功能仍居于重要地位。

2. 征管模式与税制结构相适应原则。税收征管是在既定税制结构下一国税收政策的具体施行,有效的税收征管依赖于一定的征管模式。征管模式与税制结构紧密相连,为实现税制结构所要求达到的目的,必须使征管模式适应税制结构的设计。现阶段我国生产力落后,市场经济不发达,"效率优先、兼顾公平"的原则决定了我国的税制结构以流转税为主。为适应这种税制结构,征管模式也必然要求对流转税集中的大中型企业加强长期监督,控制好税源,这正是这一原则的具体体现。

根据国外税制改革的一般经验,优化我国现行税制结构的总体思路是,通过新税种的开征及税负水平的调整,达到直接税和间接税比例的不断调和。也就是说,随着经济的不断发展,收入的不断增加,通过优化税制结构,使间接税所占比例有所下降的过程通常也是直接税所占比例有所上升的过程,不断增加直接税占税收收入总额的比重,充分发挥所得税对收入分配的调节作用,最终达到建立"双主体"税制结构的目标。

(三)按照原则选择合适税制结构,进行税制改革

在一定时期内,应保持税制相对稳定,不宜做较大变动。只能对其不规范和不完善的方面进行调整。

1. 妥善解决增值税税负中存在的突出矛盾和问题,使税负进一步趋于合理化。如对商业零售环节的增值税的一些政策进行调整,扩大增值税增收范围;改进小规模纳税人划分标准,适当降低商业小规模纳税人的增值税征收率。

2. 内外企业所得税两税合一,确定企业所得税的思路。制定统一的《中华人民共和国企业所得税法》,既有必要性又有可能性。就现行两个企业所得税法而言,应该说《外商投资企业和外国企业所得税法》较为成熟,该法参照国际惯例,借鉴了国外企业所得税一些行之有效的做法,统一了税收管辖原则,对法人、居民、纳税人和非居民纳税义务人的确定,统一以企业总机构所在地为准。

3. 进一步完善个人所得税。尽快建立全面反映个人收入和大额支付的信息处理系统,建立分类与综合相结合的新的个人所得税制度。适当调整个人所得税的超额累进的级距,提升高收入者的适用税率,加大对高收入者的调控力度。

……

作为远期的目标,未来的税收结构在流转税方面会更广泛,在所得税方面比重将会加大,在财产税方面会更加引人注目;作为一个经济上的大国家应当有几个大的税种,成为国际上公认的高透明度的税种,也就是国家的主体税种。

参考文献

杨若召,张利英.优化税制与税收征管的关系[J].广西财政高等专科学校学报2001(5).
樊明丽.税制优化研究[M].北京:北京经济科学出版社,1999.

贺海涛. 论税制与征管的协调[J]. 财政研究 1999(5).

李大明. 论税制结构优化与税收征管的关系[J]. 财政研究,1999(6).

苑新丽. 不同类型税制结构的比较及我国税制结构的选择[J]. 税务与经济 2002(5).

许善达. 国家税收[M]. 北京:中国税务出版社,1999.

姜秀杰,曹淑杰. 关于税制结构及具体税种改革的探讨[J]. 山东经济战略研究 2002(5).

【简析】

这是一篇在校研究生写的经济论文。论文研究和探讨的问题是"我国税制结构分析和选择"。论文标题、关键词、摘要、正文、参考目录齐全,结构完整。标题明确具体地揭示了论文的主要内容,是论题式标题。序论部分开门见山,迅速入题,写法上采用了"阐释基本概念"的写法。本论部分主要采用了横式结构,首先简介了税制结构的类型及其优点和缺陷,接着分析了影响税制结构选择的因素,最后结合我国国情和税收实际,谈了当前阶段我国税制结构应当如何调整和进行选择的问题。整篇论文的正文按照序论、本论、结论的顺序安排论说顺序,严谨而又自然。

【例文二】

审慎对待当前的房地产热

一、房地产业的现状与问题

近几年,我国经济的发展、城市化进程加快、居民收入水平提高及政府启动内需的政策,都为房地产业的发展注入了新的活力。总体分析我国的房地产业仍处在绿色景气区内运行,但是,局部过热和结构性问题应引起足够的重视。

1. 房地产投资稳步上升,地域热点显现

发展经济理论告诉我们,资本积累,投资增加是经济增长的必要条件。没有投资的稳步增长,任何国家都不可能实现从农业国向工业化和现代化的转变。对于中国一个人口快速增长的发展中国家来说,保持一定的投资规模就尤为重要。近两年,全球经济增速放缓,我国经济实现 7.3% 和 8% 的高增长率,其中投资贡献率高达 3.6% 左右。在国内产业结构在调整中,房地产投资占固定资产投资的比重从 1990 年的 5.6%,逐步上升至 2001 年的 20.7%,弥补了传统产业投资增长率下降的遗缺,其对经济增长的贡献率也慢慢显现出来。

从总量分析,在 1997~2001 年间,全社会投资增长率分别为 8.6%,13.9%,5.1% 和 10.3%,房地产开发投资增长率分别为-1.2%,13.7%,13.5% 和 21.5%,略高于全社会固定资产投资增长率,但并没有出现 1992~1993 年增长率高达 117% 和 165% 的过热现象。

房地产开发投资结构基本合理,2001 年住宅占投资总量的比重保持在 66%,其中普通住宅占 51%,别墅和经济适用房分别占 6% 和 9%,办公楼为 12%,商业用房为 12%。从房地产持续投资热点的分布来看,它主要集中在以广州、上海和北京为主导的三大城市群,从 2002 年 1～9 月的统计数据来看,北京、上海、广东、浙江、江苏和山东投资增长率分别为 29%,31.4%,30%,33.4%,31.4% 和 40.1%。客观地讲,这些地区房地产投资热有其合理的因素,也有令人担心的一面。三大地带是中国经济增长最快的地区,经济的发展、居民收入水平的提高,消费升级换代,大量外资的进入和劳动力的流动都会增加对房地产的需求,但是,与其他产品一样,房地产投资也要以需求为后盾,没有有效的需求,房地产投资就不可能持续地增长。那么,我国的房地产投资稳步增长是否有需求的支撑?

2. 销售率、空置率的地域分化明显

近几年,购房低息贷款、减免税费、户籍制度的松动是刺激居民购房的三大政策因素,2001 年商品房屋和商品住宅的销售率(当年销售面积占当年竣工面积的比例)分别是 88.4% 和 75%,其中商品住宅的销售率达到历史最高水平。

但是,在销售率回升的同时,空置面积也在上升,达到 12 000 万平方米,其中,空置期 1 年以上的为 4 000 多万平方米,占当年房屋竣工面积的 13.4%,高于国际警戒线 10%。对于空置率,需要我们做认真的分析。首先,空置率上升无论何种原因都不是一个好现象,空置率高意味供给与需求的不匹配、占压银行资金多,由此会影响资源的优化配置。其次,市场上任何一种产品都需要有合理的库存。房地产作为一种价值高的大宗商品,其合理的库存期、库存比率应该为多少? 以住宅为例,我国房地产开发的房屋多是高层和多层,国外多是一家一户住宅,不同样式的住宅,其均好程度差异极大,因此,就有好卖与不好卖之分。那么,不同质的住宅空置率是否具有可比性,就值得商榷。此外,国外的空置率是以全部存量房为分母,而我国城镇存量房有多少至今仍是一个未知数。再次,地域差别。即便是在国内,不同地区经济实力的强弱,其对空置商品房屋的承受能力也大不相同。1998 年,东亚危机爆发后,海南空置商品房 425 万平方米,给当地房地产业和银行业带来重创,留下的是满目疮痍的“烂尾楼”,而当时上海的空置房屋接近 700 万平方米,占全国的 1/7,却能使之化险为夷,绝处逢生。

仍以房地产投资三大热点地区为例,1998～2001 年,广东的商品房屋销售率为 66%,69%,71% 和 68%,低于全国的平均水平,在销售率走低的情况下,施工面积仍居高不下,这就不能不令人担忧。同期,上海的销售率为 73%,90%,85% 和 100%。截至 2002 年 9 月,上海商品房屋销售面积为 1 404 万平方米,当期竣工面积为 1 194 万平方米,销售量大于竣工面积无疑有助于消化空置商品房屋。鉴于销售率和空置率是房地产前期投资经营活动的一个结果,因此,全面、动态地分析新开工面积、施工面积、竣工面积和拆迁面积的联动关系,才能对销售率和空置率的变化做出正确判断。

3. 价格基本平稳,结构变化突出

2002 年 1～9 月份,全国一些大中城市的房屋销售价格涨幅较快,其中,宁波、南昌、杭州、青岛、上海和厦门的销售价格指数分别为 119. 2、109. 3、108. 4、108. 7、107. 9 和 104. 4,涨幅超前。但是,全国总体平均价格的走势基本平稳,特别是与百姓相关的商品住宅价格涨幅很小,在北京等大城市还出现了小幅回落。

可是面对走低的价格,广大百姓却仍找不到自己能负担得起的住房,这就需要我们仔细分析平均价的构成,或者说住宅的结构。我们的统计分析中,只提供住房价格的平均数,却很少提供不同价位住宅所占的比例,或每套住宅的价格。以北京为例,近几年为配合旧城改造,增加了经济适用房的开发建设,低价位住宅的供给增加无疑会拉低平均价格。此外,北京这两年炒"入世"、炒奥运会,城市建设摊大饼式的急剧扩张,大量远郊别墅、高档住宅星罗棋布,由于远郊土地成本低,别墅的平价为 7 583 元/平方米,低于近郊区 11 605 元/平方米,这样大量城郊楼盘的推出,也有压低整体房价的作用。

因此,总体房价的合理并不意味着住房供给结构的合理,单位价格(元/平方米)的走低并不意味着每套住宅的总价位走低。北京等城市经济适用房单位价格虽有政府控制,但是由于每套住宅的建筑面积大、建筑标准高,造成每套住宅总价位过高,结果许多工薪阶层还是买不起。加之低价位住宅的地段不近人意,靠公交车上下班的工薪阶层多希望购买京城四环以内的住房,可低价位的住宅多在五环和郊外,在地铁、公交车等多种基础设施建设不配套的情况下,买经济适用房多为经济收入可观者也就不足为奇了。

4. 炒地圈地热,成为房地产业发展的隐忧(略)

5. 房地产信贷发展有喜也有忧(略)

二、防范房地产泡沫的举措

上述分析表明:我国房地产市场总体形势看好,且此轮房地产热主要是消费需求拉动的,与 1992～1993 年单一的投资热有质的区别,但是,总体形势看好并不意味着不存在问题和隐忧。我们认为,我国房地产业潜在的风险不在总量,在结构;不在速度,在质量。因此,对于不同的房地产热,政府的调控方式也应有所不同。根据房地产泡沫的生成机理,我们认为,防范房地产泡沫应采取如下措施。

1. 从土地源头入手,规范土地市场

土地资源短缺不仅是困扰我国房地产业发展,也是困扰城市化乃至整个国民经济发展的一个大问题,如何利用相对贫乏的土地资源为全体国民提供一个公正、平等、富足和安定的发展与生存环境,在一定意义上讲,都有赖于土地资源的优化配置。我们认为:首先,应通过立法确定城市规划的法律地位,以防止朝令夕改、急功近利,保障土地使用结构的合理性,为城市和地区经济长远发展奠定基础。其次,加快建设有形的土地市场,实现国有土地使用权交易的公正、公开、公平。今后,国有土地无论使用者是谁(政府或其他企事业单位),土地出让都应纳入有形市场,避免"黑箱"操作的诸多弊端,且招标并不是简单的价高者得标，政府可用综合指标，包括企业的资质、以往的开发业绩、土地使用方向、开发项目的市场前景等，来确定中标者的资格。这样，政府才可以有效地调控土地供给的规模、条件、时序和位置，同时，有效地保障百姓急需的普通住宅用地供给。再次，建立土地信息系统，各城市政府应对所有待出让的土地、现有土地使用结构、规划、评估价格等信息公开，防止信息不对称为一些人圈地、炒地牟取暴利便利。第四，对违规违纪者应给予严厉的制裁，以保障市场秩序的正常运行。

2. 灵活运用利率、税收政策，调控房地产市场

近两年的房地产热，一定程度上是在政府宏观调控政策刺激下形成的。在经济紧缩时，低息、减免税政策有利于刺激有效需求，本无可非议，但是，长期实施一种政策，或无视受益对象实施同一政策，就可能给市场一种错误的信号：多次降息、资金成本低会诱使许多企业、个人涉足高风险的投资，从而导致市场资源配置的失误。为引导企业投资与开发更符合市场的需求，政府应适时调高投资别墅、高档公寓、高档娱乐设施、商厦写字楼的贷款利率，调高个人非自住房的贷款利率，使低息政策更好地向中低收入者倾斜；各城市政府还应对高档不动产开征不动产税，并可采取累进税。对于中国这样一个仍处在发展阶段的国家来说，有利于抑制奢靡之风泛滥，而将有限和宝贵的资源用在实现城镇和工业化上。此外，完善市场信息的供给，也是政府调控市场的重要内容。

3. 完善房地产金融体制，防患于未然

我国银行业是在金融体制不健全的情况下涉足房地产信贷业务，从外部环境上讲，我国的个人信用制度、抵押制度和抵押保险机制不健全；从内部机制上讲，我国银行自身存在着许多脆弱性，如资本不足、不良资产过多，资产负债管理水平低等，这些都会加大房地产信贷的风险。但是，面对金融全球化的冲击，多次下调利率利差收益缩小的压力，我国银行业迫切需要寻找新的利润增长点，新兴的房地产信贷特别是个人住宅抵押信贷则成为银行业理想的选择。个人住房抵押贷款是一种好资产，但持有比例过高，也会增加资金成本和经营风险，这就是"鸡蛋不能放在一个篮子里"的道理。在美国，个人住房抵押贷款仅占商业银行资产的18％，占抵押银行资产的50％，银行资金来源不同，资金的运用也会有所不同。在香港，银行要及时动态跟踪贷款的质量。因此，我国的银行业应从基础设施建设入手，提高自身抵御金融风险能力；金融监管部门应从制度建设入手，完善信用制度、抵押制度、抵押保险和抵押二级市场的发展，这样才有利房地产业与金融业的共同发展。

4. 努力提高企业竞争力，迎接21世纪的挑战

21世纪全球经济结构的大调整、中国工业化、城市化的进程加快，都为我国房地产业的发展提供了新的机遇。我们的房地产企业应该认清自己的使命与责任：我们不仅是未来城市的开发建设者，还是未来城市、地域空间设计者。我们为人们提供的不仅仅是实物资产、价值的载体，还有全新的知识技术、全新的生产与生活方式。因此，我们的房地产企业应坚持"以人为本"的理念，在投资与经营中少一点盲从，多一点理性；少一点炒作，多一

点真诚,给消费者多一点实惠。认认真真地在产品的质量、功能与服务上下工夫,我们的房地产企业才能在激烈的市场竞争中立于不败之地。

参考文献

徐滇庆.泡沫经济与金融危机[M].北京:中国人民大学出版社,2000.

林毅夫.东南亚金融危机值得推敲斟酌的几点经验教训[J].经济学消息报.1998-05-08.

刘树成,汪利娜,常欣.中国经济趋势分析[J].经济研究.2002(4).

(选自博士教育网)

【简析】

本文标题为论点式标题,即标题就是文章的论点,鲜明地表现出作者的观点及对问题的看法。

正文部分使用纵式结构从两个方面进行论证:第一,房地产业的现状与问题;第二,防范房地产泡沫的举措。但在对这两个方面进行具体论证的时候,又使用了横式结构。因此全文就结构而言,使用的是综合式结构。

文章内容上,先谈我国房地产业的现状与存在的问题,然后提出防范房地产泡沫的建设性意见,论证较充分、有力。

思考与练习

1. 分析题

1)分析下列三种说法是否正确,说明原因。

经济论文主要包含经济学科领域中专业人员撰写的专业论文,不包含高等院校学生、研究生撰写的有关经济领域问题的学年论文、毕业论文、学位论文。

经济论文由标题、署名、内容提要、正文、注释、参考文献等部分组成。

经济论文的内容提要,又称内容提要。它既是论文标题的扩展,又是论文内容的高度浓缩。其作用在于帮助读者在阅读文章之前,就能够把握论文的主要内容,同时也为编写文摘提供方便。

2)经济论文的标题,大体有两种基本类型:一是揭示论点的标题;二是揭示课题的标题。试分析下列标题属于哪种基本类型。

《我国商业物流的现状分析及发展构想》

《更新粮食行业协会观念 承担新的历史使命》

《抓管理 保安全 出效益》

《浅谈"三农"问题的根本途径》

3)下面是一篇有关粮食安全问题的毕业论文开头部分,请认真审阅后指出存在的主要问题,并加以修改。

当前确保粮食的供应具有特殊的政治意义和经济意义,过去常说的"无粮则乱",这句话简洁而又意味深长地表达了这种思想。"王以民为天,民以食为天"的说法也常被运用,这两句话都体现了为政者绝不能让民众面对饥饿的中心思想。我区是个人多地少的缺粮主销区,粮食供应在很大程度上取决于区内区外粮食生产形势和供应状况,一旦区内区外粮食市场发生变化或有个闪失,就会对我区产生很大的影响。因此,确保粮食安全,不仅具有重大的经济意义,而且更具有重大的政治意义。

(1) 何为"粮食安全"……

(2) 我区粮食生产与流通的基本概况……

(3) 必须客观正确地认识粮食安全形势……

(4) 密切注视粮食生产存在的隐患……

(5) 确保粮食安全的主要对策……

4) 根据自身条件,你认为撰写毕业论文应如何进行选题? 如何收集和研究材料?

2. 写作训练

1) 找一些经济类期刊,选几篇感兴趣的经济论文,进行分析研究,就其内容、结构整理成读书笔记。

2) 阅读下文,提炼写作提纲(原文有删减)。

石油天然气行业改革的内容及政策建议

一、石油天然气行业下一步改革的主要内容

为保证能源安全和石油天然气的可持续供应,下一步必须在阻碍石油天然气改革的难点领域有所突破。应该在完善法律、法规的基础上加大市场化改革的力度,实现政企分开,转变政府职能,打破行政垄断,引入市场竞争,营造真正的市场竞争主体,加快投融资体制和价格体制改革,为我国石油天然气行业改革创造一个良好的内外部环境。

(一) 完善政府管理体制

石油天然气是关系国家经济命脉的行业,政府无疑必须在其中发挥重要作用。要集中分散在各政府部门的职能,将仍保留在企业中的行政职能分离出来,建立综合的能源政府管理部门,并根据行业发展的要求建立相应的监管机构,将政府的政策制定职能与监管职能逐步分开,按照依法监管的原则建立现代监管制度,逐渐淡化行政审批等行政管理职能,在进行经济监管的同时,增强技术、安全、环保等社会监管手段。根据我国石油天然气行业所处发展阶段、资源状况和市场特征,政府的职能应主要体现在:制定宏观发展政策;在建立国家能源管理体制的基础上,实行石油战略管理;针对石油天然气行业制定有关促

进竞争和反垄断的政策和法规,保证市场的公平有序竞争,使企业成为真正的市场竞争主体;根据上下游各环节的技术经济特点,采取不同的监管机制,在竞争性环节放开竞争,进行市场准入和价格管制等,在自然垄断环节实行政府管制;发挥规范、协调企业行为和督促企业自律的作用;进行市场预测和提供信息服务等。

(二)打破行政垄断和市场分割,培育有效市场竞争

石油天然气行业应深化市场化改革,引入竞争机制,建立与健全市场机制。主要包括放松市场准入,逐步放开终端销售市场;打破地域垄断,积极培养市场主体;从开放、完善和规范市场入手,制定市场规则,形成合理的、有序的竞争格局;鼓励其他社会资金进入流通领域,营造健康有序的市场环境;充分运用市场经济手段,如建立国内石油现货和期货交易市场,以达到发现价格、规避风险、跟踪供求、调控市场的目的,合理引导石油天然气的生产、经营和消费。

应根据行业发展阶段和上下游各环节的技术经济特点,在我国石油天然气行业有序引入竞争。具体来说,上游石油天然气资源开采环节在实行许可证制度的基础上,引入竞争,这样有利于打破资源的区域性垄断,促进企业增加勘探投入,增加石油天然气资源储量,提高开采效率;下游销售环节,特别是加油站是竞争性市场,应加大放开竞争的步伐,并通过安全、技术和环保标准等手段维护市场竞争秩序;从管道运输环节来看,天然气管道运输环节具有一定的自然垄断性,特别是我国的天然气产业还处在发展初期,管网非常薄弱,大部分生产者和用户之间都是单线联系,而且需求规模有限,还不具备欧美国家那样广泛引入竞争的条件,应该逐步引入竞争,可首先实行管道运输特许经营权的公开招标制度,引入市场竞争;同时,实行运输与销售分离,加强对管道运输定价的监管。石油管道运输与天然气管道运输有所不同,石油管道可与其他运输工具平行竞争,其垄断性要比天然气管道弱,但由于我国所处发展阶段及石油战略的重要地位,且管道建设仍非常不足,国家仍有必要加强对管道建设的投入和监管。

(三)价格体制改革

价格的市场化改革往往是各行业改革的攻坚环节,它要求市场竞争的局面初步形成,有相应的体制环境和配套条件,如在自然垄断领域就要求有发达的管网作保证,而这些在我国现阶段基本不具备,因此不能操之过急,应根据我国石油天然气行业的发展阶段和行业特点制定相应的价格市场化道路。

二、政策建议

(一)健全法律、法规体系

应从法律保障我国能源安全角度出发,制定国家层面涵盖整个国民经济的《能源法》;抓紧制定和修订《反垄断法》、《反倾销反补贴条例》、《保障措施条例》等维护公平竞争、整顿和规范市场经济秩序的法律法规;加快制定《石油法》和《天然气法》;为促进节能,应根据需要完善《节能法》,并加快制定《节能法》配套法规和实施细则,引导和规范全社会用能

行为,其重点是制定《节约石油管理办法》、《能源效率标识管理办法》等。为保证法律法规的落实,应加强执法,在完善法律法规的基础上,健全执法体系,加强监督检查,依法实施管理。

（二）管理机构改革

1. 建立集中统一的能源管理部门

能源产业是关系到国计民生的国民经济重要产业,涉及石油等国家短缺战略物资、以及电网和天然气网的建设和运行等国家经济命脉,同时,能源内部各行业间的关联性和互动性很强,这些决定了能源产业是一个综合性很强的产业部门,其发展除了应遵循市场经济规律外,还应有政府管理和协调。而我国目前的能源管理呈多部门分散态势,综合性和长远性较差,为此,应借鉴北美经验建立国家层面的集中的宏观能源管理模式。这种模式比较符合我国能源大国的特点。应将分散在多家综合部门的能源部门分离出来重新整合,将管理权集中,这能有效避免政府职能的重复及交叉;按照煤炭、石油、天然气、电力、新能源和可再生能源分别设立专业性的司局,以加强对这些行业的发展战略、政策目标、管理体制框架、法律、法规的研究和制定。

2. 建立独立的监管机构

由于能源产业改革的特殊性及其广泛存在自然垄断性环节,发挥政府管理的作用是毋庸置疑的。但政府应该逐步从竞争性领域退出,进一步转变职能,从"指令性管理"向"禁令性管理"转变,这就要求将政策的制定与监管职能完全分开,建立独立的国家级综合监管机构和行业监管机构。

（三）建立石油安全保障体系,确保可持续供应

我国石油供应的不安全性体现在多个方面,对外依存的增大、企业石油库存量过低、国家石油战略储备尚未建立、石油进口外汇支出逐年增加、进口通道安全性变差、国内石油价格过分依赖国际油价、国际石油地缘政治的重大变化等等都对中国获得稳定、可靠、安全的石油供应产生影响。我国石油供应既存在价格急剧变动的经济风险,也存在石油供应阶段性、部分性供应中断的隐患,因此,完善石油安全保障体系应成为我国能源发展战略中的重要内容。

3) 结合你所学专业或社会上大家比较感兴趣的经济热点问题,收集材料,分析研究,写一篇小型经济论文。

党政机关公文处理工作条例

（中办发〔2012〕14号）

第一章 总 则

第一条 为了适应中国共产党机关和国家行政机关（以下简称党政机关）工作需要，推进党政机关公文处理工作科学化、制度化、规范化，制定本条例。

第二条 本条例适用于各级党政机关公文处理工作。

第三条 党政机关公文是党政机关实施领导、履行职能、处理公务的具有特定效力和规范体式的文书，是传达贯彻党和国家的方针政策，公布法规和规章，指导、布置和商洽工作，请示和答复问题，报告、通报和交流情况等的重要工具。

第四条 公文处理工作是指公文拟制、办理、管理等一系列相互关联、衔接有序的工作。

第五条 公文处理工作应当坚持实事求是、准确规范、精简高效、安全保密的原则。

第六条 各级党政机关应当高度重视公文处理工作，加强组织领导，强化队伍建设，设立文秘部门或者由专人负责公文处理工作。

第七条 各级党政机关办公厅（室）主管本机关的公文处理工作，并对下级机关的公文处理工作进行业务指导和督促检查。

第二章 公 文 种 类

第八条 公文种类主要有：

（一）决议。适用于会议讨论通过的重大决策事项。

（二）决定。适用于对重要事项作出决策和部署、奖惩有关单位和人员、变更或者撤销下级机关不适当的决定事项。

（三）命令（令）。适用于公布行政法规和规章、宣布施行重大强制性措施、批准授予和晋升衔级、嘉奖有关单位和人员。

（四）公报。适用于公布重要决定或者重大事项。

（五）公告。适用于向国内外宣布重要事项或者法定事项。

（六）通告。适用于在一定范围内公布应当遵守或者周知的事项。

（七）意见。适用于对重要问题提出见解和处理办法。

（八）通知。适用于发布、传达要求下级机关执行和有关单位周知或者执行的事项，批转、转发公文。

（九）通报。适用于表彰先进、批评错误、传达重要精神和告知重要情况。

（十）报告。适用于向上级机关汇报工作、反映情况，回复上级机关的询问。

（十一）请示。适用于向上级机关请求指示、批准。

（十二）批复。适用于答复下级机关请示事项。

（十三）议案。适用于各级人民政府按照法律程序向同级人民代表大会或者人民代表大会常务委员会提请审议事项。

（十四）函。适用于不相隶属机关之间商洽工作、询问和答复问题、请求批准和答复审批事项。

（十五）纪要。适用于记载会议主要情况和议定事项。

第三章　公 文 格 式

第九条　公文一般由份号、密级和保密期限、紧急程度、发文机关标志、发文字号、签发人、标题、主送机关、正文、附件说明、发文机关署名、成文日期、印章、附注、附件、抄送机关、印发机关和印发日期、页码等组成。

（一）份号。公文印制份数的顺序号。涉密公文应当标注份号。

（二）密级和保密期限。公文的秘密等级和保密的期限。涉密公文应当根据涉密程度分别标注"绝密""机密""秘密"和保密期限。

（三）紧急程度。公文送达和办理的时限要求。根据紧急程度，紧急公文应当分别标注"特急""加急"，电报应当分别标注"特提""特急""加急""平急"。

（四）发文机关标志。由发文机关全称或者规范化简称加"文件"二字组成，也可以使用发文机关全称或者规范化简称。联合行文时，发文机关标志可以并用联合发文机关名称，也可以单独用主办机关名称。

（五）发文字号。由发文机关代字、年份、发文顺序号组成。联合行文时，使用主办机关的发文字号。

（六）签发人。上行文应当标注签发人姓名。

（七）标题。由发文机关名称、事由和文种组成。

（八）主送机关。公文的主要受理机关，应当使用机关全称、规范化简称或者同类型机关统称。

（九）正文。公文的主体，用来表述公文的内容。

（十）附件说明。公文附件的顺序号和名称。

（十一）发文机关署名。署发文机关全称或者规范化简称。

（十二）成文日期。署会议通过或者发文机关负责人签发的日期。联合行文时，署最后签发机关负责人签发的日期。

（十三）印章。公文中有发文机关署名的，应当加盖发文机关印章，并与署名机关相符。有特定发文机关标志的普发性公文和电报可以不加盖印章。

（十四）附注。公文印发传达范围等需要说明的事项。

（十五）附件。公文正文的说明、补充或者参考资料。

（十六）抄送机关。除主送机关外需要执行或者知晓公文内容的其他机关，应当使用机关全称、规范化简称或者同类型机关统称。

（十七）印发机关和印发日期。公文的送印机关和送印日期。

（十八）页码。公文页数顺序号。

第十条　公文的版式按照《党政机关公文格式》国家标准执行。

第十一条　公文使用的汉字、数字、外文字符、计量单位和标点符号等，按照有关国家标准和规定执行。民族自治地方的公文，可以并用汉字和当地通用的少数民族文字。

第十二条　公文用纸幅面采用国际标准 A4 型。特殊形式的公文用纸幅面，根据实际需要确定。

第四章　行 文 规 则

第十三条　行文应当确有必要，讲求实效，注重针对性和可操作性。

第十四条　行文关系根据隶属关系和职权范围确定。一般不得越级行文，特殊情况需要越级行文的，应当同时抄送被越过的机关。

第十五条　向上级机关行文，应当遵循以下规则：

（一）原则上主送一个上级机关，根据需要同时抄送相关上级机关和同级机关，不抄送下级机关。

（二）党委、政府的部门向上级主管部门请示、报告重大事项，应当经本级党委、政府同意或者授权；属于部门职权范围内的事项应当直接报送上级主管部门。

（三）下级机关的请示事项，如需以本机关名义向上级机关请示，应当提出倾向性意见后上报，不得原文转报上级机关。

（四）请示应当一文一事。不得在报告等非请示性公文中夹带请示事项。

（五）除上级机关负责人直接交办事项外，不得以本机关名义向上级机关负责人报送公文，不得以本机关负责人名义向上级机关报送公文。

（六）受双重领导的机关向一个上级机关行文，必要时抄送另一个上级机关。

第十六条　向下级机关行文，应当遵循以下规则：

（一）主送受理机关，根据需要抄送相关机关。重要行文应当同时抄送发文机关的直接上级机关。

（二）党委、政府的办公厅（室）根据本级党委、政府授权，可以向下级党委、政府行文，其他部门和单位不得向下级党委、政府发布指令性公文或者在公文中向下级党委、政府提出指令性要求。需经政府审批的具体事项，经政府同意后可以由政府职能部门行文，文中须注明已经政府同意。

（三）党委、政府的部门在各自职权范围内可以向下级党委、政府的相关部门行文。

（四）涉及多个部门职权范围内的事务，部门之间未协商一致的，不得向下行文；擅自行文的，上级机关应当责令其纠正或者撤销。

（五）上级机关向受双重领导的下级机关行文，必要时抄送该下级机关的另一个上级机关。

第十七条　同级党政机关、党政机关与其他同级机关必要时可以联合行文。属于党委、政府各自职权范围内的工作，不得联合行文。

党委、政府的部门依据职权可以相互行文。

部门内设机构除办公厅（室）外不得对外正式行文。

第五章　公 文 拟 制

第十八条　公文拟制包括公文的起草、审核、签发等程序。

第十九条　公文起草应当做到：

（一）符合党的理论路线方针政策和国家法律法规，完整准确体现发文机关意图，并同现行有关公文相衔接。

（二）一切从实际出发，分析问题实事求是，所提政策措施和办法切实可行。

（三）内容简洁，主题突出，观点鲜明，结构严谨，表述准确，文字精练。

（四）文种正确，格式规范。

（五）深入调查研究，充分进行论证，广泛听取意见。

（六）公文涉及其他地区或者部门职权范围内的事项，起草单位必须征求相关地区或者部门意见，力求达成一致。

（七）机关负责人应当主持、指导重要公文起草工作。

第二十条　公文文稿签发前，应当由发文机关办公厅（室）进行审核。审核的重点是：

（一）行文理由是否充分，行文依据是否准确。

（二）内容是否符合党的理论路线方针政策和国家法律法规；是否完整准确体现发文机关意图；是否同现行有关公文相衔接；所提政策措施和办法是否切实可行。

（三）涉及有关地区或者部门职权范围内的事项是否经过充分协商并达成一致意见。

（四）文种是否正确，格式是否规范；人名、地名、时间、数字、段落顺序、引文等是否准确；文字、数字、计量单位和标点符号等用法是否规范。

（五）其他内容是否符合公文起草的有关要求。

需要发文机关审议的重要公文文稿，审议前由发文机关办公厅(室)进行初核。

第二十一条　经审核不宜发文的公文文稿，应当退回起草单位并说明理由；符合发文条件但内容需作进一步研究和修改的，由起草单位修改后重新报送。

第二十二条　公文应当经本机关负责人审批签发。重要公文和上行文由机关主要负责人签发。党委、政府的办公厅(室)根据党委、政府授权制发的公文，由受权机关主要负责人签发或者按照有关规定签发。签发人签发公文，应当签署意见、姓名和完整日期；圈阅或者签名的，视为同意。联合发文由所有联署机关的负责人会签。

第六章　公　文　办　理

第二十三条　公文办理包括收文办理、发文办理和整理归档。

第二十四条　收文办理主要程序是：

（一）签收。对收到的公文应当逐件清点，核对无误后签字或者盖章，并注明签收时间。

（二）登记。对公文的主要信息和办理情况应当详细记载。

（三）初审。对收到的公文应当进行初审。初审的重点是：是否应当由本机关办理，是否符合行文规则，文种、格式是否符合要求，涉及其他地区或者部门职权范围内的事项是否已经协商、会签，是否符合公文起草的其他要求。经初审不符合规定的公文，应当及时退回来文单位并说明理由。

（四）承办。阅知性公文应当根据公文内容、要求和工作需要确定范围后分送。批办性公文应当提出拟办意见报本机关负责人批示或者转有关部门办理；需要两个以上部门办理的，应当明确主办部门。紧急公文应当明确办理时限。承办部门对交办的公文应当及时办理，有明确办理时限要求的应当在规定时限内办理完毕。

（五）传阅。根据领导批示和工作需要将公文及时送传阅对象阅知或者批示。办理公文传阅应当随时掌握公文去向，不得漏传、误传、延误。

（六）催办。及时了解掌握公文的办理进展情况，督促承办部门按期办结。紧急公文或者重要公文应当由专人负责催办。

（七）答复。公文的办理结果应当及时答复来文单位，并根据需要告知相关单位。

第二十五条　发文办理主要程序是：

（一）复核。已经发文机关负责人签批的公文，印发前应当对公文的审批手续、内容、文种、格式等进行复核；需作实质性修改的，应当报原签批人复审。

（二）登记。对复核后的公文,应当确定发文字号、分送范围和印制份数并详细记载。

（三）印制。公文印制必须确保质量和时效。涉密公文应当在符合保密要求的场所印制。

（四）核发。公文印制完毕,应当对公文的文字、格式和印刷质量进行检查后分发。

第二十六条　涉密公文应当通过机要交通、邮政机要通信、城市机要文件交换站或者收发件机关机要收发人员进行传递,通过密码电报或者符合国家保密规定的计算机信息系统进行传输。

第二十七条　需要归档的公文及有关材料,应当根据有关档案法律法规以及机关档案管理规定,及时收集齐全、整理归档。两个以上机关联合办理的公文,原件由主办机关归档,相关机关保存复制件。机关负责人兼任其他机关职务的,在履行所兼职务过程中形成的公文,由其兼职机关归档。

第七章　公 文 管 理

第二十八条　各级党政机关应当建立健全本机关公文管理制度,确保管理严格规范,充分发挥公文效用。

第二十九条　党政机关公文由文秘部门或者专人统一管理。设立党委(党组)的县级以上单位应当建立机要保密室和机要阅文室,并按照有关保密规定配备工作人员和必要的安全保密设施设备。

第三十条　公文确定密级前,应当按照拟定的密级先行采取保密措施。确定密级后,应当按照所定密级严格管理。绝密级公文应当由专人管理。

公文的密级需要变更或者解除的,由原确定密级的机关或者其上级机关决定。

第三十一条　公文的印发传达范围应当按照发文机关的要求执行;需要变更的,应当经发文机关批准。

涉密公文公开发布前应当履行解密程序。公开发布的时间、形式和渠道,由发文机关确定。

经批准公开发布的公文,同发文机关正式印发的公文具有同等效力。

第三十二条　复制、汇编机密级、秘密级公文,应当符合有关规定并经本机关负责人批准。绝密级公文一般不得复制、汇编,确有工作需要的,应当经发文机关或者其上级机关批准。复制、汇编的公文视同原件管理。

复制件应当加盖复制机关戳记。翻印件应当注明翻印的机关名称、日期。汇编本的密级按照编入公文的最高密级标注。

第三十三条　公文的撤销和废止,由发文机关、上级机关或者权力机关根据职权范围和有关法律法规决定。公文被撤销的,视为自始无效;公文被废止的,视为自废止之日起失效。

第三十四条 涉密公文应当按照发文机关的要求和有关规定进行清退或者销毁。

第三十五条 不具备归档和保存价值的公文,经批准后可以销毁。销毁涉密公文必须严格按照有关规定履行审批登记手续,确保不丢失、不漏销。个人不得私自销毁、留存涉密公文。

第三十六条 机关合并时,全部公文应当随之合并管理;机关撤销时,需要归档的公文经整理后按照有关规定移交档案管理部门。

工作人员离岗离职时,所在机关应当督促其将暂存、借用的公文按照有关规定移交、清退。

第三十七条 新设立的机关应当向本级党委、政府的办公厅(室)提出发文立户申请。经审查符合条件的,列为发文单位,机关合并或者撤销时,相应进行调整。

第八章 附 则

第三十八条 党政机关公文含电子公文。电子公文处理工作的具体办法另行制定。

第三十九条 法规、规章方面的公文,依照有关规定处理。外事方面的公文,依照外事主管部门的有关规定处理。

第四十条 其他机关和单位的公文处理工作,可以参照本条例执行。

第四十一条 本条例由中共中央办公厅、国务院办公厅负责解释。

第四十二条 本条例自 2012 年 7 月 1 日起施行。1996 年 5 月 3 日中共中央办公厅发布的《中国共产党机关公文处理条例》和 2000 年 8 月 24 日国务院发布的《国家行政机关公文处理办法》停止执行。

党政机关公文格式

GB/T 9704—2012

前　言

本标准按照 GB/T 1.1—2009 给出的规则起草。

本标准根据中共中央办公厅、国务院办公厅印发的《党政机关公文处理工作条例》的有关规定对 GB/T 9704—1999《国家行政机关公文格式》进行修订。本标准相对 GB/T 9704—1999 主要作如下修订：

a) 标准名称改为《党政机关公文格式》，标准英文名称也作相应修改；

b) 适用范围扩展到各级党政机关制发的公文；

c) 对标准结构进行适当调整；

d) 对公文装订要求进行适当调整；

e) 增加发文机关署名和页码两个公文格式要素，删除主题词格式要素，并对公文格式各要素的编排进行较大调整；

f) 进一步细化特定格式公文的编排要求；

g) 新增联合行文公文首页版式、信函格式首页、命令(令)格式首页版式等式样。

本标准中公文用语与《党政机关公文处理工作条例》中的用语一致。

本标准为第二次修订。

本标准由中共中央办公厅和国务院办公厅提出。

本标准由中国标准化研究院归口。

本标准起草单位：中国标准化研究院、中共中央办公厅秘书局、国务院办公厅秘书局、中国标准出版社。

本标准主要起草人：房庆、杨雯、郭道锋、孙维、马慧、张书杰、徐成华、范一乔、李玲。

本标准代替了 GB/T 9704—1999。

GB/T 9704—1999 的历次版本发布情况为：

——GB/T 9704—1988。

公 文 格 式

1　范围

本标准规定了党政机关公文通用的纸张要求、排版和印制装订要求、公文格式各要素的编排规则，并给出了公文的式样。

本标准适用于各级党政机关制发的公文。其他机关和单位的公文可以参照执行。

使用少数民族文字印制的公文,其用纸、幅面尺寸及版面、印制等要求按照本标准执行,其余可以参照本标准并按照有关规定执行。

2 规范性引用文件

下列文件对于本标准的应用是必不可少的。凡是注日期的引用文件,仅所注日期的版本适用于本标准。凡是不注日期的引用文件,其最新版本(包括所有的修改单)适用于本标准。

GB/T 148 印刷、书写和绘图纸幅面尺寸

GB 3100 国际单位制及其应用

GB 3101 有关量、单位和符号的一般原则

GB 3102(所有部分)量和单位

GB/T 15834 标点符号用法

GB/T 15835 出版物上数字用法

3 术语和定义

下列术语和定义适用于本标准。

3.1 字 word

标示公文中横向距离的长度单位。在本标准中,一字指一个汉字宽度的距离。

3.2 行 line

标示公文中纵向距离的长度单位。在本标准中,一行指一个汉字的高度加 3 号汉字高度的 7/8 的距离。

4 公文用纸主要技术指标

公文用纸一般使用纸张定量为 60 g/m~80 g/m 的胶版印刷纸或复印纸。纸张白度 80%~90%,横向耐折度≥15 次,不透明度≥85%,pH 值为 7.5~9.5。

5 公文用纸幅面尺寸及版面要求

5.1 幅面尺寸

公文用纸采用 GB/T 148 中规定的 A4 型纸,其成品幅面尺寸为:210 mm× 297 mm。

GB/T 9704—2012

5.2 版面

5.2.1 页边与版心尺寸

公文用纸天头(上白边)为 37 mm±1 mm,公文用纸订口(左白边)为 28 mm±1 mm,版心尺寸为 156 mm×225 mm。

5.2.2 字体和字号

如无特殊说明,公文格式各要素一般用 3 号仿宋体字。特定情况可以作适当调整。

5.2.3　行数和字数

一般每面排 22 行,每行排 28 个字,并撑满版心。特定情况可以作适当调整。

5.2.4　文字的颜色

如无特殊说明,公文中文字的颜色均为黑色。

6　印制装订要求

6.1　制版要求

版面干净无底灰,字迹清楚无断划,尺寸标准,版心不斜,误差不超过 1 mm。

6.2　印刷要求

双面印刷;页码套正,两面误差不超过 2 mm。黑色油墨应当达到色谱所标 BL100%,红色油墨应当达到色谱所标 Y80%、M80%。印品着墨实、均匀;字面不花、不白、无断划。

6.3　装订要求

公文应当左侧装订,不掉页,两页页码之间误差不超过 4 mm,裁切后的成品尺寸允许误差±2mm,四角成 90°;,无毛茬或缺损。

骑马订或平订的公文应当:

a) 订位为两钉外订眼距版面上下边缘各 70 mm 处,允许误差±4 mm;

b) 无坏钉、漏钉、重钉,钉脚平伏牢固;

c) 骑马订钉锯均订在折缝线上,平订钉锯与书脊间的距离为 3 mm～5 mm。

包本装订公文的封皮(封面、书脊、封底)与书芯应吻合、包紧、包平、不脱落。

7　公文格式各要素编排规则

7.1　公文格式各要素的划分

本标准将版心内的公文格式各要素划分为版头、主体、版记三部分。公文首页红色分隔线以上的部分称为版头;公文首页红色分隔线(不含)以下、公文末页首条分隔线(不含)以上的部分称为主体;公文末页首条分隔线以下、末条分隔线以上的部分称为版记。

页码位于版心外。

7.2　版头

7.2.1　份号

如需标注份号,一般用 6 位 3 号阿拉伯数字,顶格编排在版心左上角第一行。

7.2.2　密级和保密期限

如需标注密级和保密期限,一般用 3 号黑体字,顶格编排在版心左上角第二行;保密期限中的数字用阿拉伯数字标注。

7.2.3　紧急程度

如需标注紧急程度,一般用 3 号黑体字,顶格编排在版心左上角;如需同时标注份号、密级和保密期限、紧急程度,按照份号、密级和保密期限、紧急程度的顺序自上而下分行排列。

7.2.4　发文机关标志

由发文机关全称或者规范化简称加"文件"二字组成,也可以使用发文机关全称或者规范化简称。

发文机关标志居中排布,上边缘至版心上边缘为 35 mm,推荐使用小标宋体字,颜色为红色,以醒目、美观、庄重为原则。

联合行文时,如需同时标注联署发文机关名称,一般应当将主办机关名称排列在前;如有"文件"二字,应当置于发文机关名称右侧,以联署发文机关名称为准上下居中排布。

7.2.5　发文字号

编排在发文机关标志下空二行位置,居中排布。年份、发文顺序号用阿拉伯数字标注;年份应标全称,用六角括号"〔〕"括入;发文顺序号不加"第"字,不编虚位(即 1 不编为 01),在阿拉伯数字后加"号"字。

上行文的发文字号居左空一字编排,与最后一个签发人姓名处在同一行。

7.2.6　签发人

由"签发人"三字加全角冒号和签发人姓名组成,居右空一字,编排在发文机关标志下空二行位置。"签发人"三字用 3 号仿宋体字,签发人姓名用 3 号楷体字。

如有多个签发人,签发人姓名按照发文机关的排列顺序从左到右、自上而下依次均匀编排,一般每行排两个姓名,回行时与上一行第一个签发人姓名对齐。

7.2.7　版头中的分隔线

发文字号之下 4 mm 处居中印一条与版心等宽的红色分隔线。

7.3　主体

7.3.1　标题

一般用 2 号小标宋体字,编排于红色分隔线下空二行位置,分一行或多行居中排布;回行时,要做到词意完整,排列对称,长短适宜,间距恰当,标题排列应当使用梯形或菱形。

7.3.2　主送机关

编排于标题下空一行位置,居左顶格,回行时仍顶格,最后一个机关名称后标全角冒号。如主送机关名称过多导致公文首页不能显示正文时,应当将主送机关名称移至版记,标注方法见 7.4.2。

7.3.3　正文

公文首页必须显示正文。一般用 3 号仿宋体字,编排于主送机关名称下一行,每个自然段左空二字,回行顶格。文中结构层次序数依次可以用"一、""(一)""1.""(1)"标注;一般第一层用黑体字、第二层用楷体字、第三层和第四层用仿宋体字标注。

7.3.4　附件说明

如有附件,在正文下空一行左空二字编排"附件"二字,后标全角冒号和附件名称。如有多个附件,使用阿拉伯数字标注附件顺序号(如"附件:1. ××××××");附件名称后不加标点符号。附件名称较长需回行时,应当与上一行附件名称的首字对齐。

7.3.5　发文机关署名、成文日期和印章

7.3.5.1　加盖印章的公文

成文日期一般右空四字编排,印章用红色,不得出现空白印章。

单一机关行文时,一般在成文日期之上、以成文日期为准居中编排发文机关署名,印章端正、居中下压发文机关署名和成文日期,使发文机关署名和成文日期居印章中心偏下位置,印章顶端应当上距正文(或附件说明)一行之内。

联合行文时,一般将各发文机关署名按照发文机关顺序整齐排列在相应位置,并将印章一一对应、端正、居中下压发文机关署名,最后一个印章端正、居中下压发文机关署名和成文日期,印章之间排列整齐、互不相交或相切,每排印章两端不得超出版心,首排印章顶端应当上距正文(或附件说明)一行之内。

7.3.5.2　不加盖印章的公文

单一机关行文时,在正文(或附件说明)下空一行右空二字编排发文机关署名,在发文机关署名下一行编排成文日期,首字比发文机关署名首字右移二字,如成文日期长于发文机关署名,应当使成文日期右空二字编排,并相应增加发文机关署名右空字数。

联合行文时,应当先编排主办机关署名,其余发文机关署名依次向下编排。

7.3.5.3　加盖签发人签名章的公文

单一机关制发的公文加盖签发人签名章时,在正文(或附件说明)下空二行右空四字加盖签发人签名章,签名章左空二字标注签发人职务,以签名章为准上下居中排布。在签发人签名章下空一行右空四字编排成文日期。

联合行文时,应当先编排主办机关签发人职务、签名章,其余机关签发人职务、签名章依次向下编排,与主办机关签发人职务、签名章上下对齐;每行只编排一个机关的签发人职务、签名章;签发人职务应当标注全称。

签名章一般用红色。

7.3.5.4　成文日期中的数字

用阿拉伯数字将年、月、日标全,年份应标全称,月、日不编虚位(即 1 不编为 01)。

7.3.5.5　特殊情况说明

当公文排版后所剩空白处不能容下印章或签发人签名章、成文日期时,可以采取调整行距、字距的措施解决。

7.3.6　附注

如有附注,居左空二字加圆括号编排在成文日期下一行。

7.3.7　附件

附件应当另面编排,并在版记之前,与公文正文一起装订。"附件"二字及附件顺序号

用 3 号黑体字顶格编排在版心左上角第一行。附件标题居中编排在版心第三行。附件顺序号和附件标题应当与附件说明的表述一致。附件格式要求同正文。

如附件与正文不能一起装订,应当在附件左上角第一行顶格编排公文的发文字号并在其后标注"附件"二字及附件顺序号。

7.4　版记

7.4.1　版记中的分隔线

版记中的分隔线与版心等宽,首条分隔线和末条分隔线用粗线(推荐高度为 0. 35 mm),中间的分隔线用细线(推荐高度为 0. 25 mm)。首条分隔线位于版记中第一个要素之上,末条分隔线与公文最后一面的版心下边缘重合。

7.4.2　抄送机关

如有抄送机关,一般用 4 号仿宋体字,在印发机关和印发日期之上一行、左右各空一字编排。"抄送"二字后加全角冒号和抄送机关名称,回行时与冒号后的首字对齐,最后一个抄送机关名称后标句号。

如需把主送机关移至版记,除将"抄送"二字改为"主送"外,编排方法同抄送机关。既有主送机关又有抄送机关时,应当将主送机关置于抄送机关之上一行,之间不加分隔线。

7.4.3　印发机关和印发日期

印发机关和印发日期一般用 4 号仿宋体字,编排在末条分隔线之上,印发机关左空一字,印发日期右空一字,用阿拉伯数字将年、月、日标全,年份应标全称,月、日不编虚位(即 1 不编为 01),后加"印发"二字。

版记中如有其他要素,应当将其与印发机关和印发日期用一条细分隔线隔开。

7.5　页码

一般用 4 号半角宋体阿拉伯数字,编排在公文版心下边缘之下,数字左右各放一条一字线;一字线上距版心下边缘 7 mm。单页码居右空一字,双页码居左空一字。公文的版记页前有空白页的,空白页和版记页均不编排页码。公文的附件与正文一起装订时,页码应当连续编排。

GB/T 9704—2012

8　公文中的横排表格

A4 纸型的表格横排时,页码位置与公文其他页码保持一致,单页码表头在订口一边,双页码表头在切口一边。

9　公文中计量单位、标点符号和数字的用法

公文中计量单位的用法应当符合 GB 3100、GB 3101 和 GB 3102(所有部分),标点符号的用法应当符合 GB/T 15834,数字用法应当符合 GB/T 15835。

10　公文的特定格式

10.1　信函格式

发文机关标志使用发文机关全称或者规范化简称,居中排布,上边缘至上页边为 30 mm,推荐使用红色小标宋体字。联合行文时,使用主办机关标志。

发文机关标志下 4 mm 处印一条红色双线(上粗下细),距下页边 20 mm 处印一条红色双线(上细下粗),线长均为 170 mm,居中排布。

如需标注份号、密级和保密期限、紧急程度,应当顶格居版心左边缘编排在第一条红色双线下,按照份号、密级和保密期限、紧急程度的顺序自上而下分行排列,第一个要素与该线的距离为 3 号汉字高度的 7/8。

发文字号顶格居版心右边缘编排在第一条红色双线下,与该线的距离为 3 号汉字高度的 7/8。

标题居中编排,与其上最后一个要素相距二行。

第二条红色双线上一行如有文字,与该线的距离为 3 号汉字高度的 7/8。

首页不显示页码。

版记不加印发机关和印发日期、分隔线,位于公文最后一面版心内最下方。

10.2　命令(令)格式

发文机关标志由发文机关全称加"命令"或"令"字组成,居中排布,上边缘至版心上边缘为 20 mm,推荐使用红色小标宋体字。

发文机关标志下空二行居中编排令号,令号下空二行编排正文。

签发人职务、签名章和成文日期的编排见 7.3.5.3。

10.3　纪要格式

纪要标志由"×××××纪要"组成,居中排布,上边缘至版心上边缘为 35 mm,推荐使用红色小标宋体字。

标注出席人员名单,一般用 3 号黑体字,在正文或附件说明下空一行左空二字编排"出席"二字,后标全角冒号,冒号后用 3 号仿宋体字标注出席人单位、姓名,回行时与冒号后的首字对齐。

标注请假和列席人员名单,除依次另起一行并将"出席"二字改为"请假"或"列席"外,编排方法同出席人员名单。

纪要格式可以根据实际制定。

参 考 书 目

裴显生,霍唤民. 财经写作教程[M]. 北京:高等教育出版社,2005.

杨润辉. 财经写作[M]. 北京:高等教育出版社,2003.

牟宗荣,王文哲,李岷. 当代应用文写作实务[M]. 北京:化学工业出版社教材出版中心,2001.

徐中玉. 应用文写作(修订版)[M]. 北京:高等教育出版社,2004.

杨文丰. 高职应用写作[M]. 北京:高等教育出版社,2006.

李道荣. 现代经济应用写作[M]. 武汉:湖北人民出版社,2004.

姬瑞环,卢颖,崔德立. 商务文书写作与处理[M]. 北京:中国人民大学出版社,2004.

谢亚非,刘敬瑞. 大学应用写作[M]. 济南:山东大学出版社,2006.

崔文凯,王琰. 商务文书写作一本通[M]. 北京:中国言实出版社,2005.

刘春生. 公务文书写作教程[M]. 上海:复旦大学出版社,2001.

陈传汉. 实用经济文书[M]. 海口:南海出版公司,2003.

21 世纪高等职业教育财经专业核心课程系列教材

序号	书号 978-7-5429-	书　　名	编著者	定估价	开本	出版年月-印次
1	15191	成本会计	张世体	29.00	16	2007.8-3
2	18352	市场营销学*	兰亦青	24.00	16	2007.6-2
3	18413	会计学原理*	张世体	29.00	16	2007.5-4
4	18499	金融概论	陈秀花	27.00	16	2007.6-2
5	18505	统计学原理	于政红	27.00	16	2007.6-2
6	18871	会计模拟实习教程	谭树利	30.00	16	2007.8-5
7	18925	国际商务基础	刘召成	28.00	16	2007.9-1
8	19014	经济法概论*	蔡敬田	30.00	16	2007.8-1
9	19762	管理学原理	刘邦治	30.00	16	2010.12-2
10	19922	中级财务会计	于政红	39.00	16	2008.4-2
11	20386	现代物流管理概论	范庆玉	31.00	16	2008.7-1
12	21499	仓储与配送管理	管莉军	28.00	16	2008.9-1
13	21826	财政与税收	张世体	32.00	16	2008.11-2
14	21994	财务管理	张卫东	34.00	16	2009.2-1
15	22120	电子商务概论	王绍军	28.00	16	2009.2-1
16	22144	经贸英语导读	展春蕾	28.00	16	2009.1-1
17	22564	审计学原理	张世体	33.00	16	2009.4-3
18	22885	经济数学	侯玉娟	24.00	16	2009.6-1
19	23066	财经应用文写作(第二版)	司晓辉	28.00	16	2014.1-1
20	23721	现代礼仪	王振林	26.00	16	2009.8-1
21	23875	国际金融	王雅松	30.00	16	2009.10-1
22	24629	物流运输管理	冯同海	30.00	16	2010.2-1
23	25923	税务会计	谭树利	26.00	16	2010.8-1
24	2524	基础会计	吴玉梅	28.00	16	2010.5-1
25	25930	西方经济学	王景馨	33.00	16	2010.8-1
26	25596	推销实务	张红妮	30.00	16	2010.8-1
27	27262	外贸函电	殷秀玲	22.00	16	2011.1-1
28	27491	市场营销实务	刘　菊	26.00	16	2011.1-1
29		商业会计	张世体		16	预计12月出
30	27132	国际结算	王雅松	30.00	16	2011.1-1

社　　址：上海市徐汇区中山西路 2230 号 1 号楼　　　邮　编：200235

网　　址：www.lixinaph.com　　　　　　　　　　　E-mail：faxing@lixinaph.com

汇款信息：户名：立信会计出版社有限公司　　　　　纳税号：310104132633053

　　　　　账号：03386900801001092　　　　　　　开户银行：农行上海市徐汇区田林支行

发行部电话：021-64411389　　　　　　　　　　　　传　　真：021-64411325